Les Dix Clés Vers La Liberté Totale

Une Conversation avec Gary M. Douglas
et
Dr. Dain C. Heer

ACCESS
CONSCIOUSNESS®
PUBLISHING

The Ten Keys to Total Freedom
Une Conversation avec Gary M. Douglas et Dr. Dain C. Heer
(Les Dix Clés Vers La Liberté Totale)

Copyright © 2012 par Gary M. Douglas and Dr. Dain Heer

IBBN 978-1-63493-017-8

Publié par
Access Consciousness Publishing, LLC
www.accessconsciousnesspublishing.com
Imprimé aux États-Unis d'Amérique

Sommaire

Introduction

À l'origine, Les Dix Clés étaient appelées Les Dix Commandements. C'était supposé être une plaisanterie — pas quelque chose de sérieux - mais les gens se sont offusqués alors nous avons changé le nom aux Dix Exigences et toutes sortes d'autres choses. Aucun de ces noms ne marchait vraiment.

Maintenant, Les Dix Clés Vers La Liberté Totale est un nom qui leur va plutôt bien.

Nous apprécions toujours cette plaisanterie—et le nom Les Dix Commandements - car ce sont des commandements. Ce sont des commandements ou des demandes que tu dois exiger de toi-même si tu désires réellement créer une prise de conscience et une liberté totales. Notre seul intérêt est d'avoir une prise de conscience totale. Le reste n'a pas d'importance.

Alors, voici Les Dix Clés Vers La Liberté Totale, qui peuvent ouvrir les portes à une liberté totale et à une prise de conscience totale. Les Dix Clés t'aideront à augmenter ta capacité de conscience afin que tu aies une plus grande conscience de toi, ta vie, cette réalité et au-delà. Avec plus de conscience tu peux commencer à générer la vie que tu as toujours su être possible et que tu n'as pas encore créée.

Ce livre est basé sur une série de téléconférences ou de conversations que nous avons eues durant une période de dix semaines avec un certain nombre de facilitateurs d'Access Consciousness® ainsi que d'autres personnes du monde entier. Nous aimons le format conversationnel car il a permis aux gens de poser des questions sur tout ce qui leur semblait incertain—et tous ceux qui écoutaient la conversation ont bénéficié des questions que les autres ont posées.

Nous avons aussi fait plusieurs déblayages, et les gens nous ont dit que cela avait complètement changé leur façon de comprendre les clés et leur capacité à les intégrer dans leur vie.

Nous espérons que ces conversations vous aideront à intégrer Les Dix Clés dans votre vie aussi.

Nos plus grands remerciements à Marilyn Bradford et Donnielle Carter pour avoir relu le manuscrit de ce livre et nous avoir indiqué ce qui manquait.

Un Être Infini

Choisirait-il Vraiment Ça?

Gary: Bonjour tout le monde. Bienvenue à la première conversation au sujet des Dix Clés Vers La Liberté Totale.

Ce soir nous allons parler de la première clé: Un être infini choisirait-il vraiment ça? Nous vous invitons à poser cette question plusieurs fois par jour en réponse aux situations qui se présentent dans votre vie. Ça vous rappellera que vous avez toujours un choix- car vous êtes un être infini.

Commençons par parler de ce qu'est un être infini.

Dain: La plupart des gens n'ont aucune idée de ce qu'est un être infini. Ils n'en ont pas le concept, même lorsque nous en parlons, car, où le voit-on apparaître dans cette réalité? On ne le voit nulle part. Le mieux que tu puisses faire est de te créer une fantaisie de ce que serait un être infini. Mais cela n'est pas ce qu'est un être infini — alors dans de telles conditions, lorsqu'en fait tu ne sais pas ce qu'est un être infini, tu n'as pas le choix d'en être un.

Gary: La façon dont j'ai personnellement compris ce qu'était un être infini c'était en méditant pour voir jusqu'où je pouvais aller en dehors de mon corps, dans toutes les directions. Initialement je pensais que le fait d'être un être infini voulait dire que j'étais en dehors de mon corps, mais cela a conduit à l'idée qu'un être infini n'avait pas de corps.

Beaucoup de gens pensent qu'un être infini n'aurait pas besoin de corps- mais ce n'est pas vrai. Tu dois comprendre que toi, en tant qu'être infini, tu choisis d'avoir un corps. Tu choisis d'être incarné. Tu as choisi d'être incarné depuis le début des temps. Tu choisis d'avoir le corps que tu as et tu choisis tout ce qui se passe dans ta vie.

Un être infini est quelqu'un qui choisit. Tu continues à penser qu'un être infini ne choisirait pas cette incarnation car tu supposes qu'un être infini n'aurait pas un corps. Ce n'est pas correct. Tu es un être infini et tu choisis d'avoir un corps. Pourquoi as-tu choisi d'avoir un corps?

Dain: Et bien tout abord, il y a toutes sortes de choses que tu peux faire avec un corps que tu ne peux pas faire sans en avoir un. Maintenant prends ta main droite, mets-la sur ton bras gauche et touches-le légèrement. Si tu n'avais pas un corps tu ne serais pas capable de le faire. Si tu n'avais pas un corps, tu ne pourrais pas te glisser dans un bain et sentir l'eau chaude et merveilleuse sur ta peau, et tu ne serais pas capable de sentir le soleil sur ton visage. Tu ne pourrais pas avoir des rapports sexuels.

Gary: Tu ne serais pas capable de toucher tes seins ou ton entrejambe ou toutes les autres choses qui sont amusantes à faire. Au lieu de cela, qu'aurais-tu à faire? Tu aurais à rester au dehors et tout observer. La plupart des gens pensent qu'un être infini se tient en dehors du corps et observe toutes choses. Non, ce n'est pas ça. Être infini c'est être conscient de tout et être un choix infini.

Dain: C'est d'être conscient de tout, d'être le choix infini et d'accueillir l'incarnation totale comme la joie— la grandeur — de l'incarnation qui est rendue possible.

Gary: Combien de définitions de ce qu'est un être infini as-tu, qui ne sont pas ce que c'est? Tout cela fois un dieulliard, vas-tu le détruire et le décréer? Right and wrong, good and bad, POD and POC, all 9, shorts, boys and beyonds.*

Dain: Quelles fantaisies as-tu de ce qu'est un être infini que tu as rendues tellement réelles que, même face à une conscience totale, tu ne peux pas et n'es pas disposé à changer, choisir ou modifier? Tout cela fois un dieulliard vas-tu le détruire et le décréer? Right and wrong, good and bad, POD and POC, all 9, shorts, boys and beyonds.

Gary: Dain et moi avons examiné ce domaine et nous avons réalisé que la raison pour laquelle la réincarnation survient, la raison pour laquelle tu dois revenir et le refaire encore et encore, c'est que tu as le point de vue que tu n'arriveras jamais à bien le faire. Tu crois qu'il y a une façon juste ou fausse d'être un être infini. Puis tu décides que tu le fais toujours mal. Et sur quelle base te bases-tu pour estimer cela? Sur une idée donnée à laquelle tu as bien voulu croire.

C'est la raison pour laquelle nous nous réincarnons. Si tu ne veux pas te réincarner, tu dois comprendre qu'il existe une grandeur dans l'incarnation, qui est la grandeur d'être totalement conscient de cette réalité.

---

* Il y a une explication du processus de déblayage à la fin du livre

Malheureusement, la façon dont les gens vivent et pensent, ce qui se passe dans leur tête s'exprime sous forme de "J'ai raison. J'ai tort. J'ai raison. J'ai tort; donc j'ai raison et donc j'ai tort. Mais alors j'ai raison. Mais j'ai tort d'avoir raison." Les gens se rendent complètement dingues avec ces points de vue insensés. Peux-tu simplement tous les éliminer?

Combien de façons justes et fausses d'être un être infini as-tu utilisées pour te donner tort, tout en essayant d'avoir raison, tout en refusant d'avoir raison afin que tu puisses avoir tort, pour que tu saches avoir tort d'avoir raison, et avoir raison d'avoir tort, afin que tu aies raison là où tu as tort, car tu as tort d'avoir raison danstout cela? Tout cela fois un dieulliard vas-tu le détruire et de décréer? Right and wrong, good and bad, POD and POC, all 9, shorts, boys and beyonds.

La principale chose que tu dois comprendre au sujet du fait d'être un être infini c'est que tu ne choisirais pas le jugement. Partout où tu choisis le jugement, tu ne le choisis pas à partir de l'être infini que tu es. Lorsque tu es réellement conscient, tu vois que tout est dans la conscience et l'unité. Tout est inclus (y compris le jugement) et rien n'est jugé (pas même le jugement). C'est cela le signe d'un être infini.

Il ne s'agit pas d'essayer d'éliminer le jugement. C'est simplement le fait d'être conscient lorsque quelqu'un, y compris toi-même, est en train de juger.

It's not about trying to eliminate judgment. It's simply about being aware when anyone, including you, is doing judgment.

Question: Je me demande, "Un être infini choisirait-il réellement cela?" Et j'obtiens "Non". Alors, dans mon univers de pensée-logique, d'opinion et de jugement, ça semble mettre en place un paradoxe. Comment est-ce qu'on gère la réponse à cette question et qu'on adopte, voire même qu'on aime le maintenant au quotidien?

Gary: As-tu quelque raison ou justification pour expliquer pourquoi tu choisis ce que tu choisis à tout moment de chaque jour. Essaie de demander:

- Un être infini choisirait-il vraiment ça?
- Alors si un être infini ne choisirait pas ça, alors bonté divine pour quoi donc est-ce que je le choisis?
- Est-ce que j'ai réellement besoin de choisir ça?
- Est-ce que je veux le choisir?
- Quel est le but de ce choix?

Dain: La question, "Quel est le but de ce choix?" va te débarrasser du fait de choisir aveuglément quelque chose qui ne vient peut-être pas d'un point de vue infini et t'amener vers un point de vue infini, dans la conscience de: "Attends une minute, en fait, il y a quelque chose que j'essaie d'accomplir en choisissant cela!"

Une fois que tu réalises que tu peux demander, "Ce choix accomplit-il vraiment ce but?" Tu trouveras très souvent que ce n'est pas le cas.

Question: Si une personne ne sait pas, ne perçoit pas ou ne ressent pas qu'elle est un être infini, quelle serait votre façon de la guider afin qu'elle vive l'expérience de le savoir et de le percevoir comme vérité pour elle-même?

Gary: La meilleure façon de savoir que tu es un être infini est de fermer les yeux et de ressentir les bords extérieurs de toi-même. Tu vas t'apercevoir que partout où tu regardes, tu y es, car un être infini n'a pas de limite. En tant qu'être infini, nous avons la capacité de percevoir, savoir, être et recevoir absolument tout.

Tu continues à essayer de définir ce que tu peux percevoir, savoir, être et recevoir en relation avec cette réalité et ton corps, mais ce n'est pas ça.

Question: Si un être infini peut être n'importe quelle énergie selon son bon vouloir et par choix, et veut faire l'expérience de chaque aspect de son être, que ne choisirait-il pas? Par exemple, le fait d'expérimenter la tristesse ne vous rend-il pas plus profondément conscient de certains incroyables états d'être? Même le fait de se déconnecter de la conscience est un choix. Cela donne quelques résultats intéressants.

Gary: Non, tu arrives à une conclusion ici. La première partie de la question, "Si un être infini peut être n'importe quelle énergie selon son bon vouloir et par choix, et veut faire l'expérience de chaque aspect de son être, que ne choisirait-il pas?" est correct. Mais la question est "Est-ce qu'un être infini choisirait cela?" Et si un être infini ne le choisirait pas, pourquoi est-ce que tu le choisirais? C'est de cette façon qu'il faut le voir. Aimerais-tu vraiment faire l'expérience de la tristesse? Est-ce qu'un être infini choisirait la tristesse? Les oiseaux sont des êtres infinis. Choisissent-ils la tristesse?

Dain: Est-ce que ça leur arrive parfois de se réveiller et d'avoir une journée de mauvaises plumes?... " Je ne vais pas chanter aujourd'hui car je suis en colère contre les vers de terre ".

Gary: Tu dois regarder cela du point de vue, "OK, qu'est-ce que je veux bien expérimenter là? Qu'est-ce que je ne veux pas expérimenter là?" Ce sont des choix. Un être infini choisit.

Dain: Cela requiert d'avoir une perspective beaucoup plus grande que cette réalité. Est-ce que la tristesse te donne une plus grande conscience d'être infini? Pas nécessairement. Tu as mentionné l'idée de vouloir ressentir tous les aspects de toi-même. Quelle est la différence entre le ressentir et avoir conscience que " ce n'est pas un choix que tu aimerais faire ou que tu devrais faire, merci beaucoup "?

Gary: Nous avons un point de vue assez étrange sur cette planète que nous devons faire l'expérience de quelque chose pour la connaître. Ce n'est pas vrai. On peut connaître les choses sans en avoir l'expérience.

Dain: Est-ce qu'un être infini doit avoir l'expérience de quelque chose pour la connaître et en avoir conscience?

Gary: Tu as dit, "Même le fait de se couper de sa conscience est un choix. Cela a des résultats intéressants." C'est intéressant que nous ayons le point de vue que quelque chose arrive après le choix de se couper de sa conscience. Pourquoi est-ce qu'un être infini choisirait-il de se couper de sa conscience afin d'apprécier la manière dont cela peut être quand il ne se coupe pas de sa conscience? Est-ce qu'un être infini doit se couper de sa conscience dans le but d'apprécier d'avoir conscience? Je ne pense pas!

Question: Qu'est-ce que le doute? Peut-on l'éliminer?

Est-ce qu'il est rattaché à une sorte de validation de conscience ou d'un fait? Je me suis retranché dans des choix qui ont été faits parce que c'était la bonne chose à faire, et maintenant je me trouve en train de penser qu'il y a une partie de ma vie où j'aimerais faire des choix différents. Comment puis-je rompre les chaînes d'obligations, les pressions sociales et les mentalités sans complètement aliéner ou faire du mal aux autres? Et qu'en est-il des situations où nous sommes dans des relations, des boulots ou des situations qui font suite à de nombreuses années de choix?

Gary: Tout d'abord, le doute est ce que tu utilises pour éliminer la conscience et tout ce que tu sais. Pourquoi est-ce que tu choisirais cela?

Pose la question, "Un être infini choisirait-il vraiment de douter de lui-même?" Non. "Alors pourquoi diable est-ce que je le fais? Et si j'étais prêt à savoir tout ce que je sais?"

C'est de cette façon que ça devrait marcher. Est-ce qu'un être infini choisirait la chose "juste" à faire ou est-ce qu'un être infini choisirait ce qui créerait plus de conscience?

Tu dois aussi demander, "Est-ce que les obligations, les pressions sociales et les mentalités sont quelque chose qu'un être infini choisirait? Ou est-ce qu'elles sont quelque chose qu'un être défini choisirait?"

Et pourquoi supposes-tu qu'un être infini qui choisirait de briser les chaînes d'obligations, de pressions sociales et de mentalités, aliénerait et blesserait les autres? Peut-être que cela ne serait pas le cas. Tu ne le sais pas, car je peux garantir qu'en fait, tu ne l'as pas choisi.

Un être infini choisirait-il de faire des choix permanents pour toute l'éternité? C'est ce que tu racontes lorsque tu parles de relations, d'emploi ou de situations qui ont été développées à partir de plusieurs années de choix. Tu parles de l'idée qu'il y a une sorte d'objectif défini dans tout ça.

Dain: Si tu te posais la question à partir de l'espace,

"Ouah, un être infini aurait-il choisi la relation que j'ai choisie?" Tu peux l'observer et dire, "D'accord, il y a des aspects de cette relation qu'un être infini aurait choisis en connaissance de cause en tant qu'être infini." Ces aspects étaient une contribution à l'Être. Je n'aurais probablement pas choisi le reste si j'avais fonctionné à partir de l'être infini, mais si maintenant je pouvais réellement avoir tout ça?

Tu le regardes et demandes, "Comment cela serait-il si j'avais choisi toutes ces choses à partir de l'être infini?

Quels choix aurais-je de disponibles maintenant?" Le fait de choisir en tant qu'être infini, pour la plupart, n'est pas fait dans cette réalité, mais c'est quelque chose qui se construit. Lorsque tu fais ton premier choix en tant qu'être infini, c'est

"Oh, je ne sais pas si je peux le faire." Après à peu près 100 choix, cela devient "Attends une minute, c'est en fait quelque chose que je peux faire. C'est quelque chose que je peux réellement choisir. C'est quelque chose qui m'est réellement disponible. Ce n'est pas quelque chose qui m'est étranger." C'est la raison pour laquelle nous avons cette conversation, pour que cela devienne une réalité pour toi.

Tu n'as pas l'impression qu'on parle le grec lorsque nous parlons de fonctionner sans jugement ou de fonctionner en tant qu'être infini. Si tu n'es pas en train de juger ce que tu as choisi, tu retires le jugement du calcul, et il ne fait pas partie de l'équation.

Gary: C'est en fait la raison d'avoir cette clé - pour retirer le jugement de tous les calculs.

Dain: Humm… Est-ce que cela inclut ma belle-mère? Comment est-ce que ça fonctionne? Est-ce qu'un être infini choisirait d'avoir ma belle-mère? C'est ma question en ce moment. Je ne sais pas.

Gary: La question, c'est "Est-ce que tu fonctionnais en tant qu'être infini lorsque tu as choisi de laisser ton père avoir ta belle-mère?"

Dain: Oh, vas-tu dire que j'aurais pu entièrement l'arrêter?

Gary: Ouais, tu aurais pu.

Dain: J'aurais pu être "Tonnerre! Sûrement pas! Ça ne va pas se faire !"

Gary: Ouais

Dain: Dis donc. Ça, c'est intéressant.

Gary: Mais tu n'étais pas autorisé à avoir cet espèce de contrôle ou de pouvoir dans ta vie, et parce que ce n'était pas permis, tu pensais ne pas l'avoir. C'est une grande erreur de penser que, parce qu'on n'a pas la permission d'avoir quelque chose, on ne peut pas l'avoir. Non, non, tu peux tout avoir, si tu es prêt à l'avoir.

Question: Je pense à un être infini comme quelque chose sans forme et vaste. Il n'y a pas besoin de nourriture, de travail ou de tout ce que ce monde peut offrir. Alors pour moi, lorsque je pose cette question dans différentes situations, la réponse est toujours non. Si j'étais un être infini, je n'aurais pas besoin de faire un choix. Je suis la sensation de ce que ça serait d'être un être infini. Il n'y aurait plus besoin de faire, et bien sûr, le corps ne serait plus nécessaire. Je suis massothérapeute et je trouve de plus en plus difficile de motiver mon corps pour faire ce travail physique. J'ai souvent une aversion pour bouger mon corps ou pour faire du travail sur un corps ou un entraînement physique.

Gary: Encore une fois, c'est une illusion et une pure supposition qu'un être infini n'a aucune des choses que tu as choisies. Tu es en train de juger que chaque choix que tu as fait est, d'une certaine façon, une erreur.

Tout ce que tu as fait pour rendre tous tes choix une erreur, vas-tu le détruire et le décréer? Right and wrong, good and bad, POD and POC, all 9, shorts, boys and beyond.

Tu dois comprendre qu'il n'y a rien de tel que le besoin.

Le besoin est une fabrication de cette réalité. Il y a beaucoup de fabrications de cette réalité qui ne sont pas réelles. Nous les créons afin de justifier les choix que nous faisons ou de prouver qu'ils sont justes. Un être défini utilise "le besoin" pour justifier ce qu'il n'est pas prêt à choisir. Si tu as le point de vue qu'il y a un certain besoin dans ta vie, tu crées une réalité qui, en, fait n'existe pas.

Lorsque quelqu'un meurt, nous pensons avoir "besoin" d'être malheureux. Ceci est une autre fabrication. Et si c'était quelqu'un qui souffrait depuis un an ou deux? C'est difficile d'avoir de la peine quand une personne meurt finalement après une année de souffrance. La délivrance pour elle et son corps est extraordinaire. Ne devrais-tu pas être content qu'elle ne souffre plus?

Et qu'en est-il du besoin de travailler? Est-ce qu'un être infini aurait besoin de travailler? Tu choisis une incarnation dans cette réalité. Si tu ne vivais pas dans cette réalité où le travail fait partie de la réalité, est-ce que tu aurais besoin de travailler? Non. Mais tu choisis cette réalité. Tu choisis cette réalité et le fait de travailler fait partie de cette réalité. Alors pourquoi ne serais-tu pas génial au travail? Pourquoi est-ce que tu ne l'aimerais pas au lieu de le détester? Un être infini ne choisit pas de haïr des choses!

En tant qu'être infini, tu es disposé à tout recevoir.

Aurais-tu besoin de manger? Pas nécessairement. Tu dois être prêt à reconnaître le choix. As-tu besoin de manger? Non. As-tu besoin de travailler? Non. As-tu besoin de quoi que ce soit que ce monde offre? Non, mais tu as choisi d'être là pour une certaine raison. Tu as choisi de venir, tu es ici, alors pourquoi est-ce que tu n'apprends pas à vivre comme un être infini dans des choix que tu as faits au lieu de penser que tu n'as pas de choix?

Travailler c'est créer et générer. La raison pour laquelle tu travailles est de créer et de générer quelque chose dans ta vie. Tu continues d'essayer de trouver une raison pour ne pas créer et générer quelque chose de bien plus grand que ce que tu as actuellement. C'est la raison pour laquelle tu penses qu'un être infini ne ferait aucune de ces choses.

Pourquoi est-ce que tu supposes qu'il n'y aurait plus rien à faire? Un être infini est créatif et génératif. Un être infini pourrait et voudrait être capable de tout faire.

Quelle fantaisie du travail as-tu rendu si réelle que même face à une conscience totale tu ne peux pas ou ne veux pas le changer, le choisir ou le modifier? Tout cela fois un dieulliard vas-tu le détruire et de décréer? Right and wrong, good and bad, POD and POC, all 9, shorts, boys and beyonds.

Tu ne comprends pas bien le sens d'un " être infini ". Un être infini est celui qui peut choisir de faire n'importe quoi, d'expérimenter n'importe quoi, d'avoir n'importe quoi, de créer n'importe quoi et de générer n'importe quoi.

Dain: Un être infini aime faire des choses. Un être infini s'éclate à faire toutes sortes de choses superbes. Il n'y a pas de jugement. C'est: "Oh, que puis-je faire d'autre? Oh, que puis-je faire d'autre? Oh, que puis-je faire d'autre"

Gary: Par exemple un être infini pourrait tuer. Est-ce que c'est un choix que tu veux faire? Tu dois être prêt à le regarder et reconnaître "D'accord, je peux tuer." Il y a des années, un homme me courait après, et je me suis réveillé un matin avec ses mains dans mon pantalon. J'ai dit,

"Enlève tes mains tout de suite, ou je vais te tuer." Il a dit, "Pas question!"

J'ai dit, "Ok," et j'ai commencé à l'étrangler. Je l'ai étranglé jusqu'à ce qu'il s'évanouisse. À ce moment-là, j'ai dit, "Bon, j'ai encore 10 secondes jusqu'à ce qu'il meurt.

Est-ce que je veux nettoyer toute la pièce après?" Non. Je ne veux pas m'occuper de toute cette pagaille. Est-ce que j'ai pensé que je pouvais éviter la prison? Bien sûr, oui, pourquoi pas? Je peux me sortir de n'importe quoi. Je suis un être infini. Mais est-ce que je voulais avoir à gérer toutes les autres choses que cela allait créer? Non.

Voici donc, lorsque tu fais un choix, tu dois être prêt à avoir conscience de comment ce choix va t'affecter toi et tous les gens autour de toi. Est-ce que je tuerais uniquement pour le plaisir de tuer? Non, pourquoi est-ce que je tuerais? Parce que je le pourrais, mais toi aussi, tu le pourrais.

Question: Est-ce que tu peux parler davantage de l'énergie de tuer et du système de jugement que nous avons dans cette réalité pour quelqu'un qui tue quelqu'un d'autre?

Gary: L'énergie de tuer est en relation avec le fait de se dire: "Cette personne est totalement inconsciente, totalement anti-consciente. C'est une merde finie. Est-ce que j'aimerais la tuer? Oui. Est-ce qu'un être infini tuerait cette personne? Oui. Est-ce que je peux m'en tirer avec aisance?... Attends, trop de travail, tant pis."

Tu dois avoir la volonté d'avoir l'énergie de tuer et de reconnaître que si tu tues, tu auras à t'occuper de choses de cette réalité dont tu n'as pas forcément envie de t'occuper.

En tant qu'être infini, tu sauras que d'avoir une énergie de tuer et d'être prêt à tuer ne t'oblige pas à tuer si tu ne veux pas t'occuper de toutes les conséquences d'avoir tué.

Dans cette réalité, il existe une illusion qui est que la mort c'est mal et que garder les gens en vie est juste. On prendra des gens qui ont tué à un moment ou un autre et on les mettra en prison pour toujours. On ne les tuera pas. Cela est censé être la punition. Réalité intéressante. Est-ce que ça change les gens d'être en prison? Oui. Pour le meilleur ou le pire?

Généralement pour le pire. Pourquoi? Parce ce qu'ils apprennent de meilleures façons d'être criminel lorsqu'ils sont en prison. On met tous les criminels à la même école. Ils vont tous apprendre la même chose. Mettons-les tous là afin qu'ils puissent apprendre demain à mieux faire tout ce qu'ils font mal aujourd'hui. Après cela, on se demande pourquoi notre système judiciaire ne fonctionne pas. Est-ce qu'un être infini changerait réellement du fait d'être en prison? Non. Qu'est ce qui va changer un être infini? Son point de vue uniquement le changera.

Lorsque tu utilises la question, "Un être infini choisirait- il cela?" tu commences à considérer le fait que tu pourrais choisir n'importe quoi. Tu as des choix infinis. Je demande :

"Si je choisis cela, quels résultats vais-je obtenir? Comment les choses seront-elles?"

Est-ce que je choisis d'être en colère parfois? Ouais. Est- ce que je m'y accroche? Habituellement non. Pourquoi?

Parce que ça ne fait pas de bien. Le fait d'être en colère ne peut que justifier, dans le monde de l'autre personne, la justesse du fait qu'elle a choisi de ne pas faire ce que je lui ai demandé de faire.

Ça marche, n'est-ce pas? Pas du tout! Observe les gens autour de toi. Disons que tu es dans un aéroport. Il y a un problème avec l'avion, et le vol a été annulé. Les gens s'approchent et hurlent contre la dame qui est derrière le comptoir comme si elle en était responsable. Elle n'est pas responsable; elle n'a rien fait. Ce n'est qu'une pauvre âme qui doit se charger de réarranger vos vols.

Est-ce que les gens qui lui crient dessus agissent comme des êtres infinis ou comme des morveux complètement gâtés?... Des morveux complètement gâtés, n'est-ce pas ?

De mon coté, je suis aimable avec la dame et j'obtiens toute l'aide dont j'ai besoin, pendant qu'elle regarde les gens qui lui crient dessus en se disant "Je suis désolée Messieurs, mais je ne vous aiderai pas."

Je m'approche et je dis, "Dites, qu'est-ce que je peux faire pour vous rendre les choses plus faciles? Je vois que vous avez une mauvaise journée."

Elle dit, "Quoi?..."

J'agis comme un être infini qui sait qu'elle n'est pas responsable de ce problème et que la seule façon d'obtenir ce que je veux est de bien vouloir l'aider à palier ce problème quel qu'il soit. Ça marche à tous les coups.

Dain: Cela requiert un niveau de conscience différent de celui à partir duquel la plupart des gens fonctionnent. C'est la conscience de ce qui va créer un résultat plus grand pour tout le monde. Initialement tu pourrais vouloir être agacé, mais est-ce qu'un être infini choisirait réellement cela? Non. Tu crées un résultat qui est totalement différent de n'importe quel autre — et ta vie devient plus facile.

Gary: C'est la raison d'être de cette clé. Elle rend la vie plus facile. Est-ce qu'un être infini serait vraiment en colère contre son enfant? Oui, merde, je le serais… pour dix secondes, et puis ce sera fini. Parce que je réalise que ma colère ne va pas changer quoi que ce soit.

Dain: YTu as dix secondes pour changer le reste de ta vie.

Voici deux choix : Prends ta main droite et frappe-toi dans l'œil — ou choisis autre chose. Qu'est-ce que tu as choisi? Pourquoi est-ce que tu te frappes dans l'œil? Tu ne vas pas aimer le résultat !

Gary: Tu es déjà prêt à savoir ce que le résultat va être. Me donner un coup dans l'œil va faire mal. Je ne pense pas que je le ferai.

Tu dois reconnaître "Attends une minute, le fait même de poser la question est le commencement de l'éveil de tous les endroits dans lesquels l'être infini existe réellement pour moi." C'est la raison pour laquelle tu poses la question. C'est la raison pour laquelle elle est là. C'est la raison pour laquelle elle est considérée comme une des Dix Clés.

Question: Dans quelle mesure le fait d'avoir un but contribue au choix qu'un être infini fait? Est-ce qu'un être infini choisirait de se sentir inconfortable sur le chemin de la conscience?

Gary: Le but c'est ce que tu penses devoir avoir afin d'avoir une raison de choisir. Ce n'est pas de cette façon que ça marche. Tu n'as pas besoin d'avoir une raison de choisir; tu n'as qu'à choisir.

Un être infini ne choisirait pas de se sentir inconfortable sur le chemin de la conscience, mais tu continues à choisir d'être inconfortable. Alors, qu'est-ce que tu choisis réellement? Est-ce que tu choisis d'être conscient — ou est- ce que tu choisis de diminuer ta conscience afin de pouvoir souffrir? Dans cette réalité, souffrir est à côté de la sainteté, qui est une autre fabrication de cette réalité. Tu penses que la seule façon dont tu vas réussir à avoir ta divinité est de souffrir, et de rendre le choix difficile et douloureux. Tu rends le fait d'être infini difficile. C'est comme si tu pensais que la vie était un pénis : le seul moment où il a une valeur c'est lorsqu'il est dur.

Question: Je me demande pourquoi un être infini choisirait d'avoir installé deux hommes merveilleux dans sa vie et quelle question elle — en tant qu'être infini - se poserait à propos de la situation suivante qu'elle a créée: L'un est un père fantastique, l'autre est un amant magnifique. Tous les deux sont beaux, intelligents, drôles, en bonne santé, gentils, créatifs, ayant du succès, et des gars totalement humanoïdes. Elle a posé des questions à son mari à propos de leur relation, mais tout ce qu'il lui a demandé est "Qu'est-ce que tu veux?" Elle sait qu'elle ne peut*

---

* Voir le glossaire pour une définition

*pas lui demander de changer mais qu'elle peut être uniquement une invitation à
ce qu'il change, ce qui n'est pas arrivé jusqu'ici, et elle est se demande ce qu'il y a
à faire dans cette situation.*

Gary: Et bien, premièrement, un être infini ne se définirait pas comme
"elle". Deuxièmement, pourquoi n'aurais-tu pas vingt-cinq hommes fabuleux dans ta vie au lieu de seulement deux? Est-ce que tu es en train de rendre ta décision mauvaise? En tant qu'être infini, tu ne choisirais pas d'avoir
deux hommes fabuleux pour quelle raison?

Tu as choisi de juger que tu as en quelque sorte tort d'avoir des multiples de n'importe quoi dans ta vie. Tu as déjà deux ou trois enfants. Tu as
des multiples déjà. Pourquoi n'aurais-tu pas des multiples de tout? Si tu as
trois enfants, ne devrais-tu pas avoir trois pères? Tu essaies de juger l'être
infini avec les standards de cette réalité.

Tout cela fois un dieulliard, vas-tu le détruire et de décréer? Right
and wrong, good and bad, POD and POC, all 9, shorts, boys and
beyonds.

Pour ce qui est de ton mari qui te demande ce que tu veux, c'est un
homme. Qu'est-ce qu'il est supposé faire? Il a choisi de se positionner
comme un homme, c'est-à-dire de te dire "Qu'attends-tu de moi?" C'est
tout ce qu'il peut dire, "Qu'attends-tu de moi?" Rien d'autre n'est possible.
Et pourquoi est-ce ainsi? Parce que dans cette réalité, un homme est conçu
et agit de cette façon. Il désire savoir ce qu'il doit faire pour te faire plaisir,
à toi, sa femme.

Tout cela fois un dieulliard vas-tu le détruire et de décréer? Right
and wrong, good and bad, POD and POC, all 9, shorts, boys and
beyonds.

Tu peux lui demander ce que tu veux. S'il choisit de ne pas le faire, alors
il fait un choix. Si tu lui demandes de changer, doit-il changer? Non. Est-ce
que c'est son choix de changer? Ouais. La plupart d'entre vous ont le point
de vue que vous ne pouvez pas demander ce que vous désirez dans tous
les domaines de la vie. Est-ce qu'un être infini ne demanderait pas ce qu'il
désire? Est-ce qu'est un être infini s'attendrait à ce que quelqu'un d'autre
lui apporte ce qu'il désire? Ou serait-il capable de se le procurer tout seul?
Tu continues à penser que tu ne peux pas demander, car si tu le faisais, tu
perdrais quelque chose. Pourquoi ne pas simplement demander, "Qu'est-ce
que je veux réellement créer là?"

*Question: Y a t-il des personnes dans cette réalité qui fonctionnent en tant
qu'êtres infinis tout le temps?*

Gary: Moi. Dain. En tant qu'être infini, tu es toujours en question. Tu n'es jamais en réponse. Lorsque tu arrives à une conclusion ou que tu essaies d'arriver à une réponse, tu dois arriver au jugement. Tu dois fonctionner à partir d'une réalité totalement différente.

Voici un exemple. À un moment donné, tout le monde me disait, "Tu dois arrêter de donner autant à ta fille. Tu es en train de la gâter." J'ai demandé, "Est-ce qu'un être infini devient gâté?" Non. Un être infini ne peut pas être gâté.

Dain: Gary pose des questions à chaque fois qu'il pense à lui donner quelque chose. Est-ce que cela va accroître les possibilités dans sa vie et dans le monde? Et si la réponse est oui, c'est tout ce qui intéresse un être infini.

Poser une question est la façon d'avoir la possibilité de créer quelque chose de plus grand que cette réalité. À chaque fois que tu vas choisir quelque chose, demande,

"Est-ce que cela créerait de plus grandes possibilités?" Utilise cette question, que tu sois en train d'acheter une voiture, choisir un amant, commencer une relation, accepter un travail ou quoi que ce soit. C'est:

• Est-ce que cela créera de plus grandes possibilités?
• Est-ce que ce sera enrichissant?

Gary: Ne fais pas de cette réalité l'objet de ta question. C'est à propos de ce que tu peux choisir qui créerait et générerait une réalité différente pour toi. Cette réalité ne peut être meilleure pour toi. Tu peux essayer. Je t'aime beaucoup, mais tu es dingue.

Dain: Tant que tu choisis à partir de cette réalité ou au travers de cette réalité, tu ne peux pas la créer en meilleur.

Choisis à partir d'un autre espace, où tu poses la question,

"Est-ce qu'un être infini choisirait réellement cela?" Il suffit de poser cette seule question.

Si tu poses cette question, laisse l'énergie être là et puis choisis. Cela ouvrira la porte pour que ça devienne un choix que tu auras de disponible. S'il te plaît ne te juge pas de ne pas avoir accès à ce qu'un être infini choisirait dans ces dix secondes. Commences par poser la question et donne-toi une chance pour apprendre à comment le faire.

Gary: Comment serait-ce si tu choisissais ce qui agrandit ta vie? La meilleure façon dont je peux décrire ceci en termes de cette réalité est: tu as un choix. Tu peux aller chez McDonalds et avoir un Big Mac, des frites et un Coca- Cola, ou tu peux aller au restaurant juste à côté ou ils servent du pâté, du caviar, du champagne, des crêpes fourrées et toutes sortes de choses merveilleuses à manger. Tu peux apprécier un gout raffiné ou tu peux avoir de la nourriture ordinaire dans cette réalité. Tu dois simplement choisir où tu veux aller.

Ce n'est pas une situation entre ceci ou cela. Est-ce j'irais à McDonalds? Si je suis en Australie et je désire avoir des frites, ouah, j'irais à McDonalds. Mais c'est tout ce que je mangerais à McDonalds n'importe où dans le monde — sauf que j'aime beaucoup leur thé glacé. Je n'irais pas à l'endroit le plus cher du monde où ils ont du thé glacé à la mangue parce que je n'aime pas le thé glacé à la mangue. Est-ce qu'un être infini choisirait de ne pas boire du thé glacé à la mangue? Seulement s'il choisit de ne pas le faire. Je choisis ce qui marche pour moi. Tu dois être prêt à reconnaître ce qui marche pour toi et le choisir. Ce n'est pas que McDonalds soit mal. C'est plutôt : soit tu as un prix ordinaire et un menu restreint ou tu as un menu illimité avec des possibilités illimitées et des choses délicieuses à manger. Où veux-tu vivre? C'est ce que tu dois chercher.

Question: Il semble que je résiste à cette réalité plutôt que je ne l'inclue. Peux-tu en dire un peu là-dessus?

Gary: Eh bien, c'est à peu près la manière dont tout le monde fonctionne. Tu essaies de créer une meilleure version de cette réalité ou tu résistes à cette réalité plutôt que de demander, "OK, qu'est-ce qui marche pour moi dans cette réalité? Qu'est-ce qui ne marche pas pour moi? Quel choix ai-je là pour faire que tout marche pour moi?"

Tu peux aussi demander, "Comment puis-je utiliser ceci à mon avantage?" Par exemple, je voulais emmener mes chevaux costaricains faire un tour à la Fiesta of the Spanish Horse (la Fête du Cheval Espagnol). J'ai dépensé 10 000 $ pour emmener ces chevaux courir dans cet évènement pour une durée de deux minutes et demi afin d'être en mesure d'établir des contacts avec des gens qui pourraient être intéressés par ces chevaux. J'ai trouvé un tas de gens; certains d'entre eux étaient intéressés, d'autres n'ont pas répondu et quelques-uns l'ont fait. J'ai maintenant deux personnes qui sont intéressées par ces chevaux. Cela a créé une possibilité autre. Cela m'a coûté 10 000 $ pour obtenir deux contacts. Est-ce que ça valait le coup? Est-ce que j'ai un jugement par rapport à ça? Non, je n'ai pas de jugement là-dessus, et je n'y attache aucune importance et aucune valeur. Dans cette réalité, nous essayons de mettre une valeur sur ce qu'on choisit comme si cela allait créer une différence dans ce qu'on choisit. Ce qui compte, c'est qu'est ce qui fera que tout fonctionne pour toi.

Je suis allé une fois avec Daïn faire des achats lorsqu'il voulait une nou-velle imprimante. Il a regardé toutes les imprimantes dans le magasin et a dit, "Je ne sais pas laquelle choisir."

Dain: Au début, j'allais acheter une imprimante à 500 $ parce que mon point de vue était que je voulais celle qui coûtait le plus. Puis Gary m'a demandé, "Laquelle choisirais-tu si tu pouvais tout avoir? Si l'argent n'était pas un problème, que choisirais-tu?" J'ai dit, "Je choisirais celle qui marcherait le mieux et qui me donnerait ce que je désire." Cela n'avait pas d'importance que ça coûte beaucoup plus ou beaucoup moins.

Tout juste à coté de l'imprimante à 500 $, j'ai trouvé une imprimante pour 150 $ qui faisait tout ce que je désirais. J'ai dit, "Waouh! Si l'argent n'était pas le problème, je choisirais celle-là." Je l'ai acheté et je l'ai ramenée à la maison, et j'étais réellement content de ne pas avoir choisi l'imprimante à 500 $ car elle aurait été bien trop large pour aller n'importe où dans mon bureau. Je suis content de ne pas avoir fait de l'argent un problème car j'aurais été obligé de retourner l'imprimante la plus chère, de toute façon, et j'aurais pris celle à 150 $.

Gary: Choisis de l'espace "Qu'est-ce qui va fonctionner le mieux pour moi? Qu'est-ce qui va me donner ce que j'aimerais réellement?" Lorsque tu fais cela, tu finis par acheter la chose qui fonctionne mieux pour toi. L'argent n'est pas le problème.

C'est la raison pour laquelle vous demandez, "Est-ce qu'un être infini choisirait réellement cela?" Cette question inclut tout le monde qui est impliqué avec vous. Ce n'est pas comme si vous, en tant qu'être infini, étiez séparé de tout le reste. Vous devez être impliqué dans tout. Lorsque Dain a acheté l'imprimante à 150 $, cela a marché car l'univers entier était inclus dans sa décision. C'est pour ça qu'elle a de la place dans son bureau.

Je connais des gens qui achètent la bouteille de vin la plus chère lorsqu'ils vont dans un magasin plutôt que celle qui a le meilleur goût. Est-ce qu'un être infini choisirait toujours la chose la plus chère?

Il y a quelques années, je suis allé à une dégustation de vin avec un ami. Nous avons commencé la soirée avec une bouteille de 25 $ et ensuite il a commandé une deuxième bouteille pensant qu'elle valait 25 $. Il s'est avéré qu'elle valait 125 $. Il était totalement horrifié au début puis il a décidé d'avoir sa propre expérience de dégustation de vin. Il a laissé tout le monde avoir une petite gorgée de ce vin.

C'était très intéressant. Il n'y avait que très peu de différence entre la bouteille à 25 $ et la bouteille à 125 $. La bouteille à 125 $ était à peu près 10 % meilleure.

Un être infini choisirait-il ce qui a meilleur goût? Est-ce qu'un être infini choisirait ce qui a un bon prix et un bon goût? Ou un être infini irait-il toujours pour le haut de gamme? Nous présumons dans cette réalité que le haut de gamme est ce que tu obtiens si tu es un être infini parce qu'en tant qu'être infini, tu peux avoir tout ce que tu veux.

Dain: Mais c'est en regardant à partir du point de vue de cette réalité. Un être infini choisirait ce qui marcherait le mieux et ce qui obtiendrait les meilleurs résultats. C'est le Royaume de Nous*. Lorsque tu choisis en tant qu'être infini, tu inclus tout et tout le monde dans les choix que tu fais.

Gary: L'idée principale de cette clé est de te sortir du jugement et d'être dans la conscience. Tu n'essaies pas de faire le meilleur choix ou le bon choix.

Disons que tu sors pour acheter une robe noire.

Comment détermines-tu quelle robe noire tu vas choisir?

Est-ce que tu choisis celle qui te va le mieux, celle où tu te sens mieux, celle qui coûte le moins? Ou est-ce que tu vas choisir celle qui pourra être utilisée dans plus d'évènements que celle pour laquelle tu es en train de l'acheter? C'est alors que cela devient fabuleux. La robe devient un choix qui s'appuie sur chaque aspect de ta vie.

Question: Je suis souvent fâché avec mon fils parce qu'il est tellement ingrat. Je l'ai conduit à un évènement il y a quelques jours et il n'a montré aucune gratitude. J'ai pensé, "Tu es un petit merdeux !" J'ai presque arrêté la voiture pour dire, "Ok, sors." Puis j'ai pensé "Voici comment je l'ai élevé. Il n'a aucune gratitude." Ça m'énerve encore et toujours parce qu'il me prend pour quelque chose d'acquis. Comment est-ce que j'arrête d'être en colère?

Gary: Chaque fois que je me fâche, je sais toujours que je ne suis pas en train d'être un être infini. Je sais que je suis en train de faire un jugement.

Alors, es-tu agacé par ton fils —ou est-ce que tu es agacé par toi-même? Demande, "Contre qui suis-je en agacé? Est-ce que c'est lui qui m'agace - ou est-ce que je suis agacé par moi-même?" Tu es peut-être agacé par toi-même pour être agacé par rapport à ça.

La moitié du temps quand je suis fâché, c'est parce que j'essaie de prendre un point de vue que mes parents m'ont donné à propos de la façon d'élever des enfants.

J'ai arrêté d'être agacé en réalisant que j'étais en train de créer quelque chose auquel je ne croyais même pas. Je suis en train de créer ma vie à partir de la réalité de quelqu'un d'autre. Je demande, "Est-ce qu'un être

---

* Voir le glossaire pour une définition

infini créerait à partir de cet espace que je suis en train de créer? Est-ce que l'agacement va créer ce que je voudrais réellement créer ici?" Oui ou non? C'est simple.

Les enfants te montreront toujours leur pire coté et réserveront aux autres le meilleur. Lorsque ton fils est resté ici avec nous, il avait de la gratitude pour tout. Et il aura de la gratitude pour d'autres personnes aussi; il n'aura juste pas de gratitude pour toi. Tu es la maman, et la maman ne requiert rien. La maman est comme un bout de mobilier que tu reçois pour t'assoir et marcher dessus. Les mamans sont des tapis, désolé !

Quelque part je crois que si je lui dis, "Tu es en train d'être un petit merdeux ingrat," il changera. Je suppose que c'est ce que je crois quand je vais là. L'autre jour lorsque je l'ai déposé, j'ai fini par lui gueuler dessus pendant quelques minutes par rapport à sa façon d'être ingrat, dans l'espoir qu'il comprendrait. Je me sens tellement non appréciée.

Gary: Pourquoi perdre ton souffle? Je deviens agacé et alors je réalise que ça n'a aucune importance le nombre de façons où je le dis, comment je le dis ou pendant combien de temps on en parle. Ça ne changera pas.

Est-ce qu'un être infini se sentirait non apprécié? Ou est- ce qu'un être infini est prêt à dire, "D'accord, mon fils est un petit connard," et puis aller de l'avant? Il faut que tu regardes ce qui est en face de toi. À un moment donné, mon benjamin était toujours en retard. Je devenais furieux et je gueulais à chaque fois que cela arrivait.

Un jour ma fille, Grace, m'a regardé et a demandé,

"Pourquoi est-ce que tu te tracasses papa?" J'ai dit, "Qu'est-ce que tu veux dire?"

Elle a demandé, "Est-ce que tu penses réellement qu'il va changer?"

J'ai dit, "Oh, bien vu, ça n'a pas d'importance," et j'ai arrêté d'en parler.

La prochaine fois que mon fils a dit qu'il voulait me rencontrer, j'ai demandé, "À quelle heure veux-tu qu'on se rencontre?" Il m'a donné une heure et j'ai répondu que c'était bien. J'étais en train de faire des courses avec Dain quand est arrivée l'heure de notre rendez-vous, et j'ai dit à Dain,

"On a 45 minutes de plus. Il n'est jamais à l'heure."

Lorsque nous sommes arrivés 45 minutes plus tard, il était là, à attendre, irrité comme le diable. Il tapait du pied sur le sol exactement de la manière dont je le faisais lorsqu'il était en retard.

J'ai pensé, "Ça c'est drôle!"

Tu dois reconnaître ce que l'autre personne va faire. Est-ce qu'un être infini serait toujours en retard? Est-ce qu'un être infini serait toujours ingrat?

Non. Mais les gens ne fonctionnent pas toujours à partir de l'être infini; ils fonctionnent comme des êtres définis. Est-ce que tu vas changer un être défini en un être infini? La réponse serait non.

Quatre-vingt-dix pour cent de ce que tu donnes, personne ne l'apprécie. Ok. Pour quelle raison un être infini arrêterait-il de donner?

Question: Si tu sais ce qui fonctionne pour toi et ce qui ne fonctionne pas, est-ce que cela pourrait être une limitation?

Gary: Eh bien, est-ce qu'un être infini choisirait toujours la même chose? Est-ce que tu choisirais toujours d'aller manger à McDonald —ou est-ce que tu irais aussi à d'autres endroits? Tu as des choix multiples pour tout dans la vie, mais tu agis comme si le seul choix que tu as est un bon choix ou un mauvais choix. Un être infini aurait un choix infini. Dans quelles proportions fonctionnes-tu à partir du non choix dans ta vie?

Question: Si nous continuons à faire la même erreur encore et encore, est-ce que c'est parce que nous nous créons un leurre?

Gary: Oui, les leurres sont la façon dont nous continuons à faire des erreurs. À chaque fois que nous créons un leurre à propos de quoique ce soit, nous nous coupons totalement de notre conscience du futur, et nous ne permettons qu'un résultat qui correspondra à ce leurre.

Combien de leurres et de fantaisies autour des Dix Clés as-tu rendu si réels que même face à une conscience totale tu ne vas absolument pas les changer, les choisir, ou les modifier? Tout cela fois un dieulliard, vas-tu le détruire et le décréer? Right and wrong, good and bad, POD and POC, all 9, shorts, boys and beyond.

J'ai essayé tellement de choses, et j'ai le leurre et la fantaisie qu'Access Consciousness ne va pas fonctionner non plus.

Ce n'est pas une fantaisie; c'est une réalité absolue.

Que ça ne marchera pas?

Ouais. Ca ne va pas marcher. Access Consciousness ne marche pas —mais toi oui. Qu'y a-t-il que tu ne veuilles pas voir fonctionner? Access Consciousness— ou toi?

En tant qu'être infini, serais-tu capable d'arranger les choses et de faire en sorte que ça marche pour toi? Tu es capable de faire que tout marche pour toi là où tu es prêt à ce que ça marche pour toi.

Toutes les fantaisies qui t'empêchent de te faire travailler pour toi, vas-tu les détruire et les décréer? Right and wrong, good and bad, POD and POC, all 9, shorts, boys and beyonds.

Quelle fantaisie as-tu rendue si réelle à propos des Dix Clés Vers La Liberté Totale que même face à une conscience totale tu ne peux pas changer, choisir ou modifier? Tout cela fois un dieulliard vas-tu tous les détruire et les décréer? Right and wrong, good and bad, POD and POC, all 9, shorts, boys and beyonds.

Question: Cela a été un réel impact pour moi lorsque tu parlais de la façon dont tu choisis quelque chose, tu as besoin de regarder comment les choses vont se dérouler ou voir les conséquences de ce qui va en ressortir. Je le fais brillamment pour les autres personnes, plus particulièrement dans mon cabinet, mais je n'y arrive pas pour moi.

Gary: C'est la raison pour laquelle tu dois poser la question, "Est-ce qu'un être infini choisirait réellement cela?"

Dain: La question ouvre la porte afin que tu puisses y aller. Maintenant dans ta propre vie, tu ne peux pas voir là où les portes se situent. Une fois que tu poses la question, tu verras des portes de possibilités qui te sont disponibles.

Elles ont toujours été là. En tant qu'être infini, tu pouvais voir ces portes pour d'autres personnes, mais tu ne les vois jamais pour toi-même car tu ne te vois jamais comme un être infini.

C'est bon, je jouerais avec cela.

Gary: S'il te plaît fais-le. Tu n'arrives pas à saisir la valeur de toi. Tu continues à te regarder comme un moins- que. Un être infini ne serait jamais moins que quelqu'un d'autre, n'est-ce pas? Il serait toujours simplement différent.

Dain: Lorsque tu travailles avec des gens dans ta clinique, es-tu prêt à les voir plus grands qu'ils ne sont prêts à se voir eux-mêmes? Sais-tu ce qui est vrai à leur sujet?

Oui, tout le temps.

Dain: C'est une partie de la raison pour laquelle les gens viennent te voir, parce que tu es prête à voir en eux quelque chose de plus grand qu'ils ne sont disposés à voir.

Gary: C'est ce qui te rend bon.

Dain: C'est ce qui fait que tu es excellent dans ce que tu fais. Est-il possible que tu sois prêt à prendre cinq à quinze minutes par jour pour faire une séance avec toi-même comme si tu venais te voir pour une session, et juste être là avec toi? Fais-le comme si tu venais te voir pour une session et regarde-toi de la même façon que tu regardes tes clients.

---

* Voir le glossaire pour une définition

Je peux le faire.

Gary: Nous croyons tout un tas de merde venant de nos familles, de notre groupe de connaissances et des gens autour de nous. Il s'agit toujours de la façon dont nous sommes mieux ou pire. Et si tu étais ni mieux ni pire, mais seulement différent? C'est ce que tu es, en tant être infini; tu es différent. Ni mieux, ni pire, ni plus, ni moins, juste différent. C'est la raison pour laquelle l'être infini est si important. Cela fait que c'est correct d'être différent, et cela te donne aussi une place ou tu commences à réaliser que tu n'as pas à te juger.

Dain: Tu commences à voir comment le fait d'être cette différence fait que ta vie se présente différemment. La différence que tu es va te créer une vie différente de la vie des autres personnes. Différent de la douleur et la souffrance, du trauma et du drame que tout le monde trouve tellement précieux. Le fait de poser cette question est une superbe façon d'ouvrir la porte pour y accéder.

Gary: Quelles fantaisies de ne pas être l'être infini que tu es, as-tu rendu si réelles que même face à une conscience totale, tu ne vas absolument pas les changer, les choisir ou les modifier. Tout cela fois un dieulliard, vas-tu le détruire et le décréer? Right and wrong, good and bad, POD and POC, all 9, shorts, boys and beyonds.

Question: Je travaille avec de grands groupes de personnes dans mes classes. J'accrois mon espace substantiellement avant de faire ma classe, mais le plus souvent, après la classe, je me sens comme si j'avais été écrasé par un camion. Je me sens comme tout sauf un être infini. Comment est-ce que je m'en remets?

Gary: As-tu des fantaisies de te faire renverser par un camion? Ou combien d'énergie ça prend pour faire une classe?

Combien de fantaisies de te faire écraser par un camion as-tu rendu si réelles que même face à une conscience totale tu ne peux pas et ne vas pas les changer, les choisir ou les modifier?

J'ai fait une version de ce processus sur moi. J'étais fatigué tout le temps. Je disais à Dain, "Je suis tellement fatigué!"

Dain me demandait, "De quoi es-tu fatigué?" Je lui donnais une longue liste de toutes les choses dont j'étais fatigué, mais rien ne changeait.

J'ai demandé, "Bon, qu'est-ce que je suis en train de perdre de vue là?" Puis un jour, j'ai demandé, "Oh! Est-ce qu'un être infini choisirait d'être fatigué? Non! Alors, pourquoi diable est-ce que je le fais?"

J'ai demandé, "Quelles fantaisies est-ce que j'ai là qui me fatiguent?" J'ai réalisé que j'étais arrivé à la conclusion que si je travaillais aussi durement que je le faisais, alors je devais être fatigué. J'ai commencé à effectuer un processus de deux minutes sur le fait d'être fatigué, et tout d'un coup, ma fatigue a disparu.

Hier après avoir fait quatre jours de classes très intensives, j'avais l'impression d'avoir été écrasé par un camion Mack. Alors j'ai demandé, "Bon, combien de fantaisies ai-je qui créent cela comme une réalité?" Tout d'un coup, j'ai commencé à me sentir mieux. Puis j'ai demandé, "Est-ce qu'un être infini choisirait vraiment d'être écrasé par un camion? Est-ce qu'un être infini choisirait d'être fatigué? Est-ce qu'un être infini choisirait de se sentir mal?" Les fantaisies sont ce que tu crées afin de rendre réels les décisions et les choix que tu as faits.

Tu dois regarder ces deux choses. Reconnais qu'elles peuvent aller ensemble. Tu peux les changer parce que tu es un être infini. Tu peux changer absolument tout si tu le veux.

Question: J'étais dans la classe que tu viens justement de mentionner et depuis ce moment-là, je suis extrêmement irrité par la lenteur de tout le monde —dans la voiture, au supermarché et partout où je vais. Je suis encore plus irrité que je n'ai jamais été. Les gens sont plus lents que je n'avais jamais remarqué.

Gary: Je sais, ton point de vue de base est: Un être infini se déplacerait aussi lentement pour quelle fichue raison? Ôte-toi de mon chemin!

C'est exactement la manière dont je le dis!

Gary: Au fur et à mesure que tu deviens plus conscient, tu commences à réaliser combien le monde fonctionne lentement. Ça peut être vraiment irritant, à un degré impensable. La bonne nouvelle, c'est qu'il arrive un moment où ta conscience surpasse ton laisser-être*. En ce moment ta conscience a surpassé ton laisser-être.

Oui, j'ai besoin de plus de laisser-être.

Gary: Tu as besoin de plus de laisser-être et plus de point de vue intéressant. Récemment Dain et moi revenions chez nous, en avion, d'une classe en Australie, et j'étais tellement irrité que je détestais tout le monde. J'ai dit, "Je veux simplement tuer tout le monde dans cet avion"

Dain m'a demandé, "Waouh, qu'est-ce qui se passe vraiment?"

J'ai dit, "Je ne sais pas, mais je n'ai aucun laisser-être pour qui que ce soit ici. Ce sont tous des trous-du-cul." Habituellement sur nos longs vols, nous avons des hôtesses réellement gentilles. Cette fois-ci nous avions une

---

* Voir le glossaire pour une définition

garce mal fagotée et laide qui était tellement condescendante et odieuse que je voulais bondir de mon siège et l'étrangler.

Tout ce qu'elle disait était irritant.

Dain a demandé, "Alors, est-ce que ton laisser-être a dépassé ta conscience?"

J'ai dit, " Oui, d'accord ! il faut accroitre mon laisser-être..." Vous allez traverser des phases où vous aurez besoin d'accroitre votre laisser-être car votre conscience aura dépassé le niveau de laisser-être que tu es prêt à être.

Avoir une séance de Bars* aide en cela. Cela aide beaucoup, mais ce n'est pas assez. Tu dois accroitre ton niveau de laisser-être, et alors tout ira bien.

J'ai un niveau de laisser-être qui est presque incroyable la plupart du temps, et lorsque j'atteins une de ces places où le laisser-être a disparu, c'est "Zut! Qu'est-ce que je fais maintenant?" Et si une séance de Bars ne m'aide pas, je sais que ma conscience a dépassé mon niveau de laisser-être et je dois utiliser plus de point de vue intéressant.

Une des raisons pour lesquelles nous avons cette conversation c'est que j'ai remarqué que les gens ne comprenaient pas comment appliquer Les Dix Clés dans leur vie. Alors j'essaie de vous donner des exemples de la façon dont je les utilise dans ma vie.

Plus tu utilises cette clé, et plus vite tu commenceras à fonctionner comme l'être infini que tu es au lieu d'être obligé de poser la question. Mais tu dois commencer par poser la question, "Est-ce qu'un être infini choisirait réellement cela?"

Disons que tu es une étudiante et tu dois aller à l'école.

Pourquoi dois-tu aller à l'école? Pourquoi veux-tu une éducation? Parce que tu sais que cela va t'aider d'une certaine façon. Comment le sais-tu? Tu le sais tout simplement. Tu vas à l'école et tu détestes les tests. Est-ce qu'un être infini choisirait réellement de détester les tests? Non. Alors merde, qu'est-ce que je fais ici à haïr des tests? Tu dois l'examiner et demander " D'accord, comment est-ce que je change cela? Qu'est-ce que je peux faire différemment? Que puis-je être différemment qui changera cela?

Lorsque tu poses ces questions, et tout spécialement "Est-ce qu'un être infini choisirait cela?" Tu commences à t'apercevoir que tu fonctionnes en tant qu'être défini.

Tu demandes, "Comment est-ce que je peux changer cela?" Tout le but de cette conversation est de t'encourager à reconnaître lorsque tu fonc-

* Voir le glossaire pour une définition

tionnes en tant qu'être défini - afin que tu puisses choisir de fonctionner à partir d'une place différente. Tu peux choisir quelque chose de différent.

Les Dix Clés ne sont pas des règles difficiles et rapides que tu dois suivre. Tu arrives à t'amuser avec elles afin de pouvoir atteindre l'endroit où tu deviens un compagnon de jeu de conscience. Tu veux des compagnons de jeu, n'est-ce pas? La seule façon dont tu vas créer des compagnons de jeu de conscience est de devenir la personne qui est prête à jouer avec la conscience. Cela n'a aucune relation avec le fait d'essayer de le faire bien ou mal.

Dain: S'il te plaît, ne choisis pas à partir de Bien ou de Mal. Ne choisis pas à partir du jugement. Choisis à partir de "Avec quoi d'autre puis-je jouer ici pour faire que ma vie soit tout ce que j'aimerais qu'elle soit?"

Commence à utiliser le processus des fantaisies et demande, "Combien de fantaisies ai-je qui maintiennent cela en place?" C'est ta fantaisie qui ne te permet pas en fait de voir un futur et de changer quelque chose facilement.

~~~

LA SECONDE CLÉ VERS LA LIBERTÉ TOTALE

Tout est Simplement un Point de Vue Intéressant

Gary: Bonsoir tout le monde. Ce soir nous allons parler de la deuxième clé: tout est seulement un point de vue intéressant.

Tout d'abord, parlons de *point de vue* et de *conscience*.

Un point de vue est une position à partir de laquelle on observe quelque chose. C'est une façon particulière de considérer quelque chose. Point de vue et conscience sont deux choses différentes.

La Conscience est le fait de voir ce que tu peux voir et ne pas avoir un point de vue à ce propos. Autrement, tu serais peut-être en train de créer quelque chose qui pourrait ne pas *exister*.

Dain: La définition du *point de vue* est contenue dans le libellé point de vue ; c'est le point à partir duquel tu vois quelque chose, ce qui veut dire que tu ne peux occuper qu'un seul lieu dans l'univers à un moment donné. Tu ne peux pas être dans des lieux multiples.

Lorsque tu adoptes un point de vue, tu élimines l'espace et le comprime en un point, qui est le lieu où tu crées une limitation, parce que tu ne peux alors être conscient d'aucun autre choix, possibilité ou contribution. Tu ne fonctionnes pas à partir de la question.

Gary: Dans le livre de Robert A. Heinleinn, *Stranger in a Strange Land,* il y a des gens qui s'appellent Fair Witnesses (Témoins Impartiaux), qui ont été entraînés à dire exactement ce qu'ils ont vu et entendu sans faire d'extrapolations ou de suppositions. Il était interdit aux Témoins Impartiaux de tirer des conclusions de ce qu'ils observaient.

Quelqu'un demandait à un Témoin Impartial, "De quelle couleur est cette maison?"

Le Témoin Impartial, de l'endroit où il se trouvait, pouvait voir deux côtés de la maison. Il dirait donc: "de ce côté-ci, elle est de cette couleur, et de ce côté-là, elle est de cette couleur. Je ne peux pas avoir un point de vue quant à la couleur des autres côtés."

Contrairement aux Témoins Impartiaux, la plupart d'entre nous font des suppositions dans leurs vies. Nous regardons deux côtés de quelque chose et nous supposons que les autres côtés sont en congruence avec ce que nous avons déjà vu. C'est un point de vue que nous nous forçons à prendre, comme si en supposant que ceci s'assortit à cela, c'était de la conscience. Ce n'est pas de la conscience!

Lorsque tu adoptes un point de vue, tu ne peux pas avoir une conscience globale. Tout ce que tu peux avoir c'est un point de vue.

Dans cette réalité tu peux t'aligner et accepter un point de vue, - ce qui est la polarité positive - ou tu peux résister et réagir à un point de vue, ce qui est une polarité négative.

L'un ou l'autre - s'aligner et accepter ou résister et réagir - te coince dans le flot des drames, contrariétés et intrigues de tout le monde et tu es emporté par le courant. Tu ne perçois ni ne reçois ce qui est.

Disons que tu rencontres un sans-abri dans la rue qui te demande de l'argent. Si tu te mettais en alignement et en accord, tu te dirais "Oh, ce pauvre homme malchanceux!

C'est horrible qu'il soit à la rue. Peut-être devrais-je lui donner de l'argent."

Si tu démontrais de la résistance et étais en réaction, tu te dirais, "Regarde ce type! C'est un clochard! Qu'il aille se chercher un boulot, le mec!"

Lorsque tu es dans l'esprit 'point de vue intéressant', tu n'es ni dans l'alignement/acceptation de ce point de vue ni dans la résistance/réaction. Tu verrais le sans-abri et te dirais, "bien, c'est un choix intéressant." Tu ne te laisse pas emporter par le drame et le trauma. Tu es le Rocher de Gibraltar qui garde tout en place autour de soi.

Lorsque tu es dans " point de vue intéressant ", les flots de la vie viennent à toi et te contournent… et tu restes toujours toi (et le sans-abri, probablement, ne te demandera pas d'argent.). Lorsque tu n'es pas dans " point de vue intéressant ", tu te laisses prendre dans le courant de cette réalité et tu te laisses emporter. Tu te perds complètement.

Il y a quelque temps, on apprit aux nouvelles qu'un député de New York, appelé Weiner, avait posté une photo de sa bite sur son compte Twitter. Tout le monde s'en est offusqué et il fut, en fin de compte, obligé de démissionner. Mon point de vue fut : "Eh bien, point de vue intéressant.

Qu'est-ce que cela a à voir avec le travail? Est-ce que le fait de montrer sa bite signifie qu'il est incapable de faire son travail? Si tel était le cas, nous n'aurions plus aucun politicien. Ils doivent tous montrer leur bite d'une manière ou d'une autre." Alors, c'est simplement un point de vue intéressant.

Quelqu'un m'a dit, "J'essaye d'adopter l'approche " Point de vue intéressant " mais je ne comprends pas vraiment comment le faire, car je ne n'adopte 'point de vue intéressant' que pour les choses pour lesquelles j'ai déjà décidé qu'elles étaient des points de vue intéressants."

Ce n'est pas à propos de ce que tu as *décidé* devoir être un point de vue intéressant, c'est à propos de tous les pensées, sentiments et émotions que tu as! Tout n'est qu'un point de vue intéressant - car, pour commencer, aucun de ces points de vue ne t'appartient!

Tu dois adopter 'Point de vue intéressant' avec chacun des points de vue, ne pas juger ceux qui sont justes, ceux qui sont faux, ceux qui sont bons, ceux qui sont mauvais, ceux que tu aimes et ceux que tu n'aimes pas.

Tu es prêt à adopter 'Point de vue intéressant' en ce qui concerne la chose que tu as décidé ne pas aimer, mais tu n'es pas prêt décréter 'Point de vue intéressant' pour les choses que tu aimes et c'est pourquoi tu ne peux, en fait, jamais, réellement, accomplir 'Point de vue intéressant'.

Quels fantaisie et état d'être utilises-tu pour rapetisser et supprimer les intrications quantiques qui te permettraient d'être 'un point de vue intéressant'? Tout cela, fois un dieulliard, vas-tu le détruire et de décréer? Right and wrong, good and bad, POD and POC, all 9, shorts, boys and beyonds.

Dain: Un être infini aurait-il, en fait, un quelconque point de vue? Lorsque tu commences à fonctionner à partir de 'point de vue intéressant que j'aie ce point de vue', tu peux atteindre le point où tu n'as aucune résistance à quoi que ce soit qui se présente. En d'autres termes, plutôt que d'entrer en réaction par rapport à quelque chose, ce sera: "Cela est intéressant." Plutôt que d'avoir peur de quelque chose, c'est: "C'est intéressant." Plutôt que d'être en colère à propos de quelque chose, c'est: " Oh, c'est intéressant." Tu finis par *être* un point de vue intéressant. Tu peux l'*être* lorsque tu commences par choisir 'point de vue intéressant'.

'Point de vue intéressant' est ce que font les petits enfants. C'est de cette façon qu'ils fonctionnent - et c'est exactement ce qu'on nous a appris à ne pas être. Point de vue intéressant est l'antithèse de tout ce que tu as appris du temps où tu étais tout petit. Tu es tout naturellement 'point de vue inté-ressant'.on t'apprend à ne pas l'être.

Toutes les fantaisies et états d'être* que tu as, spécifiquement, pour ne pas être dans 'point de vue intéressant*, vas-tu les détruire et décréer? Right and wrong, good and bad, POD and POC, all 9, shorts, boys and beyonds.

Nous t'invitons à faire quelque chose qui va créer une possibilité totale-ment différente pour toi. Mais tu dois le *faire*. C'est la raison pour laquelle nous avons ces conversations à propos des Dix Clés -afin que tu puisses les appliquer et les mettre en œuvre et les devenir et les vivre

au lieu de sentir qu'elles sont quelque chose en dehors de toi, que tu ne fais que de temps en temps, que tu ne fais pas bien ou que tu ne comprends pas.

Chacune de ces Dix Clés concerne une façon différente d'être dans le monde. Elles sont différentes de tout ce qu'on t'a appris sur cette planète.

Gary: Ce sont les clés pour une liberté absolue. Pour ceux d'entre vous qui êtes des facilitateurs, quatre-vingt-dix pour cent de ce que vous avez à gérer, lorsque vous travaillez avec les gens, sont les Dix Clés.

Quatre-vingt-dix pour cent de tout ce qu'il y a dans ta vie concernent l'une des Dix Clés.

Dain: Quatre-vingt-dix-neuf pour cent des limitations que créent les gens viennent du fait de ne pas fonctionner à partir de 'point de vue intéres-sant'. Quatre-vingt-dix-neuf point neuf, neuf, neuf, neuf pour cent de ce qui crée les difficultés dans ta vie est là parce que tu n'as pas été capable ou n'as pas voulu fonctionner à partir de point de vue intéressant.

Gary: Comment peux-tu être un bon facilitateur si tu ne fais pas 'point de vue intéressant'? Tu ne peux pas! Tu dois appliquer 'point de vue intéres-sant' afin d'être un grand facilitateur -parce que si tu adoptes un point de vue, tu vas coller à la personne que tu accompagnes quelque chose qui n'est pas vrai pour elle ou pour toi.

Quels fantaisie et état d'être utilises-tu pour rapetisser et supprimer les intrications quantiques qui te permettraient d'être 'point de vue intéressant'? Tout cela, fois un dieulliard, vas-tu le détruire et le décréer? Right and wrong, good and bad, POD and POC, all 9, shorts, boys and beyonds.

* Voir le glossaire pour une définition.

Gary: Je suppose que la raison pour laquelle cette clé a si bien marché pour moi est que je ne suis pas intéressé par les fantaisies; je suis intéressé par la conscience totale. Si tu ne fonctionnes pas à partir de "Je veux une conscience totale, coûte que coûte," tu ne peux pas faire ces choses. Il se pourrait que tu ne puisses pas vivre les Dix Clés parce que tu fonctionnes encore à partir d'une quelconque fantaisie ou d'un état d'être comme si cela allait t'emmener où tu veux aller ou allais te donner ce que tu désires avoir.

Dain: Ceci est intéressant, car j'étais intéressé par les fantaisies. En même temps, j'étais aussi intéressé par la conscience totale, et la conscience a, finalement, détruit la plupart des fantaisies que j'avais. Et ma vie s'est améliorée.

Je me remémore et vois tous ces endroits où j'étais intéressé par les fantaisies, spécialement eu égard aux femmes et aux relations. C'était le domaine où cela se passait pour moi. Lorsque je ne savais pas quoi faire d'autre, ce qui était souvent le cas, je m'en remettais à ' point de vue intéressant'.

Je choisissais alors de me poser et d'accueillir l'énergie qui venait, peu importe ce qu'elle était, et de faire 'point de vue intéressant. Intéressant que j'aie ce point de vue'.

Lorsque je faisais cela, ce qui était fantaisie et/ou état d'être et tout ce qui semblait avoir une valeur se dissipait. Plus je faisais 'point de vue intéressant', plus je sentais que je pouvais être en présence de tout sans en être possédé.

Si tu ne mets pas en œuvre 'point de vue intéressant', si tu n'es pas 'point de vue intéressant', alors chaque point de vue qui se présente à toi et auquel tu es sensible te possède. Cela fait que tu entres en résistance et en réaction.

Si cela a une valeur pour toi d'être capable de ne pas te perdre toi, tout en étant face à n'importe quel point de vue des autres, même des points de vue que tout le monde sur la planète semble partager, ceci est la façon d'y arriver.

Gary: Là, tout de suite, pense à quelque chose qui te tracasse, quelque chose dont tu ne peux te défaire. Je sais qu'il y a quelque chose. Cela pourrait être des gens stupides et lents. Cela pourrait avoir trait à l'argent.

• Regarde aussitôt ce point de vue et fais: 'point de vue intéressant. Intéressant que j'aie ce point de vue'.

• Regarde-le encore une fois et dis-toi: 'point de vue intéressant. J'ai ce point de vue.'

• Regarde-le une fois encore et dis-toi: 'point de vue intéressant. J'ai ce point de vue'.

• Il y-est-il toujours ou a-t-il changé?

Question: J'essaie d'avoir plus de clients pour mon entreprise. Je me suis affilié à quelques groupes et j'ai fait d'autres choses afin de rencontrer des gens et de créer de nouveaux contacts, mais je ressens beaucoup de frustration dans mon univers. Je n'arrive même pas à appliquer ' point de vue intéressant' dans tout cela. Je ne sais même pas comment l'énoncer.

Gary: Saisis l'émotion de frustration. Maintenant dis: 'point de vue intéressant. Intéressant que j'aie ce point de vue ici'. Dis-le à nouveau. Ressens la sensation de la frustration, puis dis: 'point de vue intéressant. J'ai ce point de vue'. Et encore une fois: 'point de vue intéressant que j'aie cette frustration'.

Maintenant, comment le ressens-tu? La frustration est- elle la même ou est-elle différente?

C'est différent. Cela va mieux, et je viens juste de me rendre compte que je n'en veux pas.

Gary: D'accord, bien. Je te suis reconnaissant d'avoir soulevé cela. Pour que tu te sentes frustré, tu dois adopter le point de vue que tu es frustré. Une fois que tu as adopté le point de vue que tu peux être frustré, tu peux alors l'être.

Cet exemple de se sentir frustré devrait aider les gens à comprendre que tu peux utiliser cet outil avec tout ce que tu rends signifiant ou ayant une valeur. Lorsque, dans ton monde, tu ressens de la frustration ou lorsque tu te sens sans recours ou accablé par le manque d'argent ou le fait d'en avoir trop, simplement, fais: 'point de vue intéressant, j'ai ce point de vue'.

Je réalise que je suis entré dans la frustration parce que cela me donne l'impression de faire quelque chose à propos de la situation dans laquelle je suis. Si je ne fais que me relaxer, j'ai l'impression que ce problème ne va pas changer.

Gary: Mais est-ce un problème?

C'est la situation pour laquelle je suis extrêmement frustré maintenant. Je fais des séances de Bars aux gens, mais je ne vois aucun vrai changement avoir lieu. Je suis certain que cela change plus que ce que je vois, mais je trouve que...

Gary: Si tu fais les séances de Bars avec 'point de vue intéressant', ils peuvent changer. Mais si tu fais des séances de Bars avec le point de vue que tu veux qu'ils changent, ce n'est pas 'point de vue intéressant'. Tu dois permettre aux gens de recevoir ce qu'ils reçoivent, de la façon dont ils reçoivent. Tu ne devrais pas désirer que quelqu'un change.

La seule chose qu'il te faille désirer est que tu puisses permettre aux choses de s'ouvrir pour les gens et que celles- ci évoluent dans le sens qu'ils veulent. Le but des Bars est de permettre aux gens d'avoir les changements qu'ils reçoivent. S'ils changent, ils changent, et s'ils ne changent pas, ils ne changent pas, c'est leur choix.

La frustration n'arrive que lorsque tu opères à partir d'un point de vue fixe: c'est la raison pour laquelle nous essayons de t'amener au 'point de vue intéressant'. Si tu fais des séances sur quelqu'un, et que tu n'es pas dans l'optique 'point de vue intéressant', ils ne peuvent pas changer. Tu les empêches de changer. Tu les as coincés dans un 'point de vue pas intéressant' comme si c'était la façon de les faire changer.

Dain: C'est comme si tu pensais qu'il y a quelque chose de mal chez eux, plutôt que de réaliser qu'il y a quelque chose de juste à propos de tout ce qu'ils sont à ce moment-là. Il y a quelque chose de juste à propos de tout cela, mais ce n'est pas dans le sens de "juste" ou "faux". C'est uniquement un choix qu'ils ont fait. Si tu abordes ton travail avec eux du 'point de vue intéressant', c'est absolument étonnant ce qui peut arriver.

Si quelqu'un désire que tu changes, Gary qu'est-ce que tu fais?

Gary: Moi? Je change.

Dain: Ah! Quand quelqu'un veut qu'un humanoïde change, qu'est-ce qu'on fait? Nous disons, "Vas te faire F---! Je ne changerai pas. Je ne le ferai pas. Uniquement parce que tu veux que je change, je ne le ferai pas."

Gary: Nous disons, "Tu ne peux pas m'obliger à le faire."

Dain: Lorsque tu veux que quelqu'un change, tu forces, en fait, de l'énergie dans son monde qui dit, "Tu devrais changer. Tu devrais être différent. Tu devrais avoir une vie meilleure qui, je le sais, est possible pour toi, idiot."

Et il dit, "Non, je ne vais absolument pas changer parce que tu essaies de me faire changer."

Tu dois reconnaître "Il semblerait que j'aie un point de vue intéressé à son changement. Point de vue intéressant. J'ai ce point de vue qu'il devrait changer."

Gary: Et si ton point de vue intéressant était "D'accord, c'est leur choix. S'ils veulent être malades et mourir, aucun problème. S'ils veulent faire ce qu'ils sont en train de faire, c'est leur affaire."

Quelqu'un m'a dit récemment, "Mon ami est en train de mourir, mais je ne veux pas qu'il meure."

J'ai demandé, "Est-ce qu'il souffre beaucoup?"

Elle a dit, "Oui. Je déteste le fait qu'il souffre, et je ne veux pas qu'il meure."

J'ai dit, "Ces deux points de vue fixes que tu as adoptés le forcent à essayer de rester là pour toi. Il doit souffrir plus parce que tu ne veux pas qu'il souffre. Et si c'était ce qu'il faisait pour partir d'ici? Il te faut être un 'point de vue intéressant'."

Lorsque je travaille avec les gens, j'arrive à voir que quelque chose ne fonctionne pas pour eux, et ils peuvent aussi voir que cela ne fonctionne pas pour eux, mais il semble que je n'arrive pas à ce qu'ils...

Gary: Eh bien tout d'abord, tu supposes qu'en fait ils veulent changer.

Dain: Et tu tires aussi la conclusion que ce qu'ils sont en train de faire ne marche pas pour eux. Tu ne sais pas ce qui se passe pour eux.

Gary: Le fait de ne pas changer fonctionne pour eux d'une certaine manière.

Dain: C'est la même chose avec ta frustration. D'une certaine façon, ta frustration fonctionne pour toi. Sans cela tu ne la choisirais pas.

Cette frustration ne fonctionne vraiment pas pour moi.

Dain: Ouais, mais seulement après avoir commencé à utiliser cet outil tu as réalisé, "Waouh, je voulais que cela soit ainsi. Je voulais être frustré. En fait je suis en train de le créer."

Gary: Peut-être crées-tu des gens qui ne veulent pas réellement changer afin de maintenir ta frustration.

Tu es en train de dire que j'attire des gens qui ne veulent pas changer

Gary: Les gens te regardent et voient que tu sais gérer ton argent. Ils disent, "Oh, je veux avoir ce qu'elle a." En d'autres termes, ils veulent ton argent. Tu penses qu'ils veulent changer la condition dans laquelle ils sont, mais ce n'est pas cela. Ils veulent ce que tu possèdes: l'argent.

Il y a beaucoup de gens qui ont ce point de vue que s'ils ne font pas d'argent, tu leur en donneras, finalement, un peu du tien. Cela m'arrive tout le temps. Je trouve toujours que c'est un point de vue intéressant que les gens pensent que je vais leur donner de l'argent.

Dain: Et parce que c'est, pour lui, un point de vue intéressant, il n'en est pas affecté. En d'autres termes, il dit simplement, "D'accord; c'est intéressant." Il n'a pas à leur donner de l'argent, à moins qu'il ne le veuille, et il n'a pas à se sentir mal de ne pas leur donner d'argent- car l'idée qu'il est supposé le faire n'est simplement qu'un point de vue intéressant.

Voici un autre exemple. J'ai eu une relation avec une femme. Quelque temps plus tard, elle m'a appelé et m'a dit qu'elle avait un problème terrible pour lequel elle devait se faire traiter. (Elle avait un cancer). J'ai dit, "Bien, je vais te donner 10 séances pour voir si on peut le traiter." A chaque séance, au lieu de s'occuper du problème, elle parlait de combien on allait bien ensemble. Elle disait que nous devrions être ensemble et que nous le serions pour le restant de nos jours. Elle n'était pas du tout intéressée par le traitement.

Elle était intéressée par la sympathie, le trauma et le drame qui de son point de vue, nous rapprocheraient. Beaucoup de gens pensent qu'ils peuvent se rapprocher des autres en ayant un problème majeur qu'ils ne peuvent pas résoudre.

Alors tu dois demander, "Suis-je en train de résoudre le problème que cette personne ne veut pas résoudre? Que se passe-t-il réellement ici?" C'est là toute l'idée du 'point de vue intéressant'. Lorsque tu utilises cet outil, tu peux voir ce qui se passe vraiment. Si tu n'as pas le 'point de vue intéressant', tu choisiras un point de vue qui élimine la conscience que tu pourrais avoir de ce qui se passe réellement. Lorsque tu fais cela, tu ne peux voir que de là.

Tu ne peux pas voir ce qui se trame réellement.

Gary: Lorsque les gens m'appellent et me disent, "J'ai besoin d'aide," je dis, "Que se passe-t-il?"

Ils disent, "Je ne sais pas."

Je demande, "Tu voulais de l'aide? Pourquoi veux-tu de l'aide?"

Ils disent, "Et bien. Je ne suis pas sûr. Je pense que j'ai une question."

Je demande, "D'accord, quelle est ta question?"

Ils disent, "Je n'en suis pas sûr. Peux-tu me dire quelle est ma question?"

Les gens veulent que je leur dise ce qui ne va pas, afin qu'ils puissent traiter ce que je leur dis qui ne va pas plutôt que de regarder ce qui est vrai pour eux et de voir ce qui va fonctionner pour eux. C'est la raison pour laquelle je commence chaque appel avec une question, "D'accord que se passe-t-il? Que puis-je faire pour toi." Je n'anticipe pas que je vais aider quiconque lorsque je commence une séance. Mon point de vue n'est jamais qu'ils veulent changer. Mon point de vue n'est jamais qu'ils désirent réellement ce qu'ils disent désirer. Ainsi, par conséquent, je peux être dans le 'point de vue intéressant', et cela marche.

Ainsi, quelque chose attire les gens et ils viennent pour une séance de Bars. Ils ne veulent pas nécessairement changer, ils veulent seulement…

Gary: Ils veulent ce que tu as. De leur point de vue, s'ils peuvent obtenir ce que tu as, alors leur vie ira bien.

Et comment je change cela?

Dain: Tu pourrais dire: 'point de vue intéressant ; intéressant que j'aie ce point de vue' cinq fois, à chaque fois que ça te vient à l'esprit.

Gary: Et tu pourrais dire: point de vue intéressant que cette personne vienne vers moi pour n'importe quelle autre raison que simplement le fait de me regarder.

Dain: Si tu peux arriver à cela, alors à ce moment-là quelque chose d'autre que ce que tu as décidé ou que ce que tu as conclu devait arriver, peut arriver. Tu aurais un choix différent disponible.

Gary: : Je l'ai vu encore et encore, lorsque Dain était en relation avec des femmes, celles-ci requiéraient des séances privées avec lui et il faisait 10,12, 15 ou 20 séances privées, vingt heures de travail. En fait elles voulaient seulement se savoir en connexion avec Dain. C'est tout ce qu'elles recherchaient.

Tu pourrais être incroyablement psychique et saisir leur point de vue. Tu continues à penser que tu as quelque chose à faire à partir du point de vue que tu perçois. Non, tu ne dois qu'être 'point de vue intéressant'. Si tu fais cela, alors aucun point de vue ne pourra se fixer sur toi- les leurs, les tiens ou ceux de qui que ce soit.

Question: J'essaye de vivre les Dix Clés, mais il semble que je n'arrive pas à les comprendre. Il y a quelque chose qui m'arrête, je ne suis pas certain de ce que c'est, sauf, peut-être, le fait que je ne les ai pas encore choisies.

Gary: Si tu pratiques chaque clé, une à la fois, pendant six mois, tu seras libre. Chaque clé se construit sur les autres et te permet de vivre en accord avec les Dix Clés. Commence où tu es et applique 'point de vue intéressant' de la façon dont nous l'avons décrit. En fin de compte, cela se mettra à fonctionner. Tout se mettra en place.

Ou alors, prends la clé à laquelle tu résistes le plus et attelles-toi à celle-là en premier.

Question: On dirait que les points de vue qui nous engluent le plus sont ceux qu'on n'a même pas conscience d'avoir. Comment avoir accès aux points de vue que nous ignorons avoir? Est-ce: 'point de vue intéressant' j'ai ce point de vue que je ne sais pas avoir?

Gary: Eh bien, cela pourrait être le cas.

Voici ce que 'point de vue intéressant' n'est pas: si tu regardes quelque chose, par exemple des voitures, et que tu dis, Oh, je suis en train de penser aux Ford. Point de vue intéressant que je sois en train de penser aux Ford. Cela doit vouloir dire que j'aime les Ford. Je suppose que ce n'est pas mal que j'aie ce point de vue concernant les Ford. Cela n'est pas cela être 'point de vue intéressant'.

Tu dois considérer ton point de vue et dire, "J'aime les BMW. Point de vue intéressant que j'aime les BMW."

Est-ce que je passe ma vie à penser aux BMW? Non.

Est-ce que je pense occasionnellement aux BMW? Habituellement pas, car lorsque cela m'arrive, je dis, "Point de vue intéressant, intéressant que j'aie ce point de vue," et tout d'un coup je réalise que je suis en train d'avoir le point de vue de la personne qui conduit une BMW et qui est tellement contente de conduire sa voiture qu'elle dit,

"J'aime ma BMW!" Et moi, étant l'éponge psychique de l'univers que je suis, je capte cela.

J'utilise 'point de vue intéressant' à chaque pensée, sentiment et émotion qui me vient, que ce soit de moi ou de quelqu'un d'autre.

Question: Lorsque tu as a commencé ta pratique du 'point de vue intéressant' cela te rendait-il complètement fou par toutes les choses qui te venaient à l'esprit?

Gary: La première chose qui est arrivée est que j'ai commencé à réaliser qu'aucun des points de vue que j'avais ne m'appartenaient.

Dain: Même le point de vue de devenir fou. C'est assez marrant car, d'abord tu y penses et ensuite tu dis, "Point de vue intéressant d'avoir ce point de vue que cela va me rendre fou."

Gary: Point de vue intéressant que je pense que cela me rend fou. Un être infini choisirait-il de devenir fou? Non.

Le pourrait-il? Ouais.

Faisons le processus suivant:

Quels fantaisie et état d'être utilises-tu pour restreindre et supprimer les intrications quantiques qui te permettraient d'être 'point de vue intéressant'? Tout cela, fois un dieulliard, vas-tu le détruire et le décréer? Right and wrong, good and bad, POD and POC, all 9, shorts, boys and beyonds.

Dain: Nous vous avons parlé de fantaisie dans notre première conversation. Nous avons toutes sortes de fantaisies à propos de ce que sont les choses, de ce qu'elles devraient être, ou auraient besoin d'être. Ou la façon qu'elles ont d'être ce qu'elles ne sont pas. Nous avons des fantaisies du style:

"Voilà ce qui se passe ici" et "Ce n'est pas du tout cela qui est en train de se passer."

Gary: Un bon exemple de quand nous ne sommes pas 'point de vue intéressant' c'est lorsque nous disons, "Voilà ce qui se passe." C'est une conclusion. Lorsque tu arrives à une conclusion, un jugement, une décision ou une estimation, tu ne peux pas voir ce qui est en train de se passer vraiment.

Ce que tu devrais être en train de dire, c'est: "Eh bien, point de vue intéressant que j'ai ce point de vue. Et si c'était autre chose que ce que je pensais qui soit en train de se passer réellement?" Lorsque tu fonctionnes de 'point de vue intéressant', tu arrives, en réalité, à voir ce qui se passe. Pourquoi? Parce qu'alors tu n'imposes pas ton idée, jugement, conclusion, fantaisie ou quoi que ce soit, quant à ce qui se passe. Tu es capable de voir ce qui est, mise à part toute réaction ou idée que tu pourrais avoir à ce propos.

Quels fantaisie et état d'être utilises-tu pour restreindre et supprimer les intrications quantiques qui te donneraient 'point de vue intéressant' comme réalité? Tout cela, fois un dieulliard, vas-tu le détruire et le décréer? Right and wrong, good and bad, POD and POC, all 9, shorts, boys and beyonds.

Gary: L'état d'être est toujours un point de vue. C'est quelque chose que tu fais pour prouver que tu es. Tu es en train d'essayer de prouver que tu es quelque chose. Disons que tu décides d'être extrêmement féminine.

Et si tu n'étais pas obligée de prouver que tu étais féminine? Et si tu étais simplement toi - et que c'était le point ultime de la féminité? La chose te concernant qui est la plus attrayante pour les autres est que tu sois toi.

Au lieu d'être qui nous sommes, nous arborons une image de ce que nous pensons devoir être afin de prouver que nous sommes ce que nous supposons devoir être. Nous essayons de prouver que nous sommes quelque chose plutôt que d'être réellement qui nous sommes. Voilà ce qu'est l'état d'être.

Être, d'un autre côté, est simplement être. Tu ne peux pratiquer 'point de vue intéressant' que si tu es.

Dain: C'est très intéressant. Si tu fais des fantaisies, tu n'es pas ' point de vue intéressant'.

Gary: Exactement.

Dain: Si tu prétends un état d'être, tu n'es pas 'point de vue intéressant'.

Gary: Ouais.

Quels fantaisie et état d'être utilises-tu pour restreindre et supprimer les intrications quantiques qui te donneraient 'point de vue intéressant' comme réalité? Tout cela, fois un dieulliard, vas-tu le détruire et le décréer? Right and wrong, good and bad, POD and POC, all 9, shorts, boys and beyonds.

Dain: Les intrications quantiques sont, en essence, la connexion avec les éléments créatifs et génératifs de l'univers.

Gary: C'est ce qui te permet de recevoir les communications des autres. S'il n'y avait pas les intrications quantiques, tu n'aurais ni conscience psychique, ni intuition ou capacité d'entendre les pensées des autres.

Les intrications quantiques sont fondamentalement la théorie des cordes de l'univers. C'est par elles que tout est interdépendant et interconnecté. Tu peux demander quelque chose à ces éléments conscients de l'univers et faire que cela arrive simplement en demandant. Nous avons une bien plus grande capacité de le faire lorsque nous fonctionnons à partir des Dix Clés et spécialement lorsque nous fonctionnons depuis 'point de vue intéressant'.

Dain: Tu écrases et supprimes les intrications quantiques avec tes fantaisies et ton état d'être.

Quels fantaisie et état d'être utilises-tu pour écraser et supprimer les intrications quantiques qui te permettraient d'être 'point de vue intéressant'? Tout cela, fois un dieulliard, vas-tu le détruire et le décréer? Right and wrong, good and bad, POD and POC, all 9, shorts, boys and beyonds.

Gary: Quelqu'un a dit récemment "J'essaye de faire 'point de vue intéressant', mais je ne le fais qu'à propos des choses que j'ai déjà décidé qu'elles étaient des 'points de vue intéressants'."

J'ai dit, "Tu es disposé à pratiquer 'point de vue intéressant' à propos de choses que tu as décrétées ne pas aimer, mais tu n'es pas prêt à le faire quant aux choses que tu as décidé que tu aimais. De ce fait tu ne peux jamais véritablement accomplir 'point de vue intéressant'."

Cela ne tient pas à ce que tu as décidé devoir être un point de vue intéressant; c'est que chaque pensée, sentiment et émotion que tu as sont simplement un point de vue intéressant.

Tu dois faire 'point de vue intéressant' avec chaque point de vue que tu as - et ne pas juger quels points de vue sont justes, lesquels sont faux, lesquels sont bons, lesquels sont mauvais, ceux que tu aimes et ceux que tu n'aimes pas.

Quels fantaisie et état d'être utilises-tu pour restreindre et supprimer les intrications quantiques qui te permettraient d'être 'point de vue intéressant'? Tout cela, fois un dieulliard, vas-tu le détruire et le décréer? Right and wrong, good and bad, POD and POC, all 9, shorts, boys and beyonds.

Parfois, lorsque les gens parlent d'un point de vue, ils disent, "Eh bien, lorsque j'ai un point de vue, je le POD et POC." Il n'est pas question ici de POD-er et POC-er le point de vue. Afin de POD et POC un point de vue, tu dois le rendre solide et réel. 'Point de vue intéressant... j'ai ce point de vue' est différent. Cela concerne le fait de voir que le point de vue que tu as ne doit être qu'un 'point de vue intéressant'. Il ne doit pas être suffisamment solide pour le POD et POC-er. Si tu essayes de le POD et POC-er, tu t'y alignes afin de pouvoir t'en débarrasser. Ça ne marche pas.

L'idée est d'être clair sur le fait qu'un point de vue est simplement un point de vue. Il n'est ni juste ni faux, bon ou mauvais, réel ou vrai, c'est seulement un point de vue.

Dain: "Ce n'est ni juste ni faux, bon ou mauvais, réel ou virtuel, c'est uniquement un point de vue". Tu peux répéter cela 100 fois par jour.

Quels fantaisie et état d'être utilises-tu pour restreindre et supprimer les intrications quantiques qui te permettraient d'être 'point de vue intéressant'? Tout cela, fois un dieulliard, vas-tu le détruire et le décréer? Right and wrong, good and bad, POD and POC, all 9, shorts, boys and beyonds.

Question: Je suis sous contrat en tant que consultant d'une société qui me doit 9000 $. Je viens d'apprendre par leur avocat qu'ils sont en train de restructurer l'entreprise et ne seraient probablement pas capables de me payer. Or, il se trouve que je suis encore sous contrat avec eux pour quelques mois, et ils s'attendent à ce que je continue à travailler pour eux, alors que, peut-être, je ne serai pas payé pour cela non plus.

Gary: Attends une minute. Où est le 'point de vue intéressant' dans cette histoire? 'Point de vue intéressant qu'ils puissent me contrôler. Je leur dirais: "Si vous n'êtes pas capables de me payer, je ne serai pas capable de travailler pour vous." Ou "Je vais diminuer la quantité de travail que je fais pour vous jusqu'à ce que je sois payé pour ce que j'ai déjà fait. Vous pouvez faire tout ce que vous voulez pour votre restructuration, mais j'ai besoin de vivre et de prendre soin de ma famille." Tu dois aller dans 'point de vue intéressant'. Fais 'point de vue intéressant' que ceci se présente et non pas "Je suis contrôlé par eux."

Mais je suis inquiet.

Gary: Non, non, non. Être inquiet n'est pas 'point de vue intéressant'. Tu dois t'y mettre et faire 'point de vue intéressant que je sois inquiet'.

Dain: Vas-y et fais 'point de vue intéressant'! Vas-y et fais-le!

Gary: Lorsque tu fais 'point de vue intéressant' à toutes les émotions, pensées et autres points de vue qui apparaissent, tu ouvres la porte à un espace qui te montrera une possibilité différente.

Tant que tu diras, "C'est cela, ceci ou cela," tu fonctionnes à partir de conclusion. Dans la mesure où tu t'alignes à et accepte l'idée qu'ils ne peuvent pas te payer, cela t'empêchera d'être payé. Lorsque tu fais 'point de vue intéressant' et tu deviens réellement 'point de vue intéressant' par rapport à eux, il se pourrait qu'ils découvrent de l'argent quelque part afin de s'acquitter de ce qu'ils te doivent.

Dain: Merci d'avoir soulevé ces questions. Souvent il est plus facile de voir les choses dans la vie de quelqu'un d'autre, alors tes questions montrent aux autres ce qui est et ce qui n'est pas l'énergie du 'point de vue intéressant'. Ces questions montrent aux gens la façon que nous créons des situations que nous ne désirons pas. Une fois que tu entres dans 'point de vue intéressant', même si tu dois le répéter cent fois, la charge qui crée l'insanité autour de la situation disparaît. C'est une façon totalement différente d'être. Cela crée la possibilité pour une situation différente et aussi plus d'aisance dans ta vie. Si tu ne fonctionnes pas à partir de' point de vue intéressant', il est impossible de vivre en paix. Comment cela peut-il être encore mieux que ça?

Quels fantaisie et état d'être utilises-tu pour restreindre et reprimer les intrications quantiques qui te permettraient d'être 'point de vue intéressant'? Tout cela, fois un dieulliard, vas-tu le détruire et le décréer? Right and wrong, good and bad, POD and POC, all 9, shorts, boys and beyonds.

Question: Si je suis au milieu d'un grand groupe de gens, et qu'ils ont tous le même point de vue à propos de quelque chose, et que je fais 'point de vue intéressant, cela sera-t-il suffisant pour changer le point de vue de tout le monde?

Gary: Plus tu fais 'point de vue intéressant', plus ce sera difficile pour eux de maintenir leur point de vue. Une seule personne ferait 'point de vue intéressant', cela deviendrait de moins en moins facile pour 500 personnes de maintenir leur point de vue. Et, si tu ne t'alignes pas et n'acceptes pas ce qu'ils disent, la situation devient beaucoup plus facile pour toi instantanément. Et comme c'est plus facile pour toi, une possibilité différente peut se manifester.

Nous sommes coincés si nous pensons qu'un point de vue est réel. Un point de vue n'est qu'un point de vue. Il n'est ni réel, ni ne peut créer une réalité. Si tu arrives à avoir 20 personnes qui soient d'accord et s'alignent avec un point de vue, alors cela devient leur point de vue. Mais cela ne le rend pas réel. Tu n'as pas besoin de t'y aligner ou de l'accepter. Il n'y a pas besoin d'y résister et d'y réagir. Tu dois simplement reconnaître "C'est uniquement leur point de vue." Leur point de vue ne rend absolument rien réel.

Question: Gary il y a une quinzaine de jours je t'ai vu dans une émission de télévision où tu as parlé d'argent. Les deux personnes qui t'interviewaient ne comprenaient rien à ce que tu disais. Tu leur as donné un outil, "Comment est-ce que ça peut être encore mieux que ça?" qu'ils n'ont absolument pas compris. Alors que je regardais, je pensais,

"Waouh, comment fait-il?" Et je continue à penser, "Que voit donc Gary que je ne vois pas?" Pour moi il me semblait que tu perdais ton temps à leur parler.

Gary: Pour moi rien n'est une perte de temps car mon point de vue est que c'est simplement un 'point de vue intéressant'. Ce que tous les autres choisissent est ce qu'ils choisissent. Je vais regarder quelque chose et me demander,

"Bon, alors quoi d'autre est possible? Pourrais-je dire quelque chose qui puisse aider ces personnes ou qui puisse changer quelque chose pour eux?"

J'ai reçu des appels, après cette émission, de gens qui disaient, merci beaucoup. "C'était fabuleux." Ce n'était pas des gens d'Access Consciousness. Ils étaient surpris de pouvoir utiliser ce petit outil et que cela puisse faire quelque chose pour eux.

Lorsque tu vis avec 'point de vue intéressant' comme réalité dans ta vie, les gens ne peuvent pas maintenir la solidité de la fantaisie de ce qui est réel pour eux. Si tu fais 'point de vue intéressant', personne ayant un point de vue fixe ne pourra le maintenir.

Question: Comment fonctionne 'point de vue intéressant' pour les choses qui vont très bien ou que tu apprécies?

Gary: Si tu apprécies quelque chose et que tu fais 'point de vue intéressant', en général, cela devient encore mieux.

Et qu'en est-il si ne pas faire 'point de vue intéressant' créait une limitation? Par exemple, si tu dis, "Pour ce qui en est de mon d'argent, tout va bien" est-ce que tu fais 'point de vue intéressant'?

Dain: Non, tu es dans une conclusion.

Gary: Ouais, et une fois que tu arrives à une conclusion, tu limites ce qui peut arriver. Vas-tu vraiment limiter la quantité d'argent ou de plaisir que tu peux avoir dans ta vie - ou n'importe quoi d'autre de possible? 'Point de vue intéressant' vise toute l'amplitude de ta vie, pas uniquement les choses que tu veux changer.

Ainsi, à chaque fois que l'on se surprend à tirer des conclusions du style "C'est fabuleux" ou "Waouh, cela, c'est vraiment merdique," 'point de vue intéressant' pourrait le déverrouiller?

Gary: Oui, et lorsque cela débloque quelque chose, cela ouvre une porte vers une autre possibilité.

Dain: Disons que tu as un tas d'argent et qu'il y a une crise financière. Tu te sais bien pourvu; l'argent n'est pas un problème pour toi. Tu peux faire "Il est intéressant que tous les autres aient le point de vue qu'il y a là un problème."

Ou disons que quelqu'un soit en train de parler de ses problèmes corporels et toi, tu penses, "Mon corps est exactement comme je le souhaite." Tu peux être 'point de vue intéressant' à propos des problèmes corporels de tous les autres et en même temps avoir un sentiment de bien-être par rapport à cela. Tu crées un sentiment d'aise en étant 'point de vue intéressant'.

Gary: Mais il est encore plus important de faire 'point de vue intéressant' à propos de ce que tu penses être tes propres points de vue. Lorsque j'ai commencé à faire 'point de vue intéressant', je pensais à des choses comme "Je déteste les burkas. Ils sont fichtrement laids." Alors je disais, "Waouh, 'point de vue intéressant que j'aie ce point de vue', parce que, de ma vie, je n'ai jamais eu de pensée concernant une burka. Jamais."

J'ai réalisé que la plupart des pensées qui circulaient dans mon univers provenaient de ce que j'avais capté les pensées, sentiments et émotions des autres. Quatre-vingt- dix-neuf mille pour cent des pensées, sentiments et émotions qu'ont les gens sont des points de vue qu'ils ont pris, partagés ou conclus. Cela ne les rend pas réels pour autant.

Une fois je me suis entendu dire, "Je n'aime pas ce genre de fleurs." J'ai dit, "Eh bien, point de vue intéressant que je n'aime pas ce genre de fleurs." Après l'avoir dit trois fois, j'ai découvert que je n'avais vraiment pas de point de vue par rapport à ces fleurs. Je pensais simplement que j'étais supposé en avoir un. Pourquoi? Parce que d'autres personnes avaient un point de vue sur ce type de fleurs.

Il se pourrait que tu réalises que la plupart des points de vue que tu as, tu les as créés parce que tu pensais que c'était ce que tu étais supposé faire. J'ai rencontré des gens qui disent, "bla-bla-bla" à propos de cette chose ou de cette personne.

Je demande alors "Est-ce réellement ton point de vue? Ou est-ce le point de vue que tu penses être supposé avoir?"

Ils disent, "Oh! Ça n'a jamais été mon point de vue.

C'est le point de vue que j'étais censé avoir."

Exactement! Une fois que tu commences à faire 'point de vue intéressant', tu reconnais "J'ai créé presque tous mes points de vue parce que je pensais qu'ils étaient ceux que j'étais censé avoir."

Et lorsque tu comprends 'point de vue intéressant', cela devient un choix: "Est-ce que je veux réellement garder ce point de vue? Est-ce que cela va contribuer à ma vie? Ou il y a-t-il quelque chose d'autre qui pourrait fonctionner beaucoup mieux?"

Dain: Nous sommes en train de parler de créer l'espace de 'point de vue intéressant' et un sentiment d'aisance là où il n'existait pas avant. Tu n'es peut-être pas 'point de vue intéressant' maintenant, mais en faisant ce choix, tu crées de l'aisance. C'est l'aisance que tu ressens lorsque tu as réglé quelque chose, même si quelqu'un d'autre a un point de vue à ce propos. Et si tu pouvais avoir cela dans tous les domaines de ta vie?

Les gens entendent souvent parler de cet outil et disent,

"Il me semble ne pas arriver à être 'point de vue intéressant'."

Je dis, "C'est parce que tu n'as jamais essayé. C'est la raison pour laquelle tu ne peux pas…… encore". C'est une chose que tu n'as jamais apprise, et aucune valeur ne lui est donnée nulle part ailleurs dans le reste du monde. Nous parlons ici de créer un espace où tout ce qui se montre - tous les points de vue qui te passent par la tête – peuvent être juste ce qu'ils sont, tels quels et alors ils peuvent changer.

Tout devient un point de vue intéressant. Pense à une mauvaise expérience de ton passé. Retrouves-en toutes les sensations et dis, " Point de vue intéressant… j'ai ce point de vue de cette expérience." Et redis-le encore.

Question: Es- tu es en train de me dire qu'à tout endroit où je ne me sens pas être moi-même, je devrais immédiatement dire 'point de vue intéressant' trois fois?

Gary: Oui, c'est de cette façon seulement que tu as la liberté de changer n'importe quoi. Chacune des Dix Clés est conçue pour changer les zones de ta vie où quelque chose est verrouillé et ne fonctionne pas. Tu appliques ces outils aux zones en question et ouvres ainsi la porte à toutes les possibilités que tu n'étais pas capable de voir parce que tu étais fixé sur un point de vue. Ou parce que tu n'as pas pensé que tu étais un être infini. Ou parce que tu n'avais pas posé la question, "À qui cela appartient-il?" Ceci est vrai pour chacune de ces clés. Chaque clé te permet de regarder des situations de la vie à partir d'une direction différente pour que tu puisses avoir un choix différent et une possibilité différente et pour que l'univers puisse t'apporter sa contribution au-delà de tout ce que tu peux imaginer.

Question: Quelquefois je confonds conscience et point de vue. Je suis triste con-cernant la mort de quelqu'un maintenant, et j'ai le point de vue que c'est vraiment le bazar. Est-ce là un point de vue et une prise de conscience?

Gary: On dirait que la première partie est un point de vue et la sec-onde, une conclusion.

Quelquefois je regarde ma voiture et je vois qu'elle est sale. Je n'aime pas qu'elle soit sale. J'aimerais qu'elle soit propre. Est-ce que c'est un point de vue?

Dain: "Je préférerais qu'elle soit propre" est une préférence. "Je n'aime pas qu'elle soit sale" est un point de vue.

Je n'aime pas que ma maison soit sale et je n'aime pas que les choses soient en désordre. Si ma fille a reçu ses amis et qu'ils laissent la cuisine en désordre, je n'aime pas ça.

Lorsque cela arrive, j'ai un choix: je peux crier, j'ai peux lui dire à quel point elle est une mauvaise fille, je peux essayer de faire qu'elle vienne et qu'elle nettoie ou je peux prendre deux minutes et demie et la nettoyer moi-même.

Mais tu viens de dire, "Je n'aime pas cela". Tu te contredis.

Gary: Je n'aime pas cela. Mais une fois que je reconnais que je ne l'aime pas et que mon point de vue est, "Je ne veux pas que cela soit comme ça," je peux le changer.

Dain: Remarque que dans le fait qu'il ne l'aime pas, il n'y a ni résistance ni réaction. Nous cherchons l'énergie de la situation. C'est là l'essentiel. Le point de vue de Gary est "Je n'aime pas cela" et ensuite il demande, "Que puis-je faire pour le changer?" Il n'y a ni résistance ni réaction. Il ne se diminue pas, ni ne se met en pétard contre quelqu'un d'autre. C'est une prise de conscience de sa part qui dit, "Ce n'est pas de cette façon que j'aimerais que ce soit. D'accord, que puis-je faire pour changer ceci?"

Cela, ce n'est pas un point de vue?

Dain: Nous ne disons pas, "N'ayez aucun point de vue." Nous disons, "Avoir un point de vue intéressant." Tu peux avoir le point de vue que tu préférerais ne pas avoir ta voiture sale, mais remarquer que tu peux avoir ce point de vue à partir de l'espace 'point de vue intéressant'. Là, tu auras quelque chose pour le changer - ou pas.

Disons que tu n'as pas le temps de faire quoi que ce soit à ta voiture pendant les trois prochains jours. Si tu es dans un espace de 'point de vue intéressant', ce n'est pas quelque chose qui crée consternation, jugement, douleur ou souffrance dans ton monde. C'est "D'accord, je vais m'en occuper lorsque je peux m'en occuper." Il y a une aisance dans ton monde à propos de quelque chose lorsque c'est un point de vue intéressant.

Gary: Oui, tandis que tu lorsque tu entres dans la résistance/réaction ou l'alignement/acceptation, tu dois t'évertuer à faire en sorte que quelque chose arrive. Et habituellement, cela concerne le fait d'essayer de changer quelqu'un d'autre plutôt que de réaliser que la seule personne que tu puisses effectivement changer, c'est toi.

Cela ressemble à une ligne très fine. Ma voiture est poussiéreuse et je dois la laisser ainsi pour une semaine. Cela m'a bigrement dérangé.

Dain: Ca, ce n'est pas 'point de vue intéressant'.

Gary: "Cela m'a bigrement dérangé," n'est pas un point de vue intéressant. Point de vue intéressant serait "D'accord, je dois faire nettoyer ma voiture" Une fois que je vais à 'point de vue intéressant', une nouvelle possibilité arrive.

Alors, tu ne rends pas tes préférences importantes?

Gary: Eh bien, cela ne rend rien de tout cela significatif. C'est simplement "Alors, que puis-je être, faire et avoir de différent ici?"

Désolé, je sais que je pinaille un tant soit peu ici, mais je…

Gary: Je suis content que tu pinailles, parce que cela va aider les autres aussi.

Je ne perçois pas bien la différence entre valeur, préférence et signification.

Gary: Disons que tu décides que ce qui a réellement une valeur est le rosier rouge dans ton jardin en front de rue. C'est la chose qui a le plus de valeur pour toi. Le jardinier ne sait pas comment tailler un rosier, et il le taille au mauvais moment de l'année. Il est devenu une branche géante.

Si tu dis, "Je n'arrive pas à le croire: il vient de détruire mon rosier !" Que va-t-il arriver? Chaque année le jardinier va détruire le rosier de la même manière parce qu'il ne sait pas mieux faire.

Mais si tu dis, "Waouh, point de vue intéressant.

Comment puis-je avoir un résultat différent là?"

Tu vois alors que tu peux lui parler et lui dire que tu aimerais qu'il taille le rosier à un autre moment de l'année. Tu fais cela et, pour lui, tout va bien.

En ne faisant pas 'point de vue intéressant', tu es en résistance et réaction, et le jardinier sera en résistance et réaction aussi. Tout le monde essaie de faire en sorte que les choses se passent comme il le veut, parce qu'il accorde de l'importance à son point de vue. Lorsque tu fais 'point de vue intéressant' au point de vue auquel tu attaches de l'importance, cela commence à changer la capacité de chacun à créer un résultat différent.

C'est "J'aime vraiment regarder mon rosier. J'aimerais qu'il fleurisse toute l'année" Cela n'est toujours d'aucun point de vue. Ce n'est pas essayer de le faire fleurir toute l'année, ni présumer qu'il doive être d'une certaine façon. C'est uniquement ce qui est.

Dain: Ce n'est pas non plus être contrarié ou frustré s'il ne fleurit pas toute l'année.

Gary: C'est enlever la valeur créée et inventée. Les valeurs inventées sont des valeurs que tu inventes. Elles ne sont en fait pas réelles.

Quelle valeur inventée utilises-tu pour éliminer 'point de vue intéressant' du choisir? Tout cela, fois un dieulliard, vas-tu le détruire et le décréer? Right and wrong, good and bad, POD and POC, all 9, shorts, boys and beyonds.

As-tu remarqué que j'ai utilisé le libellé 'choisir' plutôt que 'choix'? C'est parce que je cherche à en venir à choisir, totalement... pas simplement de faire un petit choix mesquin.

Si je peux changer cela, je sais que cela changera toute ma vie. Je me suis sentie au bord des larmes durant tout le temps où nous avons parlé de cela, alors clairement c'est en train de changer.

Gary: A quel point as-tu rendu ta résistance aux choses, une valeur pour toi? Lorsque tu donnes de la valeur au fait de résister aux choses, tu vas toujours devoir résister afin d'avoir cette valeur. Ce faisant, tu finis par bloquer ta capacité d'avoir réellement quelque chose de plus grand.

Quelle valeur inventée utilises-tu pour éliminer 'point de vue intéressant' du choisir? Tout cela, fois un dieulliard, vas-tu le détruire et le décréer? Right and wrong, good and bad, POD and POC, all 9, shorts, boys and beyonds.

Dain et moi même et aimons avoir des voitures sans poussière. Nous partons pour des périodes de deux à trois semaines. Et lorsque nous rentrons, nos voitures sont sales. Alors nous avons dit, "Assistant Personnel, nous voulons que ces voitures soient propres lorsque nous rentrons afin que nous puissions nous amuser." L'Assistant Personnel fait nettoyer nos voitures avant que nous ne rentrions - et nous revenons à la maison avec des voitures complètement propres.

C'est un point de vue intéressant que nous ne poussions pas avoir une voiture propre et c'est un point de vue intéressant que nous aimions avoir une voiture propre. En même temps, nous sommes prêts à faire tout ce que cela demande afin d'avoir ce que nous voulons. Nous ne le faisons pas à partir d'un espace de frustration de ne pas avoir une voiture propre. Si des circonstances devaient empêcher notre Assistant Personnel de le faire, comme, par exemple, de la pluie la journée avant notre retour, nous ne sommes pas contrariés et au lieu de dire "Pourquoi n'avez-vous pas fait nettoyer la voiture?", nous disons. "Eh bien, on le fera demain."

La résistance et la réaction t'enferment dans l'effet de la situation. Lorsque tu es contrarié par quelque chose, tu en es toujours l'effet. 'Point de vue intéressant' te donne tout un tas de choix que tu n'avais pas réalisé être possibles - parce que tu avais un point de vue en place qui t'a empêché de les voir.

Quelle valeur inventée utilises-tu pour éliminer 'point de vue intéressant' du 'choisir'? Tout cela, fois un dieulliard, vas-tu le détruire et le décréer? Right and wrong, good and bad, POD and POC, all 9, shorts, boys and beyonds.

Gary: Chaque point de vue n'est jamais qu'une une invention ; ce n'est pas une réalité. Lorsque tu fais 'point de vue intéressant', cela devient clair que les gens inventent les choses qui leur sont importantes. Ces choses ne sont, en fait, pas importantes. C'est uniquement ce que les gens ont rendu important. C'est ce à quoi ils ont donné une valeur. C'est un point de vue totalement inventé. C'est une création totale - pour prouver que le choix qu'ils ont fait était valable et bon -et tout ce que cela fait est de créer une limitation qu'ils ne peuvent pas surmonter.

Quelle valeur inventée utilises-tu pour éliminer 'point de vue intéressant' du 'choisir'? Tout cela, fois un dieulliard, vas-tu le détruire et le décréer? Right and wrong, good and bad, POD and POC, all 9, shorts, boys and beyonds.

Question: J'aimerais parler un peu plus de la préférence. Ce que je pense t'entendre dire est que la préférence n'a réellement aucune valeur. C'est uniquement une préférence.

Gary: Ouais, c'est uniquement une préférence. Lorsque j'ouvre mon placard le matin, je choisis une chemise par préférence, pas parce que qu'elle a plus valeur qu'une autre chemise.

Alors, est-ce que vouloir que quelque chose soit juste serait une façon pour nous de nous empêcher d'avoir une préférence.

Gary: C'est là où tu inventes que ceci a plus de valeur que cela, ce qui veut dire que tu dois juger, ce qui veut dire qu'en fait tu ne choisis pas. Tu dois l'avoir juste. Tu dois faire la bonne chose et c'est de cette façon que ce doit être - et que ça doit être - et que ça doit être - et que ça doit être.

Alors, qu'en réalité, c'est uniquement "Point de vue intéressant, que je pense devoir avoir ce point de vue."

Merci.

Question: Pour l'émotion de colère, utiliserais-tu "Un être infini choisirait-il la colère?", "Point de vue intéressant que j'aie cette colère?"

Gary: La colère est un implant distracteur*, donc cela ne réalise absolument rien. C'est quelque chose que tu utilises pour essayer de maîtriser ou d'outrepasser le point de vue de quelqu'un d'autre. Un être infini choisirait-il la colère? Non.

La seule fois où la colère est juste, c'est lorsque quelqu'un te ment ou te dit une non-vérité. Lorsque quelqu'un te ment, tu te mettras en colère. Ce que tu dois demander est "Est-ce que quelqu'un me ment ici? Existe-t-il un mensonge ici?" Et s'il y un mensonge, alors tu piqueras une colère. C'est OK.

Dain: La raison pour laquelle tu te mets en colère est de faire en sorte que tu puisses repérer le mensonge, et une fois que tu as repéré le mensonge, la colère s'en va, parce que tu as reçu l'information et que tu as pris conscience de ce que tu recherchais.

Gary: Et cela devient 'point de vue intéressant'. Tu peux peut-être essayer cela: "J'ai cette émotion.

Qu'est-ce qui rendrait cela un point de vue intéressant? J'ai

cette pensée. Qu'est-ce qui rendrait cela un point de vue intéressant? J'ai ce sentiment. Qu'est-ce qui rendrait cela un point de vue intéressant? J'ai ce sexe ou pas de sexe. Qu'est-ce qui rendrait cela un point de vue intéressant?" Tu commences à réaliser que tes pensées, sentiments, émotions et sexe et pas de-sexe sont uniquement des points de vue à partir desquels tu as créé. Ce sont des choses à partir desquelles tu as inventé, des choses à partir desquelles tu as essayé de créer. Elles n'ont rien à voir avec un choix réel.

Quelle valeur inventée utilises-tu pour éliminer 'point de vue intéressant' du 'choisir'? Tout cela, fois un dieulliard, vas-tu le détruire et le décréer? Right and wrong, good and bad, POD and POC, all 9, shorts, boys and beyonds.

Question: Quelquefois, lorsque je me maintiens dans 'point de vue intéressant', je n'arrive pas à avoir un point de vue et les gens sont agacés.

Gary: Beaucoup de gens vont s'irriter lorsque tu fais 'point de vue intéressant'. Ils veulent que tu aies un point de vue, comme cela ils pourront

---

* Voir le glossaire pour une définition.

en débattre, ou s'y aligner et l'accepter ou te forcer à quelque chose qu'ils pensent être appropriée.

Et alors, que fais-tu?

Gary: Je me contente de dire, "Je sais, c'est tellement irritant."

Récemment je n'avais aucun point de vue quant à où aller manger et les gens me demandaient, "Où veux-tu aller?" Ça m'est égal. Et bien, aujourd'hui, j'ai un nouveau point de vue. Je viens tout juste de créer un nouveau point de vue, à cet instant.

Dain: Quel est-il?

Gary: J'irai n'importe où ils ont des Margarita Don Julio Reposado avec du Grand Marnier!

Question: Comment 'point de vue intéressant' s'applique-t-il au deuil ou aux pertes? Comme lorsque quelqu'un meurt et que la personne n'est pas capable d'aller au-delà…

Gary: C'est intéressant que tu mentionnes cela, parce que j'ai reçu un courriel juste avant cet appel.

Dain (en train de lire): *Bonjour Gary et Dain, ceci n'est pas une question. C'est une reconnaissance et un merci.*

Durant cette dernière semaine j'étais au chevet d'une amie très chère, Tina, en étant les outils d'Access Consciousness et en la soutenant, la rassurant et lui permettant de partir. Quelle joie pour moi, pour Tina et pour ses amies et famille. Elle est morte dimanche soir avec nous tous à ses côtés.

Comme je repartais vers ma voiture j'ai vu à quel point c'est magnifique d'être vivant, et oui, oui, oui, dans ce grand moment. Merci et plein de gratitude à vous d'être, ici et maintenant, à continuellement nous assister dans tous nos choix.

Gary: Et alors, si la mort était un choix que les gens faisaient?

Je n'ai aucun problème avec cela. J'ai souvent aidé des gens à aller au-delà de leur chagrin, et ma question concerne la façon dont ils perçoivent la mort et de comment les aider à voir que ce n'est qu'une autre étape et non une perte. Ils semblent porter l'énergie de beaucoup d'autres personnes quant à ce à quoi cela devrait ressembler

Gary: Le point de vue fondamental sur lequel tout le monde s'aligne et qui est accepté est que si il y a un mort dans ta famille, tu es censé être horriblement accablé de douleur. La personne décédée est censée te manquer. Tu te dois de, sans arrêt, parler d'eux, durant toute une année. Puis après cela, la douleur est censée se dissiper lentement. Ceci est le point de vue dans le "monde civilisé" de ces derniers 5000 ans.

Par le passé, si tu perdais quelqu'un, tu devais porter le deuil durant une année. Mais les magasins de vêtements finirent par être très contrariés par cela, alors ils ont écourté cela à six mois. Puis dans les années 1920, cela est devenu trois mois, et en 1950, cela est devenu trois jours.

Maintenant tu ne portes du noir que lors d'un enterrement. Tu ne dois plus porter du noir après cela.

Il fut un temps où tu couvrais les miroirs afin de ne pas inviter l'âme du cher disparu à aller dans une autre réalité. Ce sont des points de vue très forts qui collent aux gens. Ils ne font pas 'point de vue intéressant' à ce propos, mais, toi, tu peux le faire. Tu dois être disposé à voir quel est leur point de vue.

Ce 'point de vue intéressant' particulier est dû au fait que la personne avec laquelle je travaillais avait été associée avec des personnes qui engageaient des pleureuses. Les Pleureuses étaient des personnes qui se rendaient chez les autres pour faire le deuil pour eux. C'était un service qu'elles procuraient. Apparemment, ma cliente était associée avec elles dans le passé – et elle n'en finissait plus dans son deuil. Pour moi c'était, "D'accord, est-ce bientôt fini?" Je ne voulais pas directement dire, "En avons-nous fini avec ce point de vue?" Cela me semblait un peu trop froid, étant donné sa situation du moment. Existe-t-il un moyen plus doux de présenter 'point de vue intéressant' qui ne la laisserait pas avec l'impression d'avoir reçu une gifle en pleine figure?

Gary: Eh bien, tu voudrais peut-être reconnaître qu'il existe des gens qui n'entendront rien de ce que tu dis, alors inutile de parler. C'est ce que je fais.

Dain: Tu réalises "Eh bien, cette personne, en fait, ne veut pas changer." C'est un point de vue intéressant. Elle a cela dans son univers, et pour une raison ou une autre, cela valide le point de vue non-intéressant qu'elle a choisi.

Gary: Et c'est la raison pour laquelle elle le garde.

Dain: Si tu arrives à cet espace où tu n'es simplement qu'un 'point de vue intéressant', tu peux dire, "D'accord, cette personne ne désire pas réellement lâcher prise," et cela devient beaucoup plus facile dans ton monde. Et il se pourrait que le fait que, toi, tu fasses 'point de vue intéressant' soit la seule chose qui va créer l'énergie qui va lui permettre de lâcher prise. Elle peut s'en libérer parce que toi tu es en 'laisser-être' de son point de vue.

Gary: 'Point de vue intéressant' n'est pas tellement question de le dire, mais surtout de l'*être* ou de le *devenir*. Lorsque tu deviens 'point de vue intéressant', tu deviens une énergie où cela ne requiert pas que tu t'alignes ou acceptes un point de vue, ni que tu y résistes ou réagisses. Tu es capable de voir plus lucidement ce qui est -et de choisir. Toute l'idée de 'point de vue intéressant' est que tu aies le choix.

Dain: Nous te demandons de dire, "Point de vue intéressant," et d'observer ce qui change dans l'énergie, afin que tu puisses arriver à un espace où tu peux commencer à être 'point de vue intéressant' avec beaucoup plus d'aisance. Comme le disait Gary, ce n'est pas tant de le dire; c'est en fait de l'être. À ce point, le fait de le dire t'aide à voir ce que l'énergie serait si tu concevais la possibilité du 'point de vue intéressant'. En le disant, tu vas commencer à le devenir.

Question: Quelquefois lorsque je pratique les outils d'Access Consciousness dans ma tête, et spécialement, lorsque je fais 'point de vue intéressant', j'entends ou j'ai une énergie qui m'invalide. C'est comme si je ne me croyais pas. C'est comme si quelque chose disait, "Je ne te crois pas." Est-ce simplement un autre point de vue intéressant? Ou, est-ce une entité ou un état d'être?

Gary: Est ce que tu demandes, "Est-ce à moi ou à quelqu'un d'autre?" Oh, Ok!

Gary: Jusqu'à ce que tu reconnaisses que tu captes les idées, sentiments et émotions des autres, tu vas présumer qu'ils t'appartiennent. La plupart des gens dans ce monde sont prêts à s'effondrer en un battement de cil. Ils sont prêts à se juger eux-mêmes. Tu supposes que le jugement est à toi.

Tu dois te sortir de là et dire, "D'accord, point de vue intéressant que j'aie ce jugement." Quatre-vingt-dix-neuf mille pour cent du temps, le jugement ne t'appartient même pas.

Ce sont d'excellentes nouvelles. Merci.

Gary: J'espère que tu as maintenant une idée de ce qu'est 'point de vue intéressant'.

Question: J'ai fait quatre séances de Bars avec une cliente sur une période d'à peu près six semaines. Il y a deux semaines, je lui donnais l'outil 'point de vue intéressant' parce qu'elle n'arrivait pas et ne supportait pas de s'asseoir à table avec sa belle-mère de 80 ans qui continuait à parler encore et encore à propos de ses amis. Ma cliente est ensuite allée, durant une semaine, dans les montagnes de Caroline du Nord avec son mari, sa belle- mère et d'autres membres de la famille. Je l'ai revue, il y a tout juste deux jours, et elle n'a pas une seule fois mentionné la situation avec sa belle-mère. Elle ne fit que parler des montagnes et des oiseaux ou, du vent et de la rivière, et toutes ces choses qu'elle a remarquées et n'avait jamais vues avant parce qu'elle n'était plus, à présent, prise dans les affaires de tous les autres. C'était très intéressant.

Dain: Merci d'avoir partagé cela. Tu soulèves un très bon point. Lorsque tu es 'point de vue intéressant', tu commences à percevoir des choses dans le monde autour de toi dont tu n'avais même pas idée qu'elles existaient.

Gary: Et auxquelles tu n'avais pas un accès facile. Et c'est pour cela que nous appelons ceci Access!

Dain: Ce petit énoncé, 'point de vue intéressant', est l'une des plus grandes clés du royaume.

Pendant longtemps Gary a dit que si tu étais prêt à faire: "Point de vue intéressant, que j'aie ce point de vue" durant une année entière, rien dans ta vie ne sera plus jamais une difficulté. Tu serais l'espace qui permet une totale aisance.

Serais-tu prêt à instituer cela dans ta vie durant la prochaine semaine? A chaque point de vue qui se révèle, dans tout ce que tu penses, dis, "Point de vue intéressant, que j'aie ce point de vue."

Gary: Et bien les amis, on va terminer cette conversation maintenant. On vous aime tous. Et on se retrouvera très bientôt!

~~~

Vivre par Incréments de Dix-Secondes

Gary: La troisième clé est de vivre par intervalles de dix secondes, ce qui t'amène à réaliser que tu as un choix infini. Lorsque tu vis par intervalles de 10 secondes, aucun des choix que tu fais n'est juste ou faux, aucun choix n'est bien ou mal. Le choix n'est simplement qu'un choix- et tu peux en faire un nouveau toutes les dix secondes.

Je connais un homme qui disait, " le choix crée la conscience, la conscience ne crée pas le choix." Je pense bien que c'était le Dr. Dain Heer, mais je n'en suis pas certain - parce ce que, d'emblée, je me suis approprié cette affirmation.

Dain: Il y a quelqu'un qui a dit cela, je m'en rappelle. Tu entends parler de choix infini dans Access Consciousness, et tu en doutes un peu. Puis tu vis ta vie et tu en doutes plus. Puis tu vois ce que les autres personnes choisissent et tu en doutes vraiment. Nous avons tous l'idée que le choix infini ne peut pas exister vraiment. Même face à une perception et une conscience totales, tu continuerais à croire à la fantaisie, à l'état d'être et au point de vue d'intentions secrètes* qu'un choix infini ne peut pas vraiment exister.

Gary: Alors que nous parlons, je suis au Texas, et Dain est en Californie. Ce n'est pas un choix que j'aimenécessairement. Cependant, je suis ici, en train de m'occuper de mes chevaux. Est-ce que j'arrive à une conclusion à ce propos? Non, je choisis toutes les dix secondes ce que je fais avec les chevaux, ce que je regarde avec les chevaux et ce qu'il y a d'autre de possible avec les chevaux. À chaque fois que je fais un choix, j'ouvre une porte à un autre niveau de prise de conscience de choix.

---

* Voir le glossaire pour une définition

L'idée derrière les intervalles de choix de dix secondes est qu'une fois que tu choisis quelque chose, cela ouvre la porte à des choix infinis - et non pas à plus de choix limités.

On continue à essayer d'arriver à une conclusion à propos du bon ou du mauvais choix. Nous essayons de ne pas faire un choix qui est mal approprié. Nous pensons que si nous éliminons "les erreurs" dans nos choix, nous aurons encore plus de choix. Ce n'est pas de cette façon que cela fonctionne. Des intervalles de choix de dix secondes te donnent des choix infinis pour des possibilités infinies qui pourraient créer dans ta vie quelque chose de bien plus grand que tu n'aurais pu imaginer.

Dain: Gary dit que faire un choix conduit toujours vers plus de choix. On se méprend sur le mensonge qui nous fait croire qu'une fois que nous choisissons quelque chose, on est foutu car on ne peut plus jamais choisir quelque chose d'autre. En fait c'est l'opposé. Tu dois choisir afin d'avoir plus de choix disponibles. Lorsque tu ne choisis pas, tu élimines les choix qui te sont disponibles.

Gary: Afin de choisir "vrai" ou "faux," tu dois juger. Et lorsque tu juges, automatiquement tu élimines le choix. Tu élimines les possibilités. Le jugement élimine toute possibilité.

Quelle fantaisie, état d'être et intentions secrètes de ne jamais avoir un choix infini comme réalité as-tu rendu si réels que même face à une conscience totale, tu ne veux absolument pas la changer, la choisir ou la modifier? Tout cela, fois un dieulliard, vas-tu le détruire et le décréer, s'il le plait? Right and wrong, good and bad, POD and POC, all 9, shorts, boys and beyonds.

Question: J'ai eu un flashback précis d'un temps où j'étais enfant et ma mère me disait, "Si tu touches à ce

morceau de nourriture ou quoi que ce soit dans le magasin, tu devras le garder. C'est comme ça. C'est tout ce que tu auras du magasin, c'est tout ce que tu auras pour dîner." Peut-on faire un petit processus là-dessus?

Gary: C'est ce à quoi ce processus est bon à utiliser.

Okay.

Dain: Lorsque tu crois aux choses qu'on t'a dites, ce que tu crois, élimine les choix dans ta vie. Dans cet exemple que tu viens de donner, on t'a dit que si tu touchais à quelque chose, c'en était fini- tu l'avais choisi - et c'était tout ce que tu pouvais avoir.

L'autre aspect de cela est l'idée que si tu ne peux pas toucher quelque chose, tu ne pourras jamais l'avoir. Cette idée élimine tout ce qui n'existerait pas dans la réalité physique. Cela signifie que si quelque chose n'était pas devant toi (ce qui veut dire que tu ne peux pas la toucher) elle ne pourra jamais faire part de ta réalité. Ce point de vue te conduirait à croire que tu ne pourrais jamais choisir quoi que ce soit que tu ne puisses voir ou que tu ne puisses toucher.

Gary: Et si cela devait être uniquement quelque chose que tu puisses voir ou toucher, tu éliminerais les choix infinis et les possibilités infinies, ce qui veut dire que tu ne serais pas capable d'avoir l'énergie générative qui te permettrait de créer la vie que tu désires vraiment. Tu n'aurais jamais comme choix toute l'énergie générative et les possibilités qui sont disponibles pour toi. Tu devrais te contenter de créer et instituer à partir des choix limités de cette réalité.

Quels fantaisie, état d'être et intentions secrètes 7 de n'avoir jamais un choix infini comme réalité as-tu rendus si réels que, même face à une conscience totale, tu ne veux absolument pas la changer, la choisir ou la modifier? Tout cela, fois un dieulliard, vas-tu le détruire et le décréer s'il te plaît? Right and wrong, good and bad, POD and POC, all 9, shorts, boys and beyonds.

Je pense que cela vient du fait que nous sommes des personnes multidimensionnelles qui voulons tout, alors nous réagissons en résistant à ce que nous ne pouvons avoir, tandis que ce que nous voulons réellement est d'avoir plus.

Gary: C'est toute l'idée derrière le 'choix en intervalles de dix secondes'. Nous sommes tous des êtres infinis qui voulons plus. Tu regardes autour de toi dans le monde et te dis, "Cet endroit ne peut pas être assez. Si c'est tout ce qu'il y a, s'il te plaît, mon Dieu, libère- m'en."

A moins de commencer à choisir en incréments de dix secondes, tu ne pourrais pas ouvrir la porte aux choix infinis. A moins que tu aies un choix infini, tu ne peux pas avoir un être infini complet. Et tant que tu n'as pas un choix total infini et un être infini complet, tu ne peux avoir 'point de vue intéressant' et ta réalité. Oups! Tu veux dire que toutes ces choses se construisent les unes sur les autres?

Oui. Les Dix Clés sont comme les pyramides de la conscience.

Dain: J'aime ce que tu dis. Ces choses sont interconnectées et étroitement liées.

Question: J'ai écouté l'appel, à propos de la clé numéro deux plusieurs fois, mais il me semble ne pas être plus avancé dans le concept de 'point de vue intéressant'. Je me sens plus confuse qu'éclairée. Pour l'instant, si je décide de travailler mon impatience, je ne sais pas si je dois utiliser: un être infini serait-il impatient?

Ou À qui cela appartient-il? Ou Point de vue intéressant, que j'aie ce point de vue !. Peut-être cela est-il trop avancé pour moi.

Dain: Ce n'est pas trop avancé. Ce truc est élémentaire, mais comme nous l'avons dit, tout est interconnecté. Ce sont les clés au royaume. Que se passe-t-il lorsque tu arrives devant une porte fermée et que tu as un trousseau de clés?

Essaies-tu une clé et si elle ne marche pas, décides-tu que tu ne vas pas arriver à ouvrir la porte? Ou essaies-tu chaque fichue clé de ce trousseau jusqu'à ce que cette sacrée porte s'ouvre? Tu essaies chaque clé jusqu'à ce que la porte s'ouvre.

Ce sont les clés des portes qui ont été cadenassées toute ta vie. Tu as toujours voulu ouvrir ces portes. Continue à essayer la prochaine clé et la prochaine et la prochaine jusqu'à ce que quelque chose crée une légèreté. Dès que tu as la bonne clé, tu te sentiras aussitôt plus légère. Ce qui est vrai pour toi te semblera toujours plus léger.

Beaucoup de gens n'ont pas encore compris comment cela fonctionne. J'ai fait ce processus avec quelques personnes qui font partie de l'équipe d'Access Consciousness - des personnes avec lesquelles nous travaillons tous les jours - et chacune d'entre elles a dit, "Eh bien, tu sais ce que c'est, cette sensation qu'il doit y avoir quelque chose d'autre encore, car tu n'as pas encore trouvé cette chose qui te fait sentir plus légère? Je sais que nous n'avons pas vraiment touché ce qui est au cœur du problème pour moi. Je sais que ce dont nous nous occupons maintenant fait partie du mensonge - et je sais aussi qu'il y a un autre endroit à atteindre pour moi."

C'est la même chose avec ces outils. Lorsque tu utilises ces clés, celle qui fait que tu te sens plus léger - ou le plus léger - est celle qui va changer la situation ou la chose qui est détraquée. Lorsque tu l'utilises, les choses se décoincent.

Quels fantaisie, état d'être et intentions secrètes 7de n'avoir jamais un choix infini comme réalité as-tu rendus si réels que, même face à une conscience totale, tu ne veux absolument pas la changer, la choisir ou la modifier? Tout cela, fois un dieulliard, vas-tu le détruire et le décréer s'il te plaît? Right and wrong, good and bad, POD and POC, all 9, shorts, boys and beyonds.

Question: J'ai résisté à l'idée de vivre par incréments de dix secondes parce ce que, toute ma vie, on m'a dit que je changeais d'idées comme le faisait une lunette de toilette - levée puis baissée, etc.... Mais je lis l'énergie, alors je change constamment d'avis. J'essaie de décider si je veux devenir un facilitateur d'Access

Consciousness et aller au Costa Rica. Un jour cela me semble léger et le jour suivant ça ne l'est plus. J'ai besoin d'aide à ce propos.

Gary: Qu'y a-t-il de mal à changer d'idées?

Si tu es constamment en train de changer d'idées, comment peux-tu véritablement faire un choix?

Gary: Tu essayes de choisir à partir de "Oui je veux aller" ou "Non, je ne veux pas y aller." Tu ne choisis pas à partir de: Que va créer ce choix? Tu as besoin de demander, "Si je choisis cela, cela va-t-il élargir ma réalité et rendre les choses meilleures pour moi?"

Je vois. Je ne pose pas la bonne question.

Gary: Oui. Tu n'es pas passée à l'étape suivante qui consiste à poser la question, "Que va créer ce choix?" Toute l'idée derrière le fait de choisir par incréments de dix secondes est de réaliser que chaque choix crée quelque chose.

Tu dois demander, "Que va créer ce choix? Va-t-il créer un plus ou un moins dans ma vie?" Si cela crée un plus, alors tu as ta décision. Mais ce n'est pas vraiment une décision; c'est un niveau de conscience.

Au fait, changer d'idée tout le temps est une bonne chose, pas une mauvaise chose. Il te manquait tout simplement cette pièce du puzzle, la question "Que va créer ce choix dans ma vie?"

Oui c'est vrai. Je n'ai jamais eu l'impression que je pouvais être là, en première position, où je pourrais être et choisir pour moi. J'étais toujours en train de choisir pour tous les autres.

Gary: Cela fait partie du problème d'être un humanoïde. Tu es toujours conscient des besoins, demandes, exigences et désirs des autres mais tu n'as aucune idée de tes besoins, demandes et désirs parce que tu dis "Je pourrais choisir absolument tout!"

Il est vrai que tu pourrais choisir absolument tout; c'est parce que tu es prêt à avoir plus que les autres personnes. La plupart des gens passent leur vie à essayer d'éliminer le choix de façon à n'avoir qu'un menu limité. Ils ne veulent aller qu'à McDonalds parce qu'ils en connaissent le menu. Ils choisissent de ne pas aller ailleurs où ils pourraient découvrir de nouvelles choses.

Dain: La plupart des gens sur la planète ne savent pas que cette façon de fonctionner est possible. Alors lorsque tu perçois quelque chose, et que cela te paraît plus léger, tu sais que "Chouette, peut-être est-ce une autre possibilité que je peux introduire dans ma vie, dans mon mode de vie et je verrai bien ce que cela va donner pour moi."

Nous faisons du choix infini une fantaisie. Nous en faisons un état d'être. Nous en faisons une intention secrète qu'on n'arrive pas à déchiffrer. Ce n'est absolument rien de tout cela.

Quels fantaisie, état d'être et intentions secrètes 7de n'avoir jamais un choix infini comme réalité as-tu rendus si réels que, même face à une conscience totale, tu ne veux absolument pas la changer, la choisir ou la modifier? Tout cela, fois un dieulliard, vas-tu le détruire et le décréer s'il te plaît? Right and wrong, good and bad, POD and POC, all 9, shorts, boys and beyonds.

Gary: Tu ne vas pas faire un choix à moins que tu saches ce qu'en sera le résultat ou comment cela va affecter quelqu'un d'autre. Tu ne poses pas la question," Que va créer ce choix dans ma vie?" Le choix est une source de création - mais, au lieu de choisir, nous essayons d'éliminer les choses dans notre vie afin de ne pas créer de " mauvais" effets/réactions.

Dain: Nous finissons par avoir un tout petit univers avec très peu de choses qui s'y passent parce ce que nous avons éliminé tellement de choix qui sont, en fait, possibles. Nous limitons notre univers à une toute petite sphère d'influence que nous pouvons contrôler, plutôt que de l'élargir aux-choix infinis qui sont disponibles.

Gary: Par exemple, les gens disent que maintenant nous vivons une révolution technologique. Si tu n'es pas versé en technologie, du coup, un choix d'articles ne sera pas à ta portée. Tu ne peux pas choisir ce qui est technologiquement conçu ni ne peux faire un choix technologique. Tu as limité tes choix possibles par manque de capacités techniques.

C'est toujours un manque qui te limite - jamais une possibilité. Tu n'es jamais limité par une possibilité.

Question: Lorsque j'étais plus jeune, chaque choix que je faisais était méprisé, alors il a fallu que je me contraigne à comprendre en quoi c'était mal ou pourquoi cela ne marchait pas pour les personnes de ma famille.

Gary: Ouais, c'est à peu près ce qu'on nous apprend. La désapprobation est la source principale pour la création de choix dans cette réalité.

L'idée même des incréments de dix secondes est d'ouvrir la porte à une possibilité différente. Tu peux soit croire que ta famille a raison, soit choisir pour toi-même.

Dain: Oh, cela, c'est une idée! Ça s'améliore lorsque tu commences à choisir pour toi.

Gary: Ouais, je sais.

Quels fantaisie, état d'être et intentions secrètes de n'avoir jamais un choix infini comme réalité (ouais, et ne jamais avoir un bonheur infini non plus parce que cela serait vraiment mal) as-tu rendus si réels que, même face à une conscience totale, tu ne veux absolument pas la changer, la choisir ou la modifier? Tout cela, fois un dieulliard, vas-tu le détruire et le décréer s'il te plaît? Right and wrong, good and bad, POD and POC, all 9, shorts, boys and beyonds.

Gary: DDain, où as-tu eu l'idée que le bonheur était au menu du choix?

Dain: Je sais, exactement! Alors que nous faisons ce processus, je réalise que tu ne peux pas être heureux si tu n'as pas le choix. Si tu ne comprends pas que tu as un choix, tu ne peux pas être heureux.

Gary: C'est correct.

Dain: Et si nous ne choisissons pas par incréments de dix secondes, nous ne pouvons pas aller là où le bonheur est une option pour nous. Nous sommes coincés dans le malheur de tout ce que nous voyons autour de nous, dans le monde de tous les autres. Nous agissons comme si c'était réel et vrai et nous devons y croire et vivre en fonction de cela.

Gary: Je sais. Etonnant, n'est-ce pas?

Tout cela, fois un dieulliard, vas-tu le détruire et le décréer s'il te plaît? Right and wrong, good and bad, POD and POC, all 9, shorts, boys and beyonds

Quels fantaisie, état d'être et intentions secrètes de n'avoir jamais un choix infini comme réalité as-tu rendus si réels que, même face à une conscience totale, tu ne veux absolument pas la changer, la choisir oumodifier? Tout cela, fois un dieulliard, vas-tu le détruire et le décréer s'il te plaît? Right and wrong, good and bad, POD and POC, all 9, shorts, boys and beyonds.

Question: Pourrais-tu parler de l'utilisation du mot état d'être dans ce processus?

Gary: Être c'est lorsque tu es en fait simplement présent. L'État d'être c'est lorsque tu es en train de faire quelque chose dans le but de prouver quelque chose. C'est"Tu vois, je le fais maintenant; ainsi, je suis en train d'être cette chose."

Combien de fois as-tu fait le ménage? Lorsque tu nettoies ta maison, deviens-tu l'état d'être de la bonne? Deviens-tu l'état d'être d'une femme de ménage? Deviens- tu l'état d'être de "Je déteste ça?" Deviens-tu l'état d'être de la parfaite femme au foyer? Ou fais-tu simplement le ménage? Es-tu tout simplement présent, pour en finir rapidement?

Merci! C'est brillant!

Dain: Quels fantaisie, état d'être et intentions secrètes de n'avoir jamais un choix infini comme réalité as-tu rendus si réels que, même face à une conscience totale, tu ne veux absolument pas la changer, la choisir ou la modifier? Tout cela, fois un dieulliard, vas-tu le détruire et le décréer s'il te plaît? Right and wrong, good and bad, POD and POC, all 9, shorts, boys and beyonds.

Gary: Merci pour cette question qui nous a permis d'approfondir le processus.

Dain: Quels fantaisie, état d'être et intentions secrètes de n'avoir jamais un choix infini comme réalité as-tu rendus si réels que, même face à une conscience totale, tu ne veux absolument pas la changer, la choisir ou la modifier? Tout cela, fois un dieulliard, vas-tu le détruire et le décréer s'il te plaît? Right and wrong, good and bad, POD and POC, all 9, shorts, boys and beyonds.

Question: Lorsque je nettoie quelque chose, automatiquement je veux que ce soit propre ou je pense que je suis une bonne personne ou je le fais très proprement. C'est presque automatique. Lorsque tu as donné l'exemple, c'était très clair et très utile. Je voudrais te demander d'en dire plus pour que je puisse encore mieux le comprendre.

Gary: L'État d'être est quelque chose que tu fais pour prouver que tu es quelque chose. Lorsque tu es quelque chose, tu n'y penses pas. Tu l'es tout simplement. Tu n'as aucun point de vue à ce sujet. Tu fais tout simplement le nécessaire.

Si tu écoutes cet appel encore plusieurs fois, après que nous ayons fait un peu plus de processus, cela deviendra beaucoup plus clair pour toi. Tu le comprendras à un tout autre niveau. Ce processus va déverrouiller le fait de vivre dans "Je dois prouver que je suis une bonne fille en faisant cela" ou "Je dois prouver que je prends soin des choses" ou

"Je dois prouver (n'importe quoi)." L'État d'être concerne toujours le fait d'essayer de prouver que tu es en train d'être quelque chose; cela ne concerne jamais le fait de faire quelque chose uniquement parce que tu aimes le faire.

Avant que j'en arrive au choix par incréments de dix secondes, j'avais toujours quelque part cette impression que je devais regarder dans le monde négatif de tous les autres pour déterminer ce que je devais faire ou être pour qu'ils n'aient pas à gérer les choses négatives qu'ils avaient à gérer. Je pensais que si, d'une certaine façon, je pouvais retirer le négatif de leur monde, alors je ne devrais plus être négatif ni eux non plus.

Dain: Il n'y aucune aisance dans ce point de vue; il y a un état constant de jugement.

Gary: Ouais, et tu es toujours en train de choisir en fonction des besoins, demandes, exigences ou désirs des autres - et jamais des tiens.

Question: Je n'ai pas de problème à choisir par incréments de dix secondes lorsqu'il s'agit de choses comme me moucher ou me laver les mains. Il n'y a pas de conséquences à long terme.

Gary: Lorsque tu dis "Conséquences à long terme", tu acceptes la conclusion que si tu fais un choix, il va être pour toujours au lieu d'être pour dix secondes.

Eh bien, c'est difficile d'imaginer quitter mon boulot ou de divorcer par incréments de dix secondes.

Gary: Si tu divorces ou quittes ton boulot par incréments de dix secondes, il te faudrait choisir si tu veux vraiment être dans cette relation ou à ce travail ou dans cette affaire.

Question: Je reste bloqué sur ce que j'ai décidé être des options limitées plutôt que d'être réellement ouvert à toutes les possibilités. Est-ce que je peux appliquer la clé des incréments de dix secondes à ces endroits où je suis bloqué, par exemple, lorsque je suis bloqué sur des idées à propos de comment démarrer mon entreprise? Est-ce que je peux l'utiliser pour m'aider à briser le cycle de choix limités que je semble m'être donné moi-même?

Dain: Essaie ce processus:

Quels fantaisie, état d'être et intentions secrètes de n'avoir jamais un choix infini comme réalité as-tu rendus si réels que, même face à une conscience totale, tu ne veux absolument pas la changer, la choisir ou la modifier? Tout cela, fois un dieulliard, vas-tu le détruire et le décréer s'il te plaît? Right and wrong, good and bad, POD and POC, all 9, shorts, boys and beyonds.

Question: Il y a des moments où je ne sais pas quoi choisir, comme lorsque j'achète un billet ou quelque chose de similaire. Je regarde l'énergie et demande, "Si je choisis cela, à quoi l'énergie de ma vie va-t-elle ressembler dans trois mois, dans six mois ou dans neuf mois?" Est-ce que c'est quelque chose que vous recommandez? Il y a-t-il autre que je devrais demander?

Gary: As-tu remarqué que de choisir de cette façon permet d'ouvrir les choses dans différents domaines de ta vie?

Oui.

Gary: Lorsque tu fais un choix, en fait tu choisis ce que sera ton futur. Tu ne le choisis pas en fonction de la réalité de quelqu'un d'autre.

Ouais, et c'est ce que je ressens.

Dain: Quelle génération et création de choix infini de l'espace sans-entendement et du choix par incréments de dix secondes, comme non-réalité absolue utilises-tu pour verrouiller en existence les HEPADs* positionnels que tu institues pour te placer dans des éléments négatifs de réalités qui sont des réalités de non- existence, sans choix, des autres? Tout cela, fois un dieulliard, vas-tu le détruire et le décréer, s'il te plaît?

Right and wrong, good and bad, POD and POC, all 9, shorts, boys and beyonds.

Gary: Ceci n'est pas supposé avoir un sens pour toi.

C'est Gary qui est censé griller ton esprit pour que tu puisses changer et avoir une liberté totale pour changer.

Question: Que sont les HEPADs positionnels?

Dain: Chaque fois que tu prends position ou que tu as un point de vue fixe, tu crées un HEPADs. H symbolise handicap, E symbolise l'entropie, P symbolise la paralysie, A symbolise l'atrophie et D symbolise la destruction.

Lorsque, à propos de quelque chose, tu n'es pas dans 'point de vue intéressant', tu crées un HEPADs positionnel. C'est, en grande partie, ce qui crée les verrouillages dans les corps des gens qui semblent ne plus avoir de souplesse. Les HEPADs contribuent aussi à la création de malaises dans le corps des gens et dans leurs esprits.

Gary: Les HEPADs sont toutes les choses qui créent notre vie dans cette réalité limitée. Ce sont toutes les façons qui t'empêchent d'avoir une réalité illimitée.

J'ai regardé l'outil de 'vivre par incréments de dix secondes' et le reste de ces outils comme des choses si simples et si faciles que je ne pouvais pas imaginer que les gens n'arrivent pas à les appliquer. Cette classe des Dix Clés a été un grand cadeau pour moi. Cela m'a permis de voir pourquoi les gens ne pouvaient pas appliquer ce qui me semblait tellement direct et évident.

Dain: Ayant été près de toi depuis onze ans, j'ai pu voir que tu fonctionnais à partir d'un espace différent de tous les gens que je connais ou dont j'ai entendu parler sur cette planète.

---

* Voir le glossaire pour une définition

Ce dont je me rends compte, par ces entretiens téléphoniques autour des Dix Clés, c'est que nous avons tous la capacité de fonctionner à partir d'un espace d'aisance.

C'est à partir de cette réalité que je te vois fonctionner.

La plupart des gens ne savent probablement pas à quoi ça ressemble.

Pour ceux d'entre vous qui ne connaissent pas Gary, j'aimerais dire que quoiqu'il arrive dans sa vie – et il a tout plein de choses qui lui arrivent, comme celles qui arrivent dans votre vie– il ne choisit pas la difficulté, le trauma ou le drame des choses. Qu'importe ce qui arrive, même si cela est dans le trauma et le drame de l'univers de quelqu'un d'autre, il a toujours un sentiment d'aisance pour le gérer. Je le vois prendre des décisions qui vont créer un futur bien plus grand, même si elles n'ont aucun sens aujourd'hui. Une partie de la raison pour laquelle il peut fonctionner comme cela est qu'il fonctionne à partir des Dix Clés.

Alors, si tu écoutes cet appel et que tu penses, "J'ai l'impression de comprendre cette clé – mais pas vraiment, et je ne veux pas que quelqu'un sache que je ne la comprends pas, parce que je veux utiliser Access Consciousness de la bonne façon," je t'en prie, ne le fais pas. Ne te juge pas. Réalise simplement que c'est une opportunité de choisir de vivre à partir d'un espace totalement différent. Il s'agit ici de l'aisance et de la joie et de l'expression exubérante de la vie. Il s'agit de permettre aux difficultés de la vie de s'évaporer, tandis que l'aisance devient de plus en plus présente.

Gary: J'ai parlé à une dame en Nouvelle Zélande qui était furieuse à propos de son petit-fils qui était venu vivre avec elle et qui laissait la cuisine en désordre à chaque fois qu'il y allait.

Je lui ai demandé, "Alors que fais-tu dans ce cas?"

Elle a dit, "Eh bien, je nettoie son bazar et je lui dis ce que j'en pense. Je lui dis qu'il est méchant et qui ne devrait pas faire cela et qu'il faut qu'il arrête de faire ça et tout ce genre de trucs. Mais rien ne change."

J'ai demandé, "Pourquoi est-ce que tu nettoies la cuisine - pour lui ou pour toi?"

Elle dit, "Eh bien, pour moi, bien sûr."

J'ai demandé, "Vraiment? Alors pourquoi est-ce que tu te plains? Il aime que ce soit sale. Il pense que c'est beaucoup plus amusant d'avoir la cuisine sale. Alors tu ne nettoies pas la cuisine pour lui, mais pour toi."

Elle dit, "Mais je dois la nettoyer après son passage."

J'ai dit, "Non, tu ne dois pas. Tu nettoies pour toi. Si tu n'avais pas le point de vue que tu allais nettoyer après son passage, cela changerait-il tout dans la façon dont cela fonctionne?"

Elle m'a rappelé une semaine plus tard et a dit, "Merci".

Une fois que j'ai réalisé que je nettoyais la cuisine pour moi, tout le poids s'est envolé. Je n'avais plus aucun point de vue. Je disais simplement, "OK c'est le bazar," et je le nettoyais. Et ensuite, tout d'un coup, mon petit-fils a commencé à nettoyer lui-même son bazar. J'ai dit, "Yeah, change ton point de vue; et ils changent le leur."

Dain: Quelle génération et création du choix infinis de l'espace sans-entendement et du choix par incréments de dix secondes comme non-réalité absolue utilises-tu pour verrouiller en existence les HEPADs* positionnels que tu institues pour te placer dans des éléments négatifs de réalités qui sont des réalités de non-existence -sans choix- des autres? Tout cela, fois un dieulliard, vas-tu le détruire et le décréer, s'il te plaît? Right and wrong, good and bad, POD and POC, all 9, shorts, boys and beyonds.

Gary: Une des raisons pour lesquelles nous parlons de ces incréments de dix secondes comme espace sans-entendement/ déraisonné est que les gens continuent à dire, "Et bien qu'en est-il de mon esprit? Mon esprit n'arrive pas à intégrer la notion d'incréments de dix secondes. Ai-je changé d'avis?"

Il ne s'agit pas de ton esprit. Il s'agit de créer une réalité différente pour toi-même. Dans cet espace de choix infini, une réalité différente commence à se créer. Est-ce que tu veux une réalité différente? Voilà la façon d'y arriver.

Tout cela, fois un dieulliard, vas-tu le détruire et le décréer, s'il te plaît? Right and wrong, good and bad, POD and POC, all 9, shorts, boys and beyonds

Question: Pourrais-tu développer la notion d'espace de non- entendement, Gary?

Gary: Nous continuons à regarder notre esprit comme une source de création. Mais notre esprit ne peut définir que ce que nous connaissons déjà. Notre esprit est un prétexte à être. C'est un état d'être. Ton esprit est essentiellement un état d'être que tu utilises pour essayer de définir ce que tu as choisi.

Lorsque tu as cet espace de non-entendement, tu marches dans un espace de choix total. Le choix total vient de cet espace. Le non-entendement commence à créer cet espace. Choisir à partir d'un espace te montre toujours ce qui va se créer par le choix que tu fais.

Le choix crée, et non l'esprit?

Gary: C'est correct. Ton esprit ne peut que définir; il ne peut pas créer. Ton choix peut créer, mais tu ne crées ta vie et ta réalité que lorsque tu es dans l'espace de choix total.

Merci.

Dain: Nous avons des états d'être qui ne créent absolument rien. Ces états d'être sont basés sur les définitions que notre esprit met en place. Nous faisons valoir un état d'être basé sur ces définitions et nous nous demandons pourquoi nous ne créons rien de plus grand que ce que nous avions dans le passé. Toi, en tant qu'être, tu es créatif et génératif et ton choix est créatif et génératif. Ton esprit est toujours définitif et en train de définir.

Quelle génération et création du choix infini de l'espace sans-entendement et du choix par incréments de dix secondes comme une non-réalité absolue utilises-tu pour verrouiller en existence les HEPADs* positionnels que tu institues pour te placer dans des éléments négatifs de réalités qui sont des réalités de non-existence, sans choix, des autres? Tout cela, fois un dieulliard, vas-tu le détruire et de décréer, s'il te plaît? Right and wrong, good and bad, POD and POC, all 9, shorts, boys and beyonds.

Gary: Les gens essayent de fonctionner à partir de leur esprit plutôt que de cette sensation d'espace qu'est le non-esprit. Lorsque tu atteins cette sensation d'espace, alors tu fonctionnes à partir de choix par incréments de dix secondes.

J'étais dans les étables avec mes chevaux et une fille est venue vers moi. Elle a dit, "Je te déteste et bla-bla-bla."

J'ai dit, "OK".

Elle dit, "Qu'est-ce que tu veux dire, OK?"

J'ai dit, "Eh bien si tu veux me détester, c'est bien. Ça m'est égal. C'est ton choix.".

Elle dit, "Je ne veux pas choisir cela."

J'ai demandé, "Alors pourquoi le choisis-tu?" Plantée là, elle dit, "Euh, ben, ben, ben..."

J'ai demandé, "Tu ressens des choses, es-tu un peu medium?"

Elle dit, "Ouais."

J'ai demandé, "Ce sentiment de haine t'appartient-il - ou est-il celui de quelqu'un d'autre."

Elle dit, "C'est à quelqu'un d'autre!"

J'ai demandé, "Alors, est-ce que tu me détestes vraiment?"

Elle dit, "Non je t'aime!" J'ai dit, "OK, bon.."

Si je fonctionnais à partir de mon esprit, je n'aurais pas eu le choix de répondre de cette façon. Mon esprit aurait essayé d'imaginer ce qui pouvait bien se passer dans sa tête et pourquoi elle choisissait cela. Tout ce que fait ton esprit est de te confronter aux pourquoi de la réalité. Tu es toujours en train de courir en rond afin de rester dans le labyrinthe, dans ton esprit. C'est un esprit–labyrinthe… étonnant. (Jeu de mot en anglais avec 'maze' qui signifie 'labyrinthe' et 'amazing' qui veut dire 'étonnant'.)

Dain: Si tu y regardes de plus près, l'esprit est toujours un ensemble de jugements: juste ou faux, bien ou mal, positif et négatif, marche ou arrêt.

Quelle génération et création du choix infini de l'espace sans-entendement et du choix en incréments de dix secondes comme une non-réalité absolue utilises-tu pour verrouiller en existence les HEPADs* positionnels que tu institues pour te placer dans des éléments négatifs de réalités qui sont des réalités de non-existence, sans choix, des autres? Tout cela, fois un dieulliard, vas-tu le détruire et de décréer, s'il te plaît? Right and wrong, good and bad, POD and POC, all 9, shorts, boys and beyonds.

Question: Lorsque tu découvres que tu es dans l'espace de configuration de l'esprit, comment sors-tu de cet espace?

Gary: Tu peux demander, "OK, est-ce que je veux continuer à faire ce choix?" Oui ou non? Non? OK, bon. Ou tu peux demander "Un être infini choisirait-il cela?" Ou tu pourrais dire, "Point de vue intéressant. Intéressant que j'aie ce point de vue."

Tu as le choix.

Revenant à ce que tu disais avant, à propos du fait d'être présent, est-ce que c'est ça l'espace de choix total?

Gary: Oui. Lorsque tu es totalement présent et que tu es totalement conscient, tu crées un espace de choix total.

Que faudrait-il pour que ce soit constamment commecela?

Gary: Si tu utilises ces outils, tu vas commencer à le

créer. Mais tu dois les utiliser. J'ai remarqué que la plupart des gens qui font Fondation et Niveau Un lisaient les outils une fois et disaient, "Eh bien je les ai lus, et ils ne m'ont fait aucun bien."

Non, tu es supposé les utiliser tous les jours, tout au long de la journée pour, au moins, de six mois à un an. À la fin de l'année, tu auras un niveau de liberté que tu n'as jamais eu de toute ta vie.

J'utilise continuellement 'point de vue intéressant, que j'aie ce point de vue'. De le faire, cela me permet d'aller vers tellement plus d'espaces différents. Tu disais, "Procède simplement avec un seul outil et contente-toi de celui-là." C'est ce que je fais, et cela a créé tellement plus d'aisance.

Gary: Cool. Si tu prends un des outils et tu l'utilises non-stop pour six mois, ta vie entière va changer. Si tu utilisais chacun des outils pour six mois, tout dans ton monde changerait. Mais c'est toujours un choix.

Peux-tu répéter cela?

Gary: Prends chacun des outils et utilise-le pour six mois. Disons que tu aies utilisé 'Point de vue intéressant que j'aie ce point de vue' pendant six mois. Cela créerait un espace où tu n'aurais plus jamais le point de vue qu'un point de vue, quel qu'il soit, revêt de l'importance pour toi. Pour la plupart d'entre nous, le faire pendant trois mois marcherait probablement, mais cela fonctionnerait absolument pour toi, si tu le faisais pendant six mois.

Okay ! Je choisis cela. Il y a beaucoup de projections autour de moi, et 'Point de vue intéressant' est…

Gary: Les gens projettent des trucs sur nous tout le temps. Lorsque tu fais 'Point de vue intéressant que j'aie ce point de vue', tout d'un coup tu diras, "Je me fiche de cela. Pourquoi est-ce que je le rends significatif?" Cela rend les choses beaucoup plus faciles.

Question: Tu m'as donné un wedgie*, un grand wedgie. Je ne savais pas que c'était un wedgie à ce moment- là, mais ce que j'ai réalisé, c'est que je veux tellement tout contrôler que je bloque tous mes choix et que je rétrécis ma vie. Je ne pouvais pas perdre le contrôle*, je ne pouvais pas avoir trop de choses qui se passaient en même temps, je ne pouvais pas avoir tellement d'argent que cela aurait été hors contrôle. J'ai fait une demande, hier, de lâcher-prise par rapport à cette manie de contrôle, et il semblerait que je fonctionne, à présent, davantage à partir de l'espace de non-entendement. C'est tellement différent !

Gary: N'est-ce pas amusant?

Oui! Merci!

Dain: Oh non, elle s'amuse!… Oh non!

Gary: Le truc des obsédés du contrôle c'est qu'ils sont toujours en train de contrôler les choses et ne s'amusent donc pas beaucoup.

Gary: Faisons le processus une nouvelle fois, Dain.

---

* Voir le glossaire pour une définition

Dain: Quelle génération et création de choix infini de l'espace sans-entendement et du choix par incréments de dix secondes comme non-réalité absolue utilises-tu pour verrouiller en existence les HEPADs positionnels que tu institues pour te placer dans des éléments négatifs de réalités qui sont des réalités de non-existence, sans choix, des autres? Tout cela, fois un dieulliard, vas-tu le détruire et le décréer, s'il te plaît? Right and wrong, good and bad, POD and POC, all 9, shorts, boys and beyonds.

Question: Pourrais-tu, s'il te plaît, me donner un exemple d'être et de vivre en incréments de dix secondes? Est- ce le fait de demander, "Quoi d'autre?" Toutes les dix secondes?

Dain: D'accord, voici un exemple. Je parle souvent avec ma coordinatrice de communication à propos de projets pour une classe ou pour une manifestation qui pourrait avoir lieu dans six mois. Lorsque nous avons commencé à travailler ensemble, on faisait le choix de la classe en fonction des informations que nous avions à ce moment-là. Nous rendions donc tout cela bien réel, concret, solide -et cela devenait une conclusion. On fonctionnait à partir d'une conclusion que l'on mettait en place dans l'univers plutôt que d'être dans un état de questionnement constant.

Cela a commencé à changer lorsque nous sommes devenus plus ouverts au fait que nous pouvions avoir d'autres choix et que les choses pouvaient changer avec le temps.

Quelquefois, une énergie s'engouffrait dans notre univers ou nous recevions une nouvelle information, et nous disions,

"Attends une minute. Il y a quelque chose qu'il nous faut voir ici. Peut-être nous faut-il changer le titre, peut-être devons- nous changer le lieu ou, peut-être, devons-nous annuler la classe."

A un moment, j'avais prévu de faire plusieurs ateliers dans un centre de conférences en Suède. Je devais, à l'origine, y aller pour la classe 'Etre Soi et Changer le Monde'. Un peu plus tard, j'ai dit, "Vous savez quoi? Nous devons changer tout cela." Les gens n'étaient pas prêts pour cette classe.

Un peu plus tard, ma coordinatrice de communication me dit, "Quelque chose m'interpelle. Que doit-t-on faire différemment ici?" Cela relève du 'choix par incréments de dix secondes'. Elle a regardé la classe que nous avions prévue et a dit, "Ce que nous allons faire ne va pas fonctionner. Nous devons revenir à la classe 'Etre Soi et Changer le Monde'.

Cela va marcher maintenant parce que l'univers a changé et quelque chose de différent est disponible."

Alors, nous avons changé le titre de la classe, et le ressenti était vraiment très bon maintenant. Il y aurait des gens qui pouvaient le comprendre maintenant, là où, quelques mois plus tôt, ils n'en auraient pas été capables.

Gary: Après avoir fait Accès Consciousness pendant une longue période, j'en suis arrivé au point où ce que je faisais m'était égal. Je me foutais de tout. Où aimerais-tu manger? Je m'en fous. Qu'aimerais-tu faire? Je m'en fous. Qu'est-ce que tu aimerais regarder à la télé? Je m'en fous. Rien ne m'importait, rien n'était significatif, rien n'était important, rien ne m'interpellait.

Alors j'ai dit, "D'accord, j'ai dix secondes pour vivre le reste de ma vie. Maintenant, qu'est-ce que je choisirais?" J'ai réalisé que j'avais passé ma vie entière à choisir en fonction des besoins, demandes, exigences et désirs des autres parce que c'était facile. Je ne m'étais jamais assis et n'avais jamais choisi pour moi depuis que j'étais marié.

J'ai dit, "OK, je vais aller me promener. Ça, c'est dix secondes. Maintenant, je fais quoi? Je vais aller respirer cette rose. Bon, je l'ai fait. J'ai dix secondes, qu'est-ce que j'aimerais faire maintenant? J'ai commencé à réaliser que j'avais perdu la capacité de choisir plus de trois choses.

Je n'avais pas "choix infini" comme une possibilité. Ce n'était même pas dans mon monde que je pouvais avoir une telle chose. Maintenant je sais que je peux avoir des choses, et je sais que je peux avoir tout ce que je veux. Je sais que quoi que je demande il me sera donné, et le résultat, c'est exactement ce qui se passe.

Je fonctionne encore aujourd'hui par incréments de dix secondes. Aujourd'hui j'étais au ranch avec mes chevaux, et je savais que je devais avoir cet appel téléphonique avec vous tous. J'aurais pu aller à la maison d'Annie, où sont mes chevaux, et faire cet appel à partir de là. Cela aurait été, confortable et agréable, avec l'air conditionné. L'autre choix était de retourner à mon hôtel. J'ai demandé, "Maison?

Hôtel?" J'ai dit, "L'hôtel me semble plus léger; je vais faire ça." Je suis retourné à l'hôtel, et c'était une bonne chose de l'avoir fait, parce que j'avais un tas de choses à faire entre le ranch et l'hôtel. Je n'aurais jamais pu toutes les faire si je n'étais pas retourné à l'hôtel. C'était l'intuition ('un moment de knowing') que retourner à l'hôtel était la bonne chose à faire. Je savais que j'avais raison parce que c'est l'option qui me paraissait la plus légère. C'était le choix qui a fini par ouvrir la porte à près de douze autres possibilités en moins de quinze minutes.

Dain: L'autre chose à ce propos est qu'il n'y avait aucune conclusion dans ton univers. Tu n'as pas dit, "Je dois faire l'appel ici," ou "Je dois le faire ici ou là." Tu étais ouvert à tout ce qui pourrait créer plus de légèreté ou un plus grand nombre de possibilités. Il semble que beaucoup de personnes disent, "Donne-moi la bonne conclusion afin que je puisse avoir celle qui sera juste éternellement."

Gary: Au début, quand j'ai mis cet outil à la disposition de tous, je disais habituellement, "L'univers est rempli de lions, de tigres, d'ours et de serpents vénéneux, et tu vas les rencontrer lorsque tu vas sortir par cette porte. Qu'est- ce que tu choisirais maintenant si tu allais être dévoré dans les prochaines dix secondes? Et si tu savais que tu allais mourir dans les prochaines dix secondes?"

Mon père est mort alors que j'avais 17 ans. Avant sa mort, il avait fait quelque chose qui m'a mis en colère, et je ne lui ai pas parlé durant deux ans. Il a essayé de "se rattraper" durant cette période de deux ans, et je ne voulais rien entendre. Mon attitude était, "Tu m'as offensé, connard, et je ne vais plus jamais te parler."

Il est mort et j'ai réalisé, "Waouh, cette décision que j'ai faite il y a deux ans et que j'ai gardée en moi avec une telle véhémence, m'a empêché d'avoir l'opportunité d'être auprès de mon père les dernières minutes de sa vie, ce qui aurait pu me donner un peu de clarté à propos de ce que c'était que d'être là où il était."

J'ai découvert qu'il savait, depuis deux ans, qu'il allait mourir. Aurions-nous pu avoir une meilleure relation? Aurais- je pu mieux le connaître? Oui. Beaucoup de choses auraient pu être différentes. Je ne lui ai pas dit que je l'aimais avant qu'il meure.

Cela m'a fait réaliser qu'il te faut dire ce qui est vrai pour toi, aujourd'hui, et ne pas attendre jusqu'à demain. Et si quelqu'un mourait dix secondes après t'avoir parlé? Veux-tu que la dernière chose que tu leur aies dite soit "Quel putain de connard?" Ou veux-tu que la dernière chose que tu leur aies dite soit "Je suis plein de gratitude de t'avoir dans ma vie?"

Que voudrais-tu dire dans les dix dernières secondes de ta vie? Qu'aimerais-tu entendre durant ces dernières dix secondes? Qu'aimerais-tu faire durant ces dix dernières secondes de ta vie? Si tu allais mourir et tu savais que tu n'avais que dix secondes, quelle serait la chose la plus impor-tante pour toi? Lorsque tu regardes à tout cela, tu commences à réaliser ce qui est important pour toi et ce qui ne l'est pas, ce que tu veux rendre significatif et ce qui est dénué de sens.

Dain: Cela aide beaucoup.

Question: Il y a quelques semaines, j'avais beaucoup de problèmes avec l'école dans laquelle je travaille et l'attitude autoritaire qu'ils avaient à mon égard. Je suis rentré chez moi et j'ai écouté la première classe de 'Energetic Synthesis of Communion' (Synthèse Énergétique de Communion) et quelque chose s'est passé. J'ai dit "Waouh, je vais me connecter à l'école et aux profs et aux enfants," et c'est ce que j'ai fait. Tellement de choses ont changé suite à ce choix de dix secondes. Maintenant les gens sont vraiment, réellement gentils et il y a une aisance totale à l'école.

Gary: Ce n'est pas un effort; ce n'est pas quelque chose que tu fais. Tu es, tout simplement, et tu te permets de choisir, comme tu l'as fait, et cela change la réalité entière.

Oui, c'est une réalité différente. C'était aussi facile que ça.

Gary: Maintenant tu dois dire, "OK, ça c'était un bon

choix de dix secondes. Quels autres choix ai-je maintenant? Et comment puis-je utiliser tout ce que j'ai de disponible et tout ce que je sais, d'une façon différente, que jamais personne n'a utilisée?"

Question: Que fais-tu lorsque tu sais que quelqu'un est en train de mourir et, toi, tu essaies de vivre ce processus des dix secondes, ou de leur montrer "Hé, il n'y a que dix secondes," mais il ne l'entend pas?

Gary: Tu ne peux pas obliger quelqu'un à entendre quelque chose qu'il ne veut pas entendre. Nous avions une très chère amie, Marie, qui avait 92 ans et vivait avec nous. Marie était en train de mourir et elle a dit, "J'aimerais simplement partir maintenant."

J'ai demandé, "Alors, qu'est-ce qui te retient ici?" Elle dit "En fait, je ne le sais pas vraiment."

J'ai demandé, "Il y a-t-il quelque chose dont tu voudrais être consciente avant de partir?"

Elle dit "Oui, je veux savoir où j'irai après."

J'ai dit "Pourquoi ne déciderais-tu pas où tu iras après? Si tu allais vers ta prochaine vie, à quoi ressemblerait- elle?"

Elle a mentionné plein de choses, et j'ai dit, "Tu peux avoir tout cela si tu le veux."

Elle dit "Je peux?"

J'ai dit "Ouais. Tout est une question de choix. C'est ton choix. Si c'est ce à quoi tu voudrais que ta vie ressemble, fais-le, demande-le. Demande que cela se manifeste ainsi pour toi."

Elle a dit "C'est super," et à peu près un mois plus tard, elle a finalement pu lâcher prise. Le déblayage par rapport à sa volonté de créer des buts pour sa prochaine vie lui a permis de le faire.

Il est nécessaire pour beaucoup de gens, spécialement pour les catholiques ou ceux portés sur la métaphysique, de créer des buts pour la prochaine vie. Ils doivent le faire avant de pouvoir partir. Alors voici le processus 'incréments de dix secondes' par rapport à ça: "OK, durant les prochaines dix secondes tu es en train de mourir. Et puis, quoi? Qu'est-ce que tu choisiras?

Et comme tu dis, s'ils ne veulent pas changer, c'est leur choix, pas vrai?

Gary: Ouais, c'est leur choix. De leur point de vue, ils n'ont pas le choix des incréments de dix secondes comme une réalité. Ils croient qu'ils doivent faire un choix vrai ou faux. Si quelqu'un n'est pas prêt à entendre qu'il a le choix d'incréments de dix secondes, tu dois admettre le fait qu'ils ont choisi et dire, "Choix intéressant, c'est ton choix," non pas d'un point de vue de 'bien ou mal'- mais d'un point de vue de "Ce ne serait pas mon choix, mais vas-y. Fais ce qui fonctionne pour toi."

Dain: : Laisse-moi donner un autre processus que Gary a trouvé, parce il est brillant.

Quelles génération et création de ne pas être, faire, avoir, créer, générer et instituer tout et rien à volonté, comme l'altération de ta réalité, utilises-tu pour verrouiller en existence les HEPADs positionnels que tu institues pour te blâmer de ne pas sauver le monde? Tout cela, fois un dieulliard, vas-tu le détruire et le décréer? Right and wrong, good and bad, POD and POC, all 9, shorts, boys and beyonds.

Gary: L'un de vous reconnaîtrait-il se blâmer de n'avoir pas choisi la bonne chose à faire pour que le monde soit un meilleur endroit?

Ouais.

Gary: Bon.

Dain: Quelle génération et création de ne pas être, faire, avoir, créer, générer et instituer tout et rien à volonté, comme l'altération de ta réalité, utilises-tu pour verrouiller en existence les HEPADs positionnels que tu institues pour te blâmer de ne pas réparer le monde? Tout cela, fois un dieulliard, vas-tu le détruire et le décréer? Right and wrong, good and bad, POD and POC, all 9, shorts, boys and beyonds.

Gary: Si tu ne choisis pas par incréments de dix secondes, tu ne peux pas réparer le monde. Tout ce que tu peux arranger c'est le passé - parce que, lorsque tu n'es pas dans des incréments de dix secondes, tu n'es plus dans le présent.

Dain: En d'autres termes, pour être présent, tu dois fonctionner dans des incréments de dix secondes.

Gary: Si tu ne fonctionnes pas à partir d'incréments de dix secondes, tu fonctionnes dans le passé. Et si tu fonctionnes dans le passé, tu ne peux rien réparer, tu ne peux rien rendre meilleur et tu ne peux absolument rien générer.

Dain: Si tu ne fonctionnes pas à partir d'incréments de dix secondes, soit tu fonctionnes dans le passé soit tu te projettes dans le futur.

Gary: Ce qui veut dire que tu fonctionnes à partir de ce que pourrait être le futur.

Dain: Quelles génération et création de ne pas être, faire, avoir, créer, générer et instituer tout et rien à volonté, comme l'altération de ta réalité, utilises-tu pour verrouiller en existence les HEPADs positionnels que tu institues pour te blâmer de ne pas réparer le monde? Tout cela, fois un dieulliard, vas-tu le détruire et le décréer? Right and wrong, good and bad, POD and POC, all 9, shorts, boys and beyonds.

Gary: Pendant longtemps, j'ai essayé de faire en sorte que les gens créent leur propre réalité. Je n'arrivais pas à comprendre pourquoi ils ne pouvaient pas le faire. Alors j'ai réalisé que la raison pour laquelle ils ne pouvaient pas le faire était qu'ils ne comprenaient pas les Dix Clés. S'ils n'utilisent pas les choix par incréments de dix secondes, alors ils ne peuvent pas créer leur réalité. Ils ne peuvent que créer une réalité basée sur le passé - qui n'a rien à voir avec eux, dans le présent.

Dain: Voilà le hic de fonctionner à partir du passé. Cela n'a rien à voir avec toi dans le présent. Tu fonctionnes à partir de toutes ces autres choses que tu as mises en place, les fantaisies, les états d'être et les intentions secrètes. Ils n'ont rien à voir avec toi en tant que toi. C'est dingue!

Question: Il y a trois domaines où je me sens limité avec les choix par incréments de dix secondes. Je veux vraiment en parler car j'aimerais avoir une expérience différente. Tout d'abord, je perçois une anxiété de performance autour du fait de fonctionner par incréments de dix secondes. Je me rends compte qu'il se passe bien plus de dix secondes avant que je choisisse autre chose. Que faudrait- il pour que je me libère de ça ou que je puisse avoir une conscience des dix secondes pendant qu'elles se déroulent?

Gary: Tu regardes les dix secondes comme si c'était un laps de temps fixe. Il s'agit réellement simplement du choix que tu dois faire en ce moment-ci. C'est "Qu'est-ce que j'aimerais choisir tout de suite?" Il faut que tu t'exerces à utiliser cette question. Disons que tu vas dans ta baignoire. Tu demandes, "OK, qu'est-ce que j'aimerais choisir maintenant? Je veux que l'eau soit plus chaude." OK, bien. Ces dix secondes-là sont écoulées. Puis alors, c'est: "Ce n'est pas encore assez chaud." D'accord, je vais encore faire dix secondes pour l'eau chaude. Pas encore tout à fait chaud." D'accord, je vais faire encore dix secondes.

Tu persistes à vouloir tirer une conclusion à propos du sens des dix secondes plutôt que de voir qu'il s'agit d'apprendre à choisir. On ne t'a jamais appris à choisir; on t'a appris à faire ce qui est 'bien'. Alors, ton anxiété de performance autour des incréments de dix secondes n'est pas anormale. C'est normal car on ne t'a jamais appris à choisir.

Merci. Je vois que j'ai fonctionné à partir d'un univers principalement de non-choix. Cela m'amène à la deuxième partie. Qu'est-ce que réellement choisir ou que serait un choix réel? Lorsque tu me donnes un exemple, c'est toujours une action ou quelque chose qu'on peut faire, comme réajuster la température de l'eau. Mais s'il s'agissait de mes dernières dix secondes et que je me demandais ce que j'allais choisir, ma première pensée serait "J'aimerais vraiment être à l'océan, en train de nager avec les dauphins." Mais cela ne va pas arriver dans les dix secondes.

Gary: Tu dois commencer là où tu es et apprendre à choisir. L'idée globale de tout cela est d'apprendre à choisir. Tu es toujours en train d'essayer de faire les meilleurs choix.

Les choix que je préfèrerais.

Gary: Non pas les choix que tu préfèrerais. Tu dois apprendre à choisir par incréments de dix secondes. Toi, tu fais, "Cela serait le meilleur choix." Ça, c'est une conclusion; ce n'est pas un choix. Tu as mal identifié et confonds conclusion et choix. Combien d'entre vous ont mal identifié et mal utilisé le choix comme conclusion et la conclusion comme un choix?

Tout cela, fois un dieulliard, vas-tu le détruire et le décréer? Right and wrong, good and bad, POD and POC, all 9, shorts, boys and beyonds.

La dernière partie de ma question concerne le choix à partir de l'espace, parce que la plupart du temps, j'ai l'impression de choisir à l'intérieur d'une camisole énergétique. J'aime vraiment avoir cette sensation d'espace.

Gary: Afin d'avoir une sensation d'espace, tout ce que tu as à faire est de franchir le seuil de la porte et de demander,

"OK, est-ce que je veux mettre mon pied droit devant mon pied gauche, ou mon pied gauche devant mon pied droit?" Donne-toi des choses faciles. On t'a appris à sauter aux conclusions, de bien le faire et de ne faire uniquement que la chose juste. Ce n'est pas un choix. C'est un jugement. C'est l'autre chose que tu as mal identifiée et mal utilisée à propos des choix. Tu crois que le jugement est un choix et que le choix est un jugement.

Tout cela, fois un dieulliard, vas-tu le détruire et le décréer? Right and wrong, good and bad, POD and POC, all 9, shorts, boys and beyonds.

Il s'agit d'apprendre à choisir. J'ai dix secondes pour choisir le reste de ta vie, qu'est-ce que je vais choisir? J'ai dix secondes pour choisir le reste de ma vie, qu'est-ce que je vais choisir? D'accord, ces dix secondes sont écoulées. J'ai dix secondes pour choisir le reste de ma vie, qu'est-ce que je vais choisir?

Tu apprends comment choisir. Le but de tout cela est que tu apprennes comment choisir, pas de faire le bon choix.

Est-ce que tu dis que tu peux choisir quelque chose que tu puisses faire dans ces dix secondes?

Gary: Ouais, parce que c'est la seule façon d'apprendre à choisir.

OK, merci.

Gary: Ta version ressemble à quelque chose comme "Que serait la meilleure chose à faire?" C'est basé sur le jugement et ce que tu aimerais faire que tu n'as pas fait.

Dain: Il ne s'agit pas de l'avoir juste. Il s'agit d'apprendre à choisir. Et si tu regardais les Dix Clés de ce point de vue: "Je devrais déjà arriver à faire les Dix Clés parfaitement, donc je vais participer à la conversation téléphonique."

Maintenant si tu le voyais de cette façon: "Il est temps d'apprendre ces Dix Clés et comment les choisir, les instituer et les utiliser dans ma vie."

Une des filles de Gary voulait prendre des leçons de ballet, mais avant de suivre le cours, elle voulait avoir une leçon particulière de ballet. Elle voulait savoir comment danser avant de s'inscrire à la classe. On fait cela tout le temps. Nous pensons que, d'une certaine façon, nous sommes supposés être parfaits en quelque chose que nous ne savons pas encore faire. Avant que tu ailles à l'école, savais-tu lire?

Ou as-tu été à l'école pour qu'avec un peu de chance, tu apprennes une chose ou deux?

Tout ce que tu as fait pour en arriver à croire que tu es supposé être parfait dans la pratique de ces Dix Clés, qui est la raison pour laquelle tu es là à cette conversation téléphonique vas-tu le détruire et le décréer s'il te plaît, et te permettre d'apprendre toutes ces choses et comment les choisir et les instituer?

Right and wrong, good and bad, POD and POC, all 9, shorts, boys and beyonds.

Gary: ATout cela vise à apprendre à être un être infini.

Un être infini choisirait-il réellement cela? Il s'agit d'apprendre à voir ce qu'un être infini choisirait. 'Point de vue intéressant, j'ai ce point de vue', cela concerne le fait de reconnaître que quatre-vingt dix pour cent de ce que je perçois ne m'appartient pas.

Fonctionner par incréments de dix secondes permet de sortir du jugement. Il s'agit d'apprendre à choisir sans jugement. C'est un cadeau exceptionnel. Cela rendra ta vie beaucoup plus simple. Tu en auras le souffle coupé! Mais tu dois le faire sans jugement. Il faut uniquement choisir.

Et se débarrasser de la peur de faire une erreur.

Gary: Si tu choisis durant dix secondes, tu ne peux pas vraiment faire une erreur. Tu dis, "OK, mauvais choix. Qu'est- ce que je peux choisir maintenant?" Tu ne peux pas juger en incréments de dix secondes. Tu ne peux faire que choisir.

Dain: En d'autres termes, le fait de choisir par incréments de dix secondes élimine le jugement. Si tu comprends que tu peux faire un autre choix d'ici dix secondes, pourquoi est-ce que tu jugerais ce choix? Tu passerais simplement à quelque chose d'autre. Au sein même de l'outil est la porte de sortie de la limitation dont tu te sers.

C'est magnifique.

Dain: Quelles génération et création de ne pas être, faire, avoir, créer, générer et instituer tout et rien à volonté, comme l'altération de ta réalité, utilises-tu pour verrouiller en existence les HEPADs positionnels que tu institues pour te blâmer de ne pas réparer le monde? Tout cela, fois un dieulliard, vas-tu le détruire et le décréer? Right and wrong, good and bad, POD and POC, all 9, shorts, boys and beyonds.

Je viens d'avoir une prise de conscience intéressante. Si tu crois que chacun de tes choix, en lui-même, n'est pas suffisant pour réparer le monde, quelque part, cela n'abolit-il pas ta volonté, ta capacité, ton habilité et la valeur de ce choix?

Gary: Seulement absolument, complètement et irrévocablement.

Dain: Tout ce que tu as fait pour croire que chaque choix est trop minime pour faire du monde un endroit différent, et tout ce que tu as fait pour croire que tous les choix que nous faisons ensemble, ajoutés les uns aux autres, changeraient le monde mais ne peuvent jamais entrer en existence, vas-tu le détruire et le décréer? Right and wrong, good and bad, POD and POC, all 9, shorts, boys and beyonds.

Gary: Ainsi Dain, cette brillance, est une des raisons pour lesquelles je t'adore.

Chaque fois que tu choisis, à chaque unique, nouvelle fois que tu choisis, tu ouvres la porte à de plus grandes possibilités. Ton choix est vraiment un présent à l'univers. Tu dois choisir - et apprendre à choisir - pour que chaque choix que tu fais ouvre une porte à plus de possibilités, ce qui aide l'univers.

Dain: C'est la puissance que nous refusons d'être.

Gary: Lorsque tu comprends que ton choix ouvre une porte, tu peux faire un choix et puis dire: "Oh, ce choix-là n'a pas marché! Prochain choix." Tu fais cela sans jugement. Tu ne plantes pas ce choix dans le monde comme quelque chose qu'on ne peut pas changer. Tu ouvres la porte à une possibilité différente en choisissant une nouvelle fois.

Dain: Quelle génération et création de ne pas être, faire, avoir, créer, générer et instituer tout et rien à volonté, comme l'altération de ta réalité, utilises-tu pour verrouiller en existence les HEPADs positionnels que tu institues pour te blâmer de ne pas réparer le monde? Tout cela, fois un dieulliard, vas-tu le détruire et le décréer? Right and wrong, good and bad, POD and POC, all 9, shorts, boys and beyonds.

Gary: : Si tu veux réparer le monde, apprends à choisir - non pas à partir du jugement mais à partir du choix.

Dain: Choisis à partir du choix, simplement parce que tu le peux. Après avoir utilisé ces outils pendant un certain temps et alors que tes jugements ne te tirailleront plus, tu pourrais penser, "Qu'est-ce qui ne va pas?" Ce qui se passe, est que tu es arrivé à cet endroit que Gary décrit, où tu n'en as rien à faire de où tu vas manger. Tu pourrais simplement t'asseoir sur le canapé toute la journée et regarder la télé.

Cela paraît bizarre parce que tu n'es pas tiraillé en tous sens comme avant. J'avais l'habitude de penser que cela était l'indication qu'il fallait choisir quelque chose, mais, en fait, c'est dans cet espace où le vrai choix commence.

Le choix vient de cet espace, et non pas de la solidité qui te prend la tête et que tu essayes de placer dans le monde. C'est un espace qui n'a aucune des solidités, aucune des constructions mentales et aucune de ces lourdeurs dont tu as peut-être l'habitude.

Quelle génération et création de ne pas être, faire, avoir, créer, générer et instituer tout et rien à volonté, comme l'altération de ta réalité, utilises-tu pour verrouiller en existence les HEPADs positionnels que tu institues pour te blâmer de ne pas réparer le monde? Tout cela, fois un dieulliard, vas-tu le détruire et le décréer? Right and wrong, good and bad, POD and POC, all 9, shorts, boys and beyonds.

Gary: On doit y aller, maintenant. Je suis très reconnaissant pour vos questions et j'espère que vous saisissez que tout le but d'apprendre à choisir est de ne pas devoir choisir le même problème encore et encore, mais d'avoir un choix différent. Tu peux choisir différemment toutes les dix secondes. Ceci est le concept le plus important que tu puisses avoir dans la vie.

Dain: Il s'agit vraiment de pratiquer. C'est quelque chose que tu apprends et que, moi aussi, j'apprends encore toujours de jour en jour. Ce n'est pas quelque chose que tu es supposé déjà parfaitement maîtriser. Peut-être ne le choisissais-tu pas tout simplement. Tu ne sais peut-être même pas encore ce qu'est un choix - mais si tu continues à pratiquer, tu commenceras à comprendre ce qu'est le choix.

C'est quelque chose que tu n'as pas appris à faire auparavant. Tout va bien. Cela ne veut pas dire qu'il y ait quelque chose de mal chez toi. S'il te plaît, continue à choisir, s'il te plaît continue à t'exercer et s'il te plaît, continue à apprécier cette aventure épatante, de fonctionner d'un espace à partir duquel quasi personne sur la planète n'a jamais encore fonctionné. La planète a besoin de toi. Et maintenant, notre temps est venu.

~~~

Vivre en tant que Question

Gary: Bonsoir tout le monde. Ce soir nous allons parler de la quatrième clé: Vivre en tant que question.

Dain: Dans cette réalité, nous avons tous appris à ne pas vivre en tant que question. Nous avons appris spécifiquement à ne pas fonctionner en tant que question. Nous sommes censés être la réponse.

Gary: Il s'agit d'avoir une réponse. On nous a appris à rechercher la réponse, à trouver la réponse et à faire la réponse - parce que si tu as la réponse juste, tu auras absolument tout de juste dans ta vie. Ceci, entre nous, n'est pas vrai.

Dain: On nous a fait croire au mensonge qu'on a tort lorsqu'on pose une question – " tu ne peux pas avoir raison si tu es obligé de poser une question "... c'est une pure connerie.

Gary: La première étape de vivre en tant que question est de poser des questions.

Si tu continues à poser des questions, tu arriveras à un point où tu seras la question et, tout d'un coup, le besoin de questions cesse parce que tu fonctionnes à partir de la question appelée conscience absolue. La conscience absolue est toujours une question. Tu n'as plus besoin de poser une question parce que ta vie entière consiste à être une question.

Voilà ce qu'on veut dire par 'vivre dans la question'.

Question: Depuis le temps de mon enfance jusqu'à ce que je devienne un jeune adulte, il était tout naturel pour moi de poser des questions. En vieillissant, j'ai été ridiculisé ou ignoré pour avoir posé trop de question, et, petit à petit, j'ai arrêté de le faire. J'ai cessé d'être la question, alors que c'était là où je ressentais le plus de joie, de croissance et d'expansion. Peux-tu me donner un processus pour défaire le jugement de tellement d'années au long desquelles j'ai intégré le sentiment d'être stupide, idiot, lent ou pas assez intelligent?

Gary: Quelle génération et création de la question - comme un mal inné- utilises-tu pour valider les HEPADs* positionnels que tu choisis qui font des réponses la réalité et des questions l'incarnation de la stupidité, de l'idiotie et de la lenteur? Tout cela, fois un dieulliard, vas-tu le détruire et le décréer? Right and wrong, good and bad, POD and POC, all 9, shorts, boys and beyonds.

Question: Que veux-tu dire par idiotie?

Gary: L'idiotie est l'idée que tu n'es pas suffisamment brillant pour savoir ce qui est vrai. Il ne s'agit pas d'avoir une conscience. En fait, tu n'es pas idiot - mais tu peux prétendre l'être si tu le veux! L'idiotie est là où tu utilises l'énergie pour te rendre moins conscient.

As-tu utilisé d'importantes quantités d'énergie pour te rendre suffisamment idiot pour vivre dans cette réalité?

Oups, ai-je dit cela? Vas-tu le détruire et le décréer? Right and wrong, good and bad, POD and POC, all 9, shorts, boys and beyonds.

Quelle génération et création de la question comme mal inné utilises-tu pour valider les HEPADs positionnels que tu choisis qui font des réponses la réalité et des questions l'incarnation de la stupidité, de l'idiotie et de la lenteur? Tout cela, fois un dieulliard, vas-tu le détruire et le décréer? Right and wrong, good and bad, POD and POC, all 9, shorts, boys and beyonds.

Question: Lorsque j'étais un enfant et que je posais une question, ma famille me disait, "La curiosité est le crime suprême. Ne pose pas de questions."

Gary: Ouais, dans ma famille on disait, "La curiosité a tué le chat. Pourrait-elle, par pitié, te tuer?" Amusant, non?

J'ai découvert que la raison pour laquelle ils ont essayé de m'empêcher de poser des questions, c'était parce ce qu'ils n'avaient jamais de réponse sensée. Je posais une autre question jusqu'à ce que quelque chose ait un sens pour moi et alors je m'arrêtais de poser des questions. Comme ils ne pouvaient pas rendre leurs réponses suffisamment acceptables pour que je m'arrête, ils ont essayé de m'empêcher de poser des questions. As-tu eu une expérience similaire?

Tout cela, fois un dieulliard, vas-tu le détruire et le décréer? Right and wrong, good and bad, POD and POC, all 9, shorts, boys and beyonds.

---

* Voir le glossaire pour une définition

Les gens te donnent des réponses stupides qui n'ont aucun sens, et toi tu penses, "Comment cela pourrait-il être la réponse?" Si tu as une once de conscience, tu réalises que les réponses qu'on te donne sont stupides et sans valeur.

Pourquoi ne pouvais-tu obtenir une réponse à ta question? C'est parce que tu avais vingt onces de conscience et tous les autres n'ont qu'une once de conscience. Ta question était beaucoup trop brillante pour qu'ils y répondent!

Une dame m'a dit, "J'étais la personne la plus idiote dans ma famille."

J'ai demandé, "Et tu as pris cette décision sur quelle base?"

Elle a dit, "Eh bien, lorsque j'avais cinq ans on m'a dit que j'étais 'bourreau du travail'."

J'ai demandé, "Sais-tu ce qu'est un bourreau du travail?"

Elle s'est arrêtée net et a dit, "C'est quelqu'un qui doit accomplir encore plus parce qu'il est idiot."

J'ai dit, "Non, c'est quelqu'un qui est tellement intelligent qu'il doit en faire plus que n'importe qui!"

Elle dit, "Quoi? Je n'étais pas stupide?"

Ceci est arrivé lorsqu'elle avait cinq ans et maintenant c'est une femme de cinquante ans. Durant les dernières quarante-cinq années, elle a pensé être le membre le plus idiot de sa famille parce qu'elle était 'un bourreau du travail' -mais elle ne savait pas ce que c'était.

Les gens te disent des choses comme ça lorsque tu es enfant et tu n'as aucune idée de ce qu'ils veulent dire, alors tu y mets ton propre grain de sel. Tu supposes qu'être un bourreau du travail est une mauvaise chose. Alors si je suis mauvais, je dois avoir tort et si j'ai tort, je dois être stupide.

Partout où tu as décidé cela, vas-tu le détruire et le décréer, fois un dieulliard? Right and wrong, good and bad, POD and POC, all 9, shorts, boys and beyonds.

Quelle génération et création de la question comme mal inné utilises-tu pour valider les HEPADs* positionnels que tu choisis qui font des réponses la réalité et des questions l'incarnation de la stupidité, de l'idiotie et de la lenteur? Tout cela, fois un dieulliard, vas-tu le détruire et le décréer? Right and wrong, good and bad, POD and POC, all 9, shorts, boys and beyonds.

Question: J'ai une impression d'avoir été bloqué lorsque tu as parlé de bourreau du travail. J'ai eu une énorme réaction émotionnelle à cela. Cela m'a ramené à l'expérience de mes parents qui me menaçaient fortement à chaque fois que je posais une question. J'ai toujours l'impression que je vais commettre un crime lorsque je pose une question. Cela semble une grande affaire et la paume de mes mains transpire. Que puis-je faire pour détruire et décréer cette réaction automatique que j'ai lorsque je pose une question?

Gary: Combien de mensonges as-tu crus quant à l'erreur de poser des questions? Tout cela, fois un dieulliard, vas-tu le détruire et le décréer? Right and wrong, good and bad, POD and POC, all 9, shorts, boys and beyonds.

As-tu cru un mensonge concernant le fait que c'était mal de poser des questions? Combien de mensonges utilises-tu pour te donner tort de poser ou d'être la question que tu es vraiment? Tout cela, fois un dieulliard, vas-tu le détruire et le décréer? Right and wrong, good and bad, POD and POC, all 9,shorts, boys and beyonds.

Tu parlais à propos du fait d'être intelligent. Ma famille reconnaissait et célébrait le fait que j'étais intelligent, mais cela me donnait le sentiment d'être impuissant, parce que malgré ma conscience, malgré mon intelligence, je ne semblais pas être capable d'avoir un impact positif. Que puis- je faire pour sortir de cette identité que quoiqu'il arrive, quelle que soit mon intelligence ou ma conscience, je continue à être coincé dans l'échec?

Gary: Il faudra peut-être que tu fasses quelque chose de terrible.

Comme quoi?

Gary: Choisir contre ta famille.

Ah…

Gary: Mon père mourut lorsque j'avais dix-sept ans. Je voulais m'engager dans l'Armée. Je voulais devenir un

Marine. Ma mère m'a dit, "Tu dois aller à la faculté. Si tu ne vas pas à l'université, ton père va se retourner dans sa tombe. C'était la seule chose qu'il voulait que tu fasses." Alors je suis allé à l'université.

Ça faisait trois ans que j'étais à la faculté. Je suis rentré chez moi pour une visite, et ma sœur cadette était devenue évangéliste. Ce sont des personnes qui descendent l'allée de l'église en criant, "Oui, Jésus! Oui, Jésus!"

J'avais à peu près vingt ans à ce moment-là. Ma sœur me dit, "Si tu ne crois pas en Jésus, tu vas aller en enfer !"

J'ai dit, "Et bien, pour être honnête avec toi, je ne suis pas certain de croire en Dieu." Elle a couru dans la maison en criant et en hurlant parce que je ne croyais pas en Dieu.

Ma mère lui a dit, "Ne t'inquiète pas, chérie. C'est uniquement une idée stupide qu'il a ramassée à la faculté."

Ma mère m'avait forcé à aller à la faculté, sur l'idée que mon père allait se retourner dans sa tombe si je n'y allais pas, mais son point de vue était que je ne faisais que ramasser des idées idiotes à la faculté.

J'ai regardé tout ça et j'ai dit, "C'est fou. Tu es en train de dire à ma sœur que c'est une idée stupide apprise à la faculté et tu me dis que je dois aller à la faculté parce que sinon je suis stupide. Je suis désolé, tout cela est stupide!"

J'ai commencé à me faire recaler à l'université, uniquement pour lui prouver qu'elle avait tort. J'ai finalement considéré tout cela et j'ai dit, "Tu sais quoi? Cela aussi, c'est stupide! Pourquoi essaierais-je de prouver à ma mère qu'elle a raison en prouvant que je suis stupide d'aller à l'école et que je suis stupide de ne pas aller à l'école et que je suis stupide de me faire recaler et, bon sang, qu'est-ce que j'essaye de croire ici?"

Alors, tous ceux d'entre vous qui essaient encore de faire plaisir à leur parents, vivants ou morts, arrêtez de le faire et, au lieu de ça, posez la question:

Jusqu'à quel point mes parents étaient-ils stupides? Tout cela, fois un dieulliard, vas-tu le détruire et le décréer? Right and wrong, good and bad, POD and POC, all 9, shorts, boys and beyonds.

Question: La première fois que j'ai expérimenté 'être dans la question', je n'ai absolument rien ressenti. Je n'ai pas ressenti ce dont vous parlez, les gars. Lorsque je pose des questions, il semble que je suis dans le cirage. C'est comme si j'étais dans ma tête.

Dain: Tout ce que tu as décidé que 'vivre en tant que question' est - et tout ce que tu penses que cela va être lorsque tu le fais - est une projection d'un point de vue. Ce n'est pas une question.

Gary: Tout ce que tu as décidé que 'vivre en tant que question' va être et ce à quoi ça va ressembler, vas-tu le détruire et le décréer, fois un dieulliard? Right and wrong, good and bad, POD and POC, all 9, shorts, boys and beyonds.

Dain: Lorsque tu as une manière d'être qui est établie par rapport à cette réalité, tu fonctionnes à partir de la réponse. Tu t'extraies, par une contorsion, hors de ta volonté d'être la question, comme si c'était une horreur.

Lorsque tu fais cela, tu forces ton corps à être l'incarnation physique de cette réalité et tu l'obliges à porter le fardeau pour toi, pour que tu n'aies pas à te tordre hors de la question, à chaque moment de chaque jour.

Gary: Ton corps fait partie du chemin vers la conscience tout autant que toi. C'est étonnant, les changements qui peuvent arriver à ton corps et dans ta connexion avec tout ce qu'il y a autour de toi lorsque tu vis en tant que question. Ton corps est un organe sensoriel qui te donne des informations. Il te dit ce qui se passe autour de toi. Si tu n'es pas disposé à être en communion avec lui, tu te coupes de quatre-vingt-dix pour cent de ce que tu es capable de percevoir, savoir, être et recevoir. Est-ce là que tu veux vivre?

Dain: Ton corps est une contribution à la somme totale de l'énergie que tu perçois être dans cette réalité.

Gary: C'est ce par quoi tu te crées. C'est pourquoi nous faisons ce processus – cela t'aidera à vivre comme la question. Faire la classe du Corps Avancée t'aidera aussi.

Dain: Les gens demandent, "Bon sang, qu'est-ce qu'une classe du Corps Avancée a à voir avec la capacité à vivre en tant que question?" Les processus de la classe du Corps Avancée déverrouillent les choses, alors plutôt que d'avoir un éléphant super lourd appelé "cette réalité" assis sur tes épaules, ton éléphant commence à moins peser. Cela devient plus facile d'être les choses dont nous avons parlé.

Question: J'étais à la Classe du Corps Avancée, qui était plus qu'étonnante, et j'ai réalisé que mes questions, auparavant, venaient de mon esprit. Maintenant elles semblent venir d'un espace différent.

Gary: Oui. C'est exactement comme cela que ça fonctionne. Ton corps a besoin de faire le chemin avec toi. Ainsi, tu fais les Bars, Fondation, Niveau Un, Niveau Deux, Niveau Trois et la Classe du Corps de Base, que tu as besoin de faire au moins deux fois, avant de pouvoir venir à la Classe du Corps Avancée, parce que si tu n'as pas eu suffisamment de travail corporel, les résultats que tu obtiens sont deux fois moins bons que ce que les autres vont avoir.

Puis il y a la Classe Energetic Synthesis of Being (Synthèse Énergétique d'Être). Avec tout ça, tu as une chance de choisir une réalité totalement différente – si c'est ce que tu voudrais avoir. Voici- voilà, je l'ai dit. J'ai fait mon petit spot publicitaire de trente secondes.

Question: J'écoutais une classe d'il y a bien longtemps sur comment Gary est entré dans le bureau de Dain pour une séance chiropratique. C'était la première fois qu'ils se rencontraient. Dain a travaillé sur le corps de Gary sans le toucher et Gary a eu un résultat incroyable.

Croire cela relève, pour moi, d'une sorte de foi aveugle. Je ne crois en rien jusqu'à ce que je le voie. C'est comme lorsque j'étais un enfant. J'avais l'habitude de pleurer lorsque j'allais au lit le soir, parce que je ne croyais pas en Jésus. On m'avait dit que j'irais en enfer si je ne croyais pas en lui, alors je faisais très attention de penser que j'y croyais, même si au fond de moi-même, je n'y croyais pas.

Alors, si je n'y crois pas, pourquoi suis-je allé le mois dernier à la classe de Dain Energetic Synthesis of Being (Synthèse Énergétique d'Être)? Pourquoi est-ce que j'essaie de croire les choses auxquelles je ne crois pas? Je bénéficie énormément des déblayages énergétiques et du travail corporel et j'offre des massages moi-même. Je crois dans le pouvoir de guérison de l'énergie. Mais si je ne le ressens pas, ou ne le vois pas ou ne le touche pas, je ne peux pas y croire. Est-ce que c'est un manque de confiance et de justesse de mon point de vue à propos de la foi aveugle? Qui a-t-il dans cette histoire qui me rend si résistant?

Gary: Et si l'idée de la foi aveugle est la façon que tu as de t'aveugler toi-même? Oups.

Tout cela, fois un dieulliard, vas-tu le détruire et le décréer? Right and wrong, good and bad, POD and POC, all 9, shorts, boys and beyonds.

Je suis en résistance par rapport au fait de recevoir et d'être Energetic Synthesis of Being*. Est-ce par rapport au fait que je ne suis pas capable de recevoir quelque chose que je ne peux pas comprendre? Est-un problème de contrôle? Ai-je besoin de plus d'information? Quoi d'autre est possible là?

Gary: Lorsque tu demandes, "Est-ce un problème de contrôle?" Est-ce que c'est une question, ou est-ce la réponse à laquelle tu ajoutes un point d'interrogation à la fin, comme si cela allait te donner plus de clarté?

Dain: C'est quelque chose que font beaucoup de gens. Ils ont une réponse ou une conclusion et ils y fichent un point d'interrogation à la fin. Ils agissent comme s'ils posaient une question et se demandent pourquoi cela n'ouvre pas les portes. Une question ouvrira toujours les portes de la conscience. Une réponse te donnera toujours plus de ce que tu as décidé qu'il existait.

Gary: Une réponse te garde sur le même rail à partir duquel tu fonctionnes - celui qui n'a pas marché en premier lieu.

Dain: Une question ouvre les portes en dehors du rail sur lequel tu es.

Gary: "Ai-je besoin de plus d'information?" n'est pas une question. Si tu étais dans la confusion ou frustrée ou si tu avais l'impression que quelque chose n'était pas vraiment juste, tu aurais besoin de plus d'information. Ce n'est pas "Ai-je besoin d'information" c'est "Où puis-je avoir l'information dont j'ai besoin qui me donnera une plus grande clarté et plus d'aisance?"

Essaye de demander, "Quoi d'autre est possible là?" Voilà une véritable question. Quoi d'autre est possible ici que je n'étais pas, jusqu'à présent,

---

* Voir le glossaire pour une définition

prête à percevoir, savoir, être et recevoir? Qu'as-tu décidé devoir croire, que, si tu n'y crois pas, tu ne peux l'être?

Et si tu étais tellement grand qu'être obligé de croire en ta grandeur était ce que tu avais défini comme la nécessité d'être grandeur? As-tu cru que tu ne peux l'être que si tu peux la définir? Tout cela, fois un dieulliard, vas-tu le détruire et le décréer? Right and wrong, good and bad, POD and POC, all 9, shorts, boys and beyonds.

Dain: Tu disais qu'il fallait que tu définisses la grandeur afin de pouvoir l'être, mais apparemment ce que cette question révèle c'est que, pour que tu puisses croire en quelque chose, tu dois le définir avant d'y croire, avant que tu puisses l'avoir, et avant que tu puisses l'être.

Gary: Tout cela, fois un dieulliard, vas-tu le détruire et le décréer? Right and wrong, good and bad, POD and POC, all 9, shorts, boys and beyonds.

Dain: Et si tu n'étais pas obligé de croire ou de définir quelque chose afin de l'être?

Gary: Dain, lorsque je suis arrivé dans ton bureau pour la première fois, est-ce que tu as cru que je savais ce dont je parlais?

Dain: Euh, non.

Gary: Est-ce que tu croyais que j'étais fou?

Dain: Oui, un peu. Nous avons échangé des séances et j'ai su, lorsque tu as travaillé sur moi, que quelque chose se passait. Je pouvais sentir ma réalité changer. Mais je ne croyais pas du tout dans ma capacité de donner ou de contribuer. Ça n'avait aucune importance. La croyance n'avait rien à voir avec cela.

Gary: Alors si cela ne concernait pas la croyance? Et si cela était en rapport au fait que tu choisisses quelque chose? Lors de cette première séance, je t'ai dit, "Fais confiance à ce que tu sais et demande à mon corps ce que tu peux faire pour lui." Pas vrai?

Dain: Oui, tu as dit "Tu sauras quoi faire." C'était une partie de moi qui venait de cet ancien espace de croyances et de doute, mais il y avait aussi une partie de moi qui était séduite et excitée. Cette partie de moi me disait, "Vraiment? Je saurais quoi faire?" Je suis allé au-delà de la croyance que je n'avais aucune habileté et aucune contribution à faire à qui que ce soit.

Gary: C'est l'aspect le plus important de tout ceci. Tu dois être prêt à poser la question et aller au-delà de tes croyances limitées. La seule manière que tu puisses aller au- delà de ce que tu crois, c'est en posant une question.

Dain: Ce qui est au-delà de ce que tu crois est ce qui est réellement possible. Ce qui est au-delà de ce que tu crois est en fait ce que tu sais. C'est ce que tu peux percevoir, ce que tu peux recevoir et ce que tu peux être.

Gary: Vivre par incréments de choix de dix secondes est le début de la prise de conscience que tu as un choix infini. Malheureusement, la plupart des gens ne comprennent pas cela. Ils essayent de créer la conclusion, le jugement ou la réponse qui fera que tout marche pour eux, comme si c'était, en fait, possible. Ce que je suggère ici est de poser la question,

"Si je fais ce choix, qu'est-ce que je vais créer?" As-tu des exemples de cela dans ta vie, Dain?

Dain: Penses- tu à quelque chose en particulier, mon ami?

Gary: Il y avait une femme qui voulait venir passer la nuit avec toi et tu as pris cela en considération et tu as demandé.

Dain: Correct. J'ai demandé, "Si je choisis cela, est-ce que ce sera une contribution à ma vie et mon quotidien? Est-ce que cela va créer plus - ou moins pour moi?" Poser cette question était totalement différent que de fonctionner à partir d'une conclusion habituelle, qui est "Sexe? Oui. Femme? Oui. Sûrement."

Alors j'ai posé la question et j'ai obtenu une conscience totalement différente que ce que j'avais bien voulu avoir auparavant. C'est l'énergie que tu regardes. Lorsque tu demandes, "Si je choisis cela, est-ce que cela sera une contribution à ma vie et mon quotidien?" Tu auras un ressenti ou une sensation de comment cela va être si tu choisis cette chose.

J'ai vu que d'être avec cette femme n'allait pas créer une énergie que je voulais avoir dans ma vie. Avoir une relation sexuelle avec elle n'allait pas être une contribution à ma vie. Cela ressemblait beaucoup plus à quelque chose qui allait me drainer. J'ai dit, "Tu sais quoi? Même pour le sexe, je ne suis pas prêt à choisir cela."

C'était un changement majeur pour moi. Il semble que nous ayons tous au moins un domaine où nous semblons renier notre volonté de poser des questions, de regarder les choses et de choisir ce qui nous sera favorable. Quel que soit ce domaine pour toi, tu peux le regarder et te demander, "Si je le choisis, est-ce que cela sera une contribution?"

Sois prêt à poser cette question. Si tu demandes et que tu fonctionnes selon la perception que tu reçois, tu auras une plus grande conscience de ce que c'est que d'être la question.

Question: Lorsque je pose des questions, je ressens que je dois prendre soin des choses qui viennent à ma conscience. C'est comme si j'avais une responsabilité de régler ces choses.

Gary: C'est un point de vue présumé. Il ne s'agit pas de poser des questions. Poser des questions a égard à avoir une plus grande conscience. Lorsque tu arrives à une plus grande conscience, une possibilité différente est disponible. Tu dois être prêt à regarder quelque chose et demander,

"OK, qu'est-ce qui est actuellement possible ici que je ne perçois pas, ne sais pas, ne suis pas ou ne reçois pas?"

Tout ce qu'est Access Consciousness élargit ta conscience. Il faut que tu dépasses cette idée que tu es responsable de tout ce qui arrive et que tu dois faire quelque chose de chaque perception que tu as. Ça te rendra fou.

Etre conscient de quelque chose ne veut pas dire qu'il faille automatiquement faire quelque chose à ce propos. Ce que tu dois faire, par contre, est de poser une question, "Y a-t-il quelque chose que je doive faire, aie besoin de faire ou pourrais faire ici?"

Quatre-vingt-dix pour cent du temps tu t'apercevras qu'il n'y a rien à faire. Par exemple, je vois très facilement lorsque des gens ont choisi de mourir. Je demande alors, "Est-ce que je peux faire quelque chose par rapport à cela? Oui?

Non? Non. OK. Y a-t-il quelque chose que je puisse changer là? Oui? Non? Non. OK. Est-ce que c'est ce qu'ils veulent? Oui ou non? Oui, OK."

À ce moment là, j'arrête d'essayer de faire quelque chose. Je reconnais que j'en ai simplement conscience. Puis je demande, "Quand vont-ils mourir?" Lorsque tu poses une telle question, tu deviens conscient de l'énergie de la mort et quand cela va arriver. Tu ne peux pas le définir sur un calendrier ou sur une horloge. Tu sais simplement que la mort va arriver. Cela fait une grande différence de comprendre cela.

Dain: Si tu ne fonctionnes pas en tant que question si tu ne poses pas une vraie question, tu files dans une direction. C'est comme si tu avais des murs à ta gauche et des murs à ta droite. Tu ne peux voir au-delà des murs, tu ne peux pas voir autour d'eux, tu ne peux pas voir à travers eux, tu ne peux pas voir entre eux. Tu ne peux aller que dans une seule direction.

Lorsque tu poses une question, les portes s'ouvrent sur la gauche et sur la droite, et tu vois des possibilités que tu n'avais jamais considérées avant. La question est la chose qui ouvre à ces possibilités. La question est la clé qui permet à ces possibilités d'exister.

Nous nous baladons, agissant comme si nous n'avions pas d'autre choix ou d'autres possibilités de disponibles. Nous ne sommes pas prêts à être la question – et la façon d'y arriver est de commencer à poser des questions. Tu te promènes dans un corridor étroit appelé ta vie. Tu as des murs de chaque coté et tu ne peux voir aucune autre possibilité. Si tu poses une question, des portes s'ouvrent sur la gauche et sur la droite.

Si tu es dans la question, il n'y a aucun mur qui puisse limiter la conscience de ce que tu peux être ou avoir. Les murs cessent d'exister. Et n'est-ce pas ces murs sur lesquels tu t'es cogné toute ta vie, en te demandant "Comment est-ce que je traverse ce mur? Comment traverser ce mur? Comment traverser ce mur?"

Tu traverses le mur en étant la question, qui commence par poser une question.

Question: Quelle est la différence entre un savoir intuitif et un savoir social? Un peu comme quand on connait la réponse d'une manière intuitive et quand la connait en termes de savoir sociétal?

Gary: L'intuition est, en elle-même, un mensonge. Ce n'est pas de l'intuition que tu as: c'est de la conscience.

Tu définis l'intuition comme quelque chose qui va et vient, alors que la conscience, elle, est quelque chose qui est toujours là. L'intuition est l'idée que quelque chose vient à toi, comme par magie. Mais la conscience n'est pas quelque chose qui vient à toi comme par magie; c'est quelque chose qui fait partie de qui tu es. Aussi longtemps que tu définis la conscience comme intuition, tu la vois comme quelque chose qui ne t'est pas instantanément disponible à tout moment.

Tu dois être disposé à considérer tout ce qui arrive comme quelque chose qui est disponible à tout moment. La question est "Comment est-ce que j'élargis cette conscience?" Chaque fois que tu as une intuition, reconnais-la comme conscience. Demande, "Comment élargir cette conscience jusqu'à ce qu'elle soit là à tout moment?"

Question: Ma mère est décédée la semaine dernière et j'ai reçu un petit héritage. Maintenant ma famille en veut une partie. Je ne sais pas quoi faire. J'essaye de trouver la question pour arriver à savoir quoi faire.

Gary: La question est "Quelle sorte de gens stupides pensent qu'ils le méritent?" Ta mère te l'a légué. Leur a-t-elle légué, à eux?

Non.

Gary: Pourquoi mériteraient-ils quelque chose?

Ils n'ont pas d'argent.

Gary: Tous les gens qui n'ont pas d'argent pensent qu'ils méritent tout de quiconque a de l'argent.

Tout ce que tu as à faire est de dire, "Je suis désolée, je suis si pauvre que je vais devoir utiliser tout cet argent pour payer mes factures" ou "J'ai déjà utilisé l'argent pour payer mes factures."

Ma sœur m'a dit, "S'il y a beaucoup d'argent, tu dois le partager avec moi."

Gary: Et as-tu demandé, "Pourquoi?"

Oui, et alors je me suis sentie très culpabilisée.

Gary: Cette culpabilité ne t'appartient pas. Elle est projetée vers toi, ma chérie. Combien de personnes dans ta famille essaient de te culpabiliser parce que tu l'as reçu?

Tous.

Gary: L'as-tu reçu parce que tu étais un enfant méchant ou bien parce que tu étais un enfant gentil? Ne l'ont-ils pas reçu parce qu'ils étaient des enfants méchants ou des enfants gentils?

Je ne sais pas.

Gary: Oui tu le sais. Ils ne l'ont pas reçu, parce qu'ils ont essayé de le prendre à ta mère avant qu'il ne soit temps.

En effet.

Gary: Ils ont essayé de l'avoir durant toute leur vie.

"Tu devrais mourir pour que je puisse avoir ton argent" n'est pas une chose vraiment gentille à projeter sur une pauvre vieille dame. Toi, de l'autre côté, tu l'aimais indépendamment du fait que tu reçoives ou non l'argent.

Correct.

Gary: Etais-tu quelqu'un qui était vraiment attentionnée?

Oui, je le pense.

Gary: Tu ne le penses pas, tu le sais. Arrête tout ça.

Tant que tu es dans le fait de penser, tu n'es pas dans la question. Va à la question, "Est-ce que j'étais attentionnée?" T'inquiétais-tu vraiment de son argent? Vérité?

Non. Oui, non.

Gary: Non, tu ne te focalisais pas juste sur son argent. Tu l'aimais pour qui elle était. Tous les autres l'aimaient pour son argent. On pourrait penser qu'elle a été suffisamment consciente pour le savoir et se dire, "Qu'ils aillent se faire foutre, je ne vais rien leur laisser."

Oui.

Gary: Ou, a-t-elle juste voulu tout te léguer pour, ainsi, te torturer à mort?

Dain: Ou peut-être encore a-t-elle voulu tout te léguer pour vous infliger la torture à tous, à toi et à eux aussi.

(En train de rigoler) J'ai pensé à cette possibilité aussi.

Gary: Tout ce que tu n'es pas prête à percevoir, savoir, être et recevoir à propos de tout cela, vas-tu le détruire et le décréer, fois un dieulliard? Right and wrong, good and bad, POD and POC, all 9, shorts, boys and beyonds.

Dain: Lorsque j'ai dit, "Elle t'a tout laissé pour qu'elle puisse te torturer toi et eux aussi, tu as ri. C'est ce que tu ressens lorsque tu arrives à la conscience qui provient du fait d'être dans la question ou du fait de poser la question. C'est la conscience de ce qui est vrai. Cela te rend plus léger et souvent te fait rire.

Gary: Si tu te sens plus léger ou que cela te fait rire, c'est vrai. Si tu te sens lourd et mal, ce n'est pas vrai.

Je pense que c'est extra qu'elle t'ait laissé les rênes pour torturer le reste de ta famille. Maintenant tu peux les torturer si tu le veux. Ou tu peux mentir et prétendre que tu avais tellement de dettes que tu as dû tout utiliser pour payer tes factures. Tu peux dire que tu comprends parfaitement à quel point ils sont aussi terriblement endettés et ne pouvant pas payer leurs factures - mais tu es désolée, tout est parti.

Et pourquoi ne mentirais-tu pas à des gens si abjects?

Alors, pour toutes ces personnes abjectes dans ta vie auxquelles tu n'es pas prête à mentir et cela, sans le remettre en question, cela va-t-il véritablement créer ou générer quelque chose dans leur monde?

Et si tu leur donnais de l'argent, cela générerait-il ou créerait-il vraiment quelque chose de plus grand dans leur monde? Ou cela serait-il simplement la solution qu'ils ont

attendu leur vie entière? Cela accomplirait-il réellement quelque chose? Vérité?

Non.

Gary: Okay, alors, qu'ils aillent se faire foutre.

Tout cela, fois un dieulliard, vas-tu le détruire et le décréer? Right and wrong, good and bad, POD and POC, all 9, shorts, boys and beyonds.

Question: J'ai été tellement longtemps dans le malheur qu'il n'y avait aucune question dans mon univers quant au fait d'avoir une autre possibilité. Puis j'ai commencé à faire les processus dans la Classe Corporelle Avancée et je me suis réveillé un matin dans un état incroyable de bonheur. C'était "C'est quoi ça?" Je m'étais tellement habitué à tout ce malheur ou souffrance ou punition que je pensais, "Eh bien, c'est simplement ainsi que sont les choses." Je ne connaissais rien d'autre.

Gary: Où est la question dans "C'est ainsi que sont les choses?"

Exactement, il n'y avait pas de question dans mon monde à ce propos. Jusque-là, je n'étais pas conscient qu'il y avait une question que je pouvais poser, comme "Comment puis-je être plus heureuse?"

Gary: Comme tu l'as dit, il s'agit de poser la question. Tu pouvais demander, "Suis-je heureuse?" Mais ce n'est pas une question. C'est un point de vue juste ou faux. Cela devrait être une possibilité ouverte.

Une question ouverte serait "Que faudrait-il pour que je sois heureux?"

Tout ce que tu as fait pour être dans le 'vrai ou faux' par rapport à ton bonheur, vas-tu, fois un dieulliard, le détruire et le décréer? Right and wrong, good and bad, POD and POC, all 9, shorts, boys and beyonds.

Question: J'ai un dilemme quant à savoir si je dois poser une question ou uniquement laisser être tel quel ce qui est. J'ai parlé avec quelqu'un à plusieurs reprises, qui m'a dit, "J'aimerais venir à ta classe d'Access Consciousness bars." Un ami m'a appelé aujourd'hui et a dit, "Je lui ai parlé aujourd'hui, et il a dit qu'il n'irait pas dans ta classe parce que tu es trop exubérante." J'ai pensé, "Devrais-je poser une question à ce propos?" Puis j'ai reçu, "Non, laisse courir."

Gary: Etait-il dans la question, la conclusion ou la réponse?

Il était dans la conclusion. Mais est-ce que je dois faire quelque chose?

Gary: Non, désolé, Qui est perdant s'il ne vient pas à ta classe? Toi ou lui?

Tous les deux. Je perds un client.

Gary: Non, non, non. Tu présumes que l'argent qu'il te paierait pour cette classe arrangerait les choses pour toi. Ne considère pas que son choix de ne pas vivre- ce qu'il est en train de choisir en n'y allant pas- quelque part veut dire que tu perds. Tu dois voir que certaines personnes sont prêtes à choisir uniquement ce qui leur permet de perdre. Je le vois arriver tout le temps.

Tout cela, fois un dieulliard, vas-tu le détruire et le décréer? Right and wrong, good and bad, POD and POC, all 9, shorts, boys and beyonds.

Quelle question peux-tu être -que tu refuses d'être- que si tu l'étais, changerait toutes les réalités? Tout cela, fois un dieulliard, vas-tu le détruire et le décréer? Right and wrong, good and bad, POD and POC, all 9, shorts, boys and beyonds.

Dain: Combien d'anti-conscience cela te demande-t-il pour sortir 'd'être la question' que tu es naturellement, et t'amener à ce sentiment de ne pas être naturel où tu es en ce moment?

Gary: Cela faisait partie de ce qui t'a été dérobé lorsque tu étais enfant et qu'ils te disaient, "Tais-toi et ne pose pas cette question." On t'a appris à ne pas questionner. Ta capacité innée est de questionner.

Dain: Ma mère me mettait des Sparadrap sur la bouche lorsque j'étais enfant parce que je posais des questions tout le temps. Penses-tu que cela a marché? Bien sûr que non! Je trouvais un moyen de parler avec les Sparadrap sur ma bouche. Il fallait simplement les séparer un tout petit peu pour avoir suffisamment d'air pour pouvoir parler.

Gary: C'est très drôle.

Tout cela, fois un dieulliard, vas-tu le détruire et le décréer? Right and wrong, good and bad, POD and POC, all 9, shorts, boys and beyonds.

Dain: Alors voici la donne: si les Sparadraps n'ont pas tué la question en moi, et si je peux, toujours et encore, être aussi perturbant dans la question, alors tu le peux aussi.

Gary: La chose qui a rendu Dain différent de tous les autres qui sont venus à Access Consciousness est qu'il posait une question concernant quelque chose, on trouvait un processus, on déblayait des problèmes majeurs de sa vie – et trente secondes plus tard, il disait, "Eh bien, maintenant qu'on s'est occupé de ça, qu'en est-il de ceci?"

Je disais, "Ne pourrais-tu donc pas apprécier la paix et la possibilité de cette chose que tu as créée ne fut-ce qu'un moment?

Il disait, "Non, il y a d'autres trucs à déblayer." Cette volonté de toujours rechercher plus est 'vivre en tant que question'. Quand tu arrêtes de chercher plus, tu meurs. Si tu ne me crois pas, regarde les gens qui sont vraiment vieux et sont toujours actifs et font des choses. Ils ont un esprit actif; ils recherchent toujours plus. " Plus " est l'état de fonctionnement de base de quelqu'un qui est prêt à 'être la question'.

Question: Pendant toute mon enfance, on m'a dit de ne pas être plus, de ne pas en demander plus, de ne pas en attendre plus, alors, en gros, on me disait de devenir un zombie?

Gary: On te disait de ne pas être.

Dain: Plus, plus, plus. Être plus, recevoir plus et demander plus, est en fait l'état d'être. Toi en tant qu'être, tu désires toujours plus, tu crées toujours plus et génères toujours plus.

Gary: Si tu es vraiment prêt à être, y a-t-il jamais un endroit où tu n'es pas dans la question de comment avoir plus de perception, savoir, être ou recevoir?

C'est un nouveau concept pour moi. Ma vieille manière d'être vient d'être complètement chamboulée. C'est étonnant.

Gary: C'est ce que nous essayons de faire ici. Les Dix Clés, en elles-mêmes, vont créer pour toi une raison de regarder ce qui est possible d'autre dans ta vie, d'avoir plus et d'être dans la question.

Dain: J'ai remarqué que, parfois, lorsque nous parlons des Dix Clés, si les gens n'arrivent pas à comprendre quelque chose, ils vont porter un jugement sur eux-mêmes. C'est comme s'ils pensaient qu'on leur disait, "Tu es stupide. Tu n'es pas conscient."

Ce sont tous ces trucs qui viennent du point de vue de cette réalité. C'est le bagage dont on a hérité. On gobe tous ces trucs et on continue ainsi à créer notre imposture.

Gary: Tu dois poser la question, "Qu'est-ce qui est juste me concernant que je ne comprends pas?"

On t'a dit que tu avais tort de poser des questions, on t'a dit que c'était mal de demander plus, et on t'a dit que c'était mal d'avoir le sentiment qu'il doit bien y avoir quelque chose de meilleur et que c'était mal de désirer avoir une vie plus grande que celle qu'ont la plupart des gens.

A un moment de ma vie, j'avais ce que ma mère pensait être le parfait pavillon de 130 mètres carrés. C'était dans un mauvais quartier de la ville, mais je possédais cette maison de 130 mètres carrés. Le point de vue de ma mère était

"Que voudrait-on de plus?"

J'ai vendu cette maison et j'ai emménagé dans une ruine délabrée dans le meilleur quartier de la ville. La bonne chose du fait de vivre dans cette section de la ville est que tu as la "bonne" adresse à communiquer aux gens qui pensent qu'ils sont mieux que toi.

Le point de vue de ma mère était "Tu as un pavillon absolument superbe ici. Pourquoi déménages-tu?"

Mon point de vue était "parce que ce n'est pas suffisant. Je veux plus dans ma vie."

Son point de vue était "Tu devrais être satisfait de ce que tu as."

Je n'aurais jamais pu avoir ce point de vue parce que je vivais, toute ma vie, à chaque instant, en tant que question.

Et, en fin de compte, j'ai vendu la ruine pour plus d'argent que je ne l'avais payée et en ai donc aussi tiré profit.

Question: Quelles sont quelques questions et déblayages qui pourraient aider ceux d'entre nous qui ont le désir de faire des choses qu'ils semblent ne pas pouvoir se payer.

Gary: Lorsque les gens ne peuvent pas se payer quelque chose, c'est une solution qu'ils ont créée pour n'être jamais plus.

Quelle solution as-tu créée pour n'être jamais plus afin de t'assurer de ne jamais être le plus que tu pourrais vraiment être? Tout cela, fois un dieulliard, vas-tu le détruire et le décréer? Right and wrong, good and bad, POD and POC, all 9, shorts, boys and beyonds.

Ça c'est le processus pour les gens qui disent qu'ils n'ont pas les moyens de s'offrir plus.

Question: Comme je deviens plus sensible, je perçois les sentiments, émotions et pensées des gens autour de moi. Je ne veux pas nécessairement tout percevoir. Que puis-je faire à ce propos?

Gary: Pourquoi pas?

Parce que je ressens de la douleur dans mon corps. Je parlais au téléphone ce matin avec une amie qui était malade, et je pouvais percevoir tout ce qui se passait dans son corps.

Dain: Attends! Lorsque tu dis que tu ne veux pas tout percevoir, tu te retires, toi-même, la capacité d'avoir et d'être tout ce que tu as demandé. Tu as mal identifié et mal qualifié le fait que ta perception crée le problème.

Le problème vient des points de vue figés que tu as et de ce que tu fais de ta perception. Gary peut tout percevoir et ne pas en être affecté. J'arrive à un espace où je peux tout percevoir et ne pas en être affecté. C'est une manière différente d'être qui n'a pas été possible jusqu'ici. Tu dois aller dans la question.

Gary: Le mari d'une amie est en train de plonger dans la démence. Il est en colère au-delà de ce qu'on peut imaginer et il possède de nombreux revolvers. Ma perception a été que si elle ne changeait pas quelque chose de majeur dans sa vie, rapidement, il allait lui tirer dessus.

Est-ce cela que j'aimerais voir se passer? Non. Puis-je l'empêcher? Non. Elle seule le pourrait. Peux-tu le lui dire? Non. Qu'est-ce que j'en fais? En être conscient. C'est la somme totale de ce que tu peux faire avec toutes les informations dont tu disposes.

Tu penses que, parce que tu as cette conscience, tu dois vivre la douleur, changer la douleur et faire quelque chose pour les gens qui ont cette douleur. Qui t'a nommé Dieu?

Avoir une conscience totale ne t'institue pas Dieu. Cela fait de toi une personne ayant les capacités divines - pas la responsabilité de Dieu.

Tout ce à quoi tu t'efforces pour te rendre responsable en tant que dieu de la conscience, vas-tu le détruire et le décréer? Right and wrong, good and bad, POD and POC, all 9, shorts, boys and beyonds.

Question: Chaque fois que tu dis créer, je réalise que je ne sais pas ce qui est créé. Ou ce à quoi ça ressemble. Je sais ce que veut dire générer, mais je ne sais pas ce que veut dire créer.

Gary: *Créer* est le lieu où tu prends l'énergie générative dont tu es conscient et tu la transformes en quelque chose. Tu veux être conscient de l'énergie et prêt à prendre les mesures nécessaires pour mener à bien ce que tu désires. Tu pourrais dire, "Ceci est une énergie générative. Ce que je désire devrait simplement voir le jour." Ouais, cela devrait, mais ça n'arrivera pas. Tu dois faire quelque chose pour le créer. Tu dois l'amener à voir le jour.

C'est une bonne chose de comprendre l'énergie générative, mais si tu n'es pas prêt à prendre cette énergie générative et à créer quelque chose – à l'amener à la réalité - l'énergie générative, en elle-même, ne va pas créer quoi que ce soit dans ta vie. Quelle énergie créative dans ta vie aimerais-tu avoir? Tu dois demander, "Comment est-ce que je l'utilise? Comment puis-je en tirer parti? Comment faire pour que cela marche pour moi?"

J'entends tes mots et je les comprends, mais je ne saisis toujours pas. Je ne le comprends tout simplement pas. Je pourrais demander, "Que faudrait-il pour que je comprenne ce que créer est?" Ou…

Gary: Demande, "Qu'est-ce que je refuse d'être que je pourrais réellement être - que si je l'étais, cela changerait toutes les réalités?"

Tu refuses d'être quelque chose pour que tu n'aies pas à créer une réalité différente. La plupart d'entre nous sont, quelque part, persuadés qu'il nous faudrait simplement ressentir l'énergie de quelque chose, pour que cela nous tombe du ciel. Nous savons que cela devrait être une réalité. Mais ce n'est pas comme cela que ça marche.

Comment vous amener à ce point où vous pourrez réaliser qu'il vous faut prendre l'énergie générative et la faire fructifier en quelque chose qui se révèle concrètement dans cette réalité? C'est la création - quelque chose qui se révèle dans cette réalité à partir de l'énergie que tu es capable d'utiliser, contrôler, changer et instituer.

Je le comprends dans le contexte de créer des classes. Je sais comment le faire.

Gary: C'est comparable, mais ta vie entière devrait être comme ça, pas uniquement une classe.

Question: Comment pouvons-nous être la question - et jusqu'à ce que nous arrivions à ce point - quelles questions pouvons-nous poser?

Gary: Cela va probablement s'appliquer à ta question à propos de la création:

De quelles énergies suis-je conscient, que je pourrais utiliser pour créer quelque chose de valeur pour moi?

Une fois que tu ressens et tu deviens conscient de ce qui a une valeur pour toi, alors tu commences à instituer. Tu demandes, "Qu'aurais-je besoin d'instituer aujourd'hui afin de créer cela tout de suite?"

Voici un exemple: Je parlais à quelqu'un, l'autre jour, qui était intéressé pour créer une classe. J'ai dit, "Tu veux créer une classe. Quel est le but de ta classe?"

Elle a dit, "Susciter l'intérêt des gens par rapport à ceci, ceci et ceci. "

J'ai demandé, "De quelle plate-forme est-ce que tu construis? "

Elle a demandé, "Qu'est-ce que tu veux dire?" J'ai dit, "Tu dois avoir une plate-forme à partir de laquelle tu crées quelque chose."

J'ai expliqué que, lorsqu'ils ont construit des bâtiments dans la ville de Venise, ils ont enfoncés des pylônes dans la boue et ensuite ils ont construit une plate-forme sur ces pylônes. Ensuite ils ont construit une maison avec deux murs intérieurs pour soutenir la structure principale et deux autres murs qui allaient dans une direction différente. Ils ont posé les murs extérieurs de la maison contre la structure des murs intérieurs. Les maisons n'avaient pas de fondation. Ils avaient une plate-forme à partir de laquelle ils ont tout construit. La plate-forme pouvait soutenir absolument tout. La plate-forme resterait en place même si la structure tombait.

La plate-forme en est la partie création. Tu en as la génération, qui est l'énergie de ce que tu voudrais créer, tu as la plate-forme et alors tu peux instituer les parties qui vont fonctionner et ce qui a besoin d'arriver ensuite, en se basant sur la plate-forme. La plate-forme est la création.

Une fois que tu as la génération, la création est la plate- forme à partir de laquelle tu institues ce que tu essayes de créer. Est-ce que cela t'aide?

Oui, merci.

Gary: Je t'en prie. A propos, très bonnes questions!

Considère la possibilité de poser quelques vraies questions au lieu de "Quand est-ce que ma BMW va arriver?" Ou "Quand est-ce que mon partenaire va arriver?" Ce ne sont pas des questions. Ce sont des décisions auxquelles est attaché un point d'interrogation.

Tu dois regarder "Qu'est-ce que je peux générer qui va créer la plate-forme à partir de laquelle je peux instituer absolument tout ce que j'aimerais créer dans ma vie?" Je vous en prie, utilisez des questions ouvertes.

Dain: Ou tu pourrais peut-être le regarder comme ça:

"Si je ne me sentais plus en tort à propos de quoi que ce soit, quelles questions est-ce que je pourrais poser? Quel choix aurais-je que je n'avais pas avant?"

Gary: Ok les amis, j'espère que cela explique certaines choses pour vous. Sachez qu'à chaque fois que vous posez une question, vous créez un choix différent. Lorsque vous créez un choix différent, vous créez une con-science différente. Dr. Dain a dit: "Le choix crée la conscience, la conscience ne crée pas le choix." Vivez-le.

Dain: Voilà, voilà !

Gary: Voilà, voilà ! Nous vous aimons beaucoup et nous avons hâte de vous parler de la cinquième clé. Prenez soin de vous.

Dain: Salut à tous.

~~~

Aucune Forme, Aucune Structure, Aucune Signification

Gary: Bonsoir tout le monde. Ce soir nous allons parler de la cinquième clé. Cette clé est: Aucune forme, aucune structure, aucune signification.

La *Forme* est la configuration ou le profil de quelque chose. C'est aussi la manière que l'on a de faire quelque chose ou la manière d'agir.

La *Structure* est une manière d'organiser, de bâtir ou d'édifier quelque chose qui garantit que tout fonctionne d'une manière spécifique. C'est une chose dont tout le monde reconnaît l'existence sous une certaine forme et que tu n'as pas le droit de changer.

La *Signification* est la portée ou la signification. Nous rendons quelque chose significatif lorsque nous y attachons un sens, une importance ou lorsqu'on rend cela fondamental.

Suppose que tu as une nouvelle relation et que tu dis, "J'ai maintenant une relation avec quelqu'un qui est l'amour de ma vie. Notre relation va être parfaite."

La *Relation* est une forme.

Une *parfaite relation* est une Structure que tu essaies

de rendre réelle et rigide et vraie, qui n'est peut-être pas toutes ces choses.

L'amour de ma vie est une signification. Sérieusement.

Tout cela, ce ne sont que des points de vue intéressants. Il n'y a aucune nécessité d'avoir une forme (une relation), aucune nécessité de créer une structure (la parfaite relation), et aucune nécessité d'avoir une signification (cette personne est l'amour de ta vie).

À quoi ressembleraient, dans cet exemple, aucune forme, aucune structure et aucune signification? Ce serait "Cette relation est géniale aujourd'hui."

Si tu veux entrer dans une relation, tu le fais du point de vue de "Que puis-je créer aujourd'hui? Qu'est-ce que je désire aujourd'hui? Qu'est-ce que je peux apprécier aujourd'hui? Et si on l'enrichissait?"

La plupart d'entre nous ne sommes pas prêts à avoir une relation non fondée sur la forme, la structure ou la signification, tel que nous l'avons toujours vu, entendu et qu'on nous a dit être supposés avoir.

Lorsque tu commences à créer une relation à partir d'aucune forme, aucune structure et aucune signification, tu renonces à être Cendrillon, le prince sur le cheval blanc ou le nain qui ne peut embrasser que la viande morte.

Lorsque tu crées une relation à partir d'aucune forme, aucune structure et aucune signification, tu peux renoncer à la relation - ou tu peux aussi la créer, la désirer, l'apprécier et la rechercher. Vois-tu la liberté que cela te donne? Vois le contraste par rapport à la version relation avec forme, structure et signification: "Je dois avoir une parfaite relation avec la personne qui est l'amour de ma vie."

Dain: Quand tu n'as aucune forme, aucune structure et aucune signification, il n'y a aucun jugement qui s'y rattache. Tout jugement que tu utilises crée une forme, une structure et une signification. Il érige des murs autour de toi. Tu tentes de te cogner la tête contre les murs ou de les contourner - mais tu ne peux pas.

Avec aucune forme, aucune structure et aucune signification, il n'y a pas de jugement. C'est l'incarnation de 'point de vue intéressant'.

Gary: Vois-tu comment cela marche?

Question: Je comprends ce qu'est ne pas rendre quelque chose significatif, mais je ne saisis pas très bien ce que sont forme et structure. Par exemple, je pensais qu'il y avait forme et structure dans la classe de bars parce qu'il y a les choses que tu dois faire afin de que la classe se déroule de la "façon correcte". Tu as dit que cela n'était pas forme ou structure, et je ne le comprends pas. Pourrais-tu en dire un peu plus, s'il te plaît?

Gary: Ce dont tu parles dans la classe de Bars est un système qui fait que quelque chose fonctionne.

Il y a une différence entre un système et une structure. Un système est quelque chose que tu peux changer et modifier lorsque ça ne fonctionne pas. Une structure est une chose établie, en place, fixe. Tu as une structure lorsque tu essaies de tout faire fonctionner autour d'elle, comme si tu n'avais pas d'autre choix.

Souvent les professeurs diront, "Tu dois apprendre de cette façon. Tu dois le faire de cette façon." Cela devient un format rigide dans lequel aucun changement ne peut se faire et aucune conscience ne peut se développer. Ils ont transformé le *système* en une *structure*.

Une signification serait, "C'est la seule façon qui existe. C'est de cette façon que ce doit être et c'est de cette façon que tu dois le faire. C'est seulement ainsi que cela peut fonctionner. C'est la meilleure façon. C'est la bonne façon."

Chaque fois que tu dis, "C'est la seule façon," "C'est la bonne façon" ou "C'est la réponse", tu as créé une signification, qui crée la structure qui maintient en place ce que tu ne peux pas changer - c'est la forme qui est la source de toute limitation.

Dain: C'est brillant.

Gary: Il y a des moments comme cela… Chez moi, ils sont rares et espacés - mais j'en ai.

Disons que tu vas nettoyer les toilettes.

La forme de nettoyer les toilettes est: je dois prendre la brosse, je dois aller chercher le produit WC, je dois frotter diligemment et je dois utiliser une sorte de produit chimique, sinon ça ne sera pas propre. La structure de nettoyer les toilettes est: Frotte, frotte, frotte jusqu'à ce que tout soit "propre". La signification de toilettes propres est: Personne ne va me juger d'avoir des toilettes sales.

S'il n'y avait aucune forme, aucune structure et aucune signification, tu pourrais nettoyer les toilettes de n'importe quelle manière - car aucune forme, aucune structure et aucune signification ne créent un choix total.

Question: D'abord une petite observation, avec reconnaissance. Depuis des semaines, je suis dans un état de paix indescriptible, depuis la classe de San Francisco. J'ai une sensation de liberté et j'ai des moments où je veux simplement crier, "Hello! Je suis libre. Je suis si légère et heureuse. Merci, merci, merci."

Peux-tu donner des explications sur la forme physique que nous avons? Est-ce réel - ou est-ce une illusion créée par la conscience? Comment crée-t-on des formes? À quoi ressemble une forme de vie lorsqu'on regarde en dehors de la boite dans laquelle on a imaginé à quoi cela devrait ressembler?

Gary: Tu crées ta forme physique à partir de la forme, structure et signification de cette réalité. Tu la crées et puis alors tu dis des choses comme, "J'ai 14 ans maintenant, alors je suis trop vieux pour courir et m'amuser comme un gamin. Je dois tout faire tranquillement et à la perfection et être le cygne qui plane sur l'eau de cette vie." Voici la forme.

Lorsque tu fais structure, tu regardes ton corps et tu dis, "Je ne suis pas athlétique parce que je ne peux pas faire ceci."

La Signification serait "Maintenant je suis vieux, ce qui veut dire que je dois devenir gros comme tous mes amis." Ça c'est la forme, structure et signification de ce corps.

Dain: J'adore la question à propos de la manière dont la forme se crée - car tu as le choix de la façon de le créer. Tu peux choisir de créer à partir de la forme, structure et signification de tout, dans cette réalité - ou tu peux choisir de créer à partir d'un espace différent. Lorsque tu la crées à partir d'un espace différent, les choses ne sont pas fixées sur place. Tout est malléable.

Gary: C'est là où la vie se rapporte au système de création plutôt qu'à la structure de création - parce que le système est modulable. Si tu regardais ton corps et disais, "Je suis vraiment gros. Quelle structure dois-je utiliser pour changer ceci?" Ou "Quelle forme dois-je prendre pour changer ceci?" Il te faudra suivre un régime, faire de l'exercice etc.

Un système serait, "OK Corps, qu'est-ce qui - si nous l'appliquions - changerait tout cela?" Et c'est alors que ton corps commence à te dire, "Fais ceci, ceci et cela." Subitement, tu arrêtes de faire les choses selon la forme, structure et signification comme on te l'avait appris et tu commences à créer un système qui marche pour ton corps.

Dain: Lorsque tu crées quelque chose à partir d'aucune forme, d'aucune structure, et d'aucune signification, tu peux le changer en incréments de dix secondes. Tu ne peux pas le faire lorsque tu crées à partir de forme, structure et signification. En d'autres termes, tu as rendu ta forme telle qu'elle est avec la signification que tu lui donnes, ce qui ne te laisse aucune marge de manœuvre pour changer quoi que ce soit.

Gary, c'est intéressant que tu aies mentionné l'âge de quatorze ans. C'est exactement le moment où forme, structure et signification commencent à devenir une réalité pour nous.

Gary: Avant quatorze ans, les enfants s'attendent à ce que chaque jour soit différent. Ils n'ont aucune idée que quelque chose est supposé être d'une certaine façon ou qu'ils doivent agir d'une certaine façon ou regarder d'une certaine façon. Mais à environ quatorze ans, au moment de la puberté, ils pensent tout à coup, "Je dois commencer à me comporter comme un adulte. Je dois commencer à agir comme." Au lieu de "Qu'est-ce que j'aimerais choisir aujourd'hui? Qu'est-ce qui serait amusant pour mon corps et moi?" L'amusement se retire de la vie et du quotidien et la besogne pénible de la vie d'adulte arrive.

Lorsque tu fais selon la forme, la structure et la signification de quelque chose, tu commences à verrouiller les parties de ton corps et il ne fonctionne plus aussi bien.

Il a été très intéressant de voir Dain changer et transformer son corps sous mes propres yeux, de façons que je ne pensais pas humainement possible. Il fait cela lorsqu'il fonctionne d'aucune forme, aucune structure et aucune signification. Puis, lorsqu'il rentre dans la forme, la structure et la signification, il rétrécit son corps. Il est devenu plus petit que moi en un clin d'œil uniquement parce qu'il avait forme, structure et signification à propos de quelque chose.

Dain: Normalement Gary et moi sommes à la même hauteur d'yeux, mais il nous arrive parfois de ne plus avoir les yeux à la même hauteur. Je commençais, tout à coup, à regarder sa bouche. C'était "Diable, que vient-il de se passer, ici?" Et puis je revenais à ma taille habituelle, ou quelque fois, je devenais plus grand que Gary. Ce n'était jamais cognitif. Ce n'était jamais "Je vais maintenant rétrécir mon corps et me sentir comme un tas de merde." Cela arrivait toujours lorsque je choisissais forme, structure et signification.

En lisant ceci, tu vas peut-être penser, "Oh! Je ne capte pas. Je ne comprends pas ça!" Aucun problème. Au fur et à mesure que nous en parlerons, ta conscience va changer. Tu diras, "Attends une minute. Il y a quelque chose qui peut être différent dans ma vie. Il y a une façon différente de créer."

Cela ne deviendra peut-être pas tout à fait une partie de ta réalité en ce moment, mais chaque clé ouvre une porte pour que les choses soient différentes pour toi.

Gary: Je parlais avec ma fille ce matin. Elle disait que, lorsqu'elle m'a vu à la Classe Corporelle Avancée, j'étais raide et elle avait remarqué que je ne pouvais pas me pencher vers l'avant.

J'ai regardé cela et dis, "Waouh, j'ai rendu mon âge significatif. J'ai créé la structure de mon corps pour cadrer avec mon âge. J'ai fait que la forme de mon corps apparaisse être la forme de l'âge de mon corps. Assez de ça! Aucune forme, aucune structure et aucune signification sur cela aujourd'hui."

Je suis allé prendre une douche, et lorsque je me suis penché à l'avant, je ne pouvais qu'atteindre la hauteur de mes genoux. J'ai dit:

Toute forme, structure et signification que j'ai utilisées pour créer cela, right and wrong, good and bad, POD and POC, all 9, shorts, boys and beyonds.

J'ai continué à le faire, et en dix minutes, je pouvais me courber jusqu'à ce que mes mains arrivent à un pouce du sol. Je n'avais pas réussi à être si près du sol depuis un bon moment car j'étais dans forme, structure et signification à propos de l'âge que j'avais et de la forme dans laquelle j'étais et de si je faisais suffisamment d'exercices. J'ai dit, "Tu sais quoi? C'est complètement fou!"

Beaucoup de gens que je connais créent leur corps comme cela. Ils disent, "Je viens de prendre encore dix kilos. C'est parce que je ne fais pas d'exercice." C'est la forme, structure et signification de comment nous créons notre corps tel qu'il est.

Dain: Nous adoptons un point de vue et ensuite nous utilisons ce point de vue pour créer une réalité solide, que ce soit notre corps ou n'importe quoi d'autre. J'ai commencé un programme sportif super intensif appelé Insanité, supposé te donner un corps de rêve, musclé et au top de la forme, selon tes désirs en soixante jours. Je l'avais fait durant trois jours lorsque Gary m'a regardé et a dit, "Crois-tu vraiment que tu aies besoin de faire ce programme durant soixante jours?"

J'ai demandé, "De quoi parles-tu?"

Il m'a demandé, "As-tu regardé ton corps dans un miroir dernièrement?"

J'ai demandé, "Qu'est-ce que tu veux dire?"

Il a dit, "Il semble que tu as déjà obtenu le résultat en trois jours que tu étais censé avoir en soixante jours." J'ai dit "Oh". Je n'avais pas remarqué que j'étais déjà arrivé au résultat que j'étais censé avoir. J'étais en train de vouloir mettre en place leur forme, structure et signification: "Tu dois faire cela pendant soixante jours."

Nous avons l'habitude de fonctionner par rapport à la forme, la structure et la signification de cette réalité en ce qui concerne le temps, nos corps, les résultats que nous pouvons créer et ce que les autres personnes nous disent devoir faire ou être. Et si on ne les avait pas? Si on n'avait aucune forme, aucune structure, aucune signification et aucun point de vue sur ce qui pourrait ou ne pourrait pas être créé, imagine ce que nous pourrions créer avec notre corps !

Gary: Retournons à la deuxième partie de cette dernière question: *À quoi ressemble une forme de vie en dehors de la boîte – de " ce à quoi elle devrait ressembler " - dans laquelle on l'a confinée ?*

Tout d'abord, ce à quoi, selon toi, une forme de vie doit ressembler, est une forme, structure et signification que tu crées. Lorsque tu commences à créer en dehors de la boîte, tout d'un coup, tout commence à fondre et se dissiper -et les choses changent.

Récemment je prévoyais d'aller à Auckland, Nouvelle- Zélande et j'ai décidé d'embaucher un chauffeur pour m'emmener à l'aéroport.

Le chauffeur m'a demandé, "À quelle heure devez- vous partir?"

J'ai dit, "Je ne sais pas. Que pensez-vous? J'aimerais être à l'aéroport de L.A. entre 9:00 et 9:30."

Il dit, "Nous devrions probablement partir à sept heures."

J'ai dit, "OK partons à sept heures." Il est arrivé chez moi à sept heures moins cinq, nous avons embarqué les affaires et sommes partis en cinq minutes. C'est ce genre de choses qui arrive lorsque tu ne fais aucune forme, aucune structure et aucune signification.

Je suis arrivé à l'aéroport en moins de deux heures, ce qui n'arrive jamais, malgré le fait que c'était une heure de pointe et qu'il y avait beaucoup de circulation. Comment est- ce arrivé? Et oui, aucune forme, aucune structure et aucune signification.

Ainsi, j'étais très en avance. Je suis allé au comptoir Qantas pour l'enregistrement, et ils me dirent, "Nous avons annulé ce vol."

J'ai dit, "Quoi !"

Puis ils m'ont dit, "Mais nous avons un autre vol qui part dans une demi-heure. Si vous arrivez à passer la sécurité, nous vous donnerons une place."

J'ai dit, "Quoi!"

Ils m'ont dit, "Ce vol va à Sydney, Australie, alors de là, il vous faudra prendre un autre vol pour continuer jusqu'à Auckland."

J'ai dit, "OK."

Ils ont changé ma réservation et tout était en place en un clin d'œil. J'étais dans l'avion quelques minutes avant le décollage. Si je n'avais pas été aussi tôt à l'aéroport, je serais

toujours en train d'attendre autour de Los Angeles, car un volcan au Chili est entré en éruption et les vols étaient en train d'être annulés.

Voilà à quoi ressemble une forme de vie lorsque tu fonctionnes sans forme, ni structure, ni signification.

Dain: Les gens continuent à demander des choses comme, "Comment de telles choses peuvent-elles se produire?"

Lorsqu'elle Gary a parlé avec le chauffeur à propos de l'heure à laquelle il fallait partir, et que le chauffeur a suggéré sept heures, cela paraissait léger. Cela correspondait à la légèreté qu'était Gary. Il ne s'est pas mis à penser à quelle heure serait le mieux. En d'autres termes, il n'a pas accordé forme, structure et signification, qui auraient été: "Oh, cela prend exactement une heure et demie s'il n'y pas de circulation, et plus de deux heures en période de pointe.

Ainsi, on devrait partir à telle-et-telle heure." Au lieu de ça Gary a suivi l'énergie.

Suivre l'énergie a permis que ce résultat arrive. Si Gary avait fait forme, structure et signification, la structure aurait été "Cela prend tant de temps pour arriver à l'aéroport." S'il avait fait cela, il aurait manqué son avion, parce qu'il ne serait pas arrivé suffisamment tôt pour prendre le vol qu'on lui proposait. Il n'a pas placé de signification dans l'idée de "combien de temps c'était supposé prendre pour arriver à l'aéroport " ; il n'a fait que permettre à l'information d'être là.

Gary: Et aussi, je n'avais placé aucune signification lorsque je suis arrivé à l'aéroport trois heures et demie plus tôt. J'ai pensé, "Je vais simplement à l'enregistrement; et non pas, oh non, je suis tellement en avance et mon avion ne part pas avant des heures!"

Si j'étais arrivé cinq minutes plus tard, il n'y aurait pas eu suffisamment de temps pour que je puisse monter à bord de ce vol. J'aurais manqué l'avion.

Dain: Et ce n'est pas cognitif - jamais. C'est l'interaction de l'énergie entre toi et ta vie et les choix qui se présentent.

Alors, lorsque le chauffeur de Gary a dit, "Sept heures", et que Gary a dit, "Très bien" et que le chauffeur est arrivé à sept heures moins cinq - rien de tout cela n'était cognitif. Si l'énergie ne concordait pas, Gary aurait posé une question. Il aurait dit, "Okay, Plus tôt ou plus tard? Plus tôt. Okay. J'ai besoin d'aller plus tôt. Je ne sais pas pourquoi, mais allons un peu plus tôt."

Nous avons fait cela cent fois. Le chauffeur demande, " Est-ce que je viens vous chercher à telle heure?" Et l'un d'entre nous dirait, "Humm, on va partir un peu plus tôt." On ne sait pas pourquoi nous le choisissons - mais le résultat est que nous finissons par éviter les embouteillages et les accidents.

Question: J'aimerais que mon corps soit moins significatif.

Dain: Lorsque tu essaies de te sortir de la signification de quelque chose, tu l'as déjà rendu significatif. Sinon, tu n'aurais pas besoin de l'alléger de son importance.

Gary: Tout ce que ton corps peut faire est de créer la structure que tu as jugé qu'il devait être. C'est le seul choix qu'il ait. Le jugement est la structure que tu utilises pour créer les limitations de ton corps. Quoi que tu juges que ton corps doive être, il doit créer cette structure et cette forme. Lorsque tu te regardes dans le miroir, tu crées automatiquement une signification de ce à quoi ton corps ressemble.

Si tu juges que tu es gros, le corps va créer plus de graisse. Si tu juges que tu es trop mince, ton corps va créer plus de minceur. Si tu juges que tu as trop de rides, ton corps va créer plus de rides. Ce que tu juges est ce que ton corps va créer.

Dain: Et quelle importance cela a-t-il, pour la plupart des gens, d'être en surpoids? Ou lorsqu'ils ont des rides? Ou lorsque les enfants ont de l'acné? C'est la chose la plus importante de leur vie! Lorsque tu essayes de boutonner ton pantalon, et que ton pantalon s'y oppose, c'est tellement important. Cela le rend significatif - plutôt que "Point de vue intéressant que j'aie ce point de vue" ou "C'est intéressant! Je me demande ce qu'il va falloir pour que cela change?"

Tu n'as pas cette liberté lorsque quelque chose est fondamentalement importante parce que cette énergie solide est la seule chose qui peut y être.

Gary: La signification solidifie les choses en existence.

Question: J'ai demandé à faire les processus corporels de la Classe du Corps Avancée et j'en ai fait quelques-uns. Voici où je deviens confuse: les processus ont une forme et une structure, et j'ai en un certain nombre à faire. Comment est-ce que cela peut être "aucune forme et aucune structure "?

Dain: Les gens ont mal-identifié et pas su bien appliquer la structure et ce qu'est celle-ci. Il y a une immuabilité qui est inhérente à la structure. Ceci est un point- clé. Les processus corporels ne sont pas immuables. Nous les changeons tout le temps. Dans la Classe Corporelle Avancée, Gary c'est récemment débarrassé de toutes sortes de processus corporels que nous avions mis en place parce qu'il a réalisé que deux autres processus permettaient à tout le reste de se construire. Donc, les processus corporels ne sont pas une structure; ils sont un système, ce qui est une façon totalement différente d'être avec les choses. C'est modifiable et malléable, ce que tu as lorsque tu n'as aucune structure.

Alors, il ne s'agit pas de la forme, structure et signification des processus? C'est uniquement une conscience de ce qui est requis pour obtenir le résultat que tu désires? Il ne s'agit pas d'être pris dans l'énergie de devoir les faire? S'il y a une aisance par rapport à quelque chose, est-ce une indication qu'il n'y a aucune forme, aucune structure et aucune signification?

Gary: Oui, lorsque tu as une sensation d'aisance avec quelque chose, cela veut dire que tu sors de forme, structure et signification. Lorsque tu utilises la force ou tu ressens le besoin de faire quelque chose, tu es dans forme, structure et signification.

Alors, il ne s'agit pas de l'action ou de l'affirmation; c'est l'énergie qui est autour?

Gary: Oui.

Dain: Nous ne disons pas que rien dans le monde ne doive avoir une structure. La chose importante est la façon que tu choisis de vivre ta vie et de te créer et si tu es en communion avec tout ce qui existe dans ta vie et dans le monde.

Gary: S'il y a une structure, et que tu peux être en communion avec elle, alors il n'y a pas signification. Sa forme est malléable ou modulable pour toi, même si ce ne l'est pas pour quelqu'un d'autre.

Une des choses à laquelle nous nous sommes heurtés est l'idée de nécessité. Lorsque tu décides que quelque chose est une nécessité, tu n'as pas de choix. Et lorsque tu ne crées aucun choix, habituellement tu deviens coléreux. Tout le monde prend cette colère et en fait quelque chose de différent. Certains construisent plus de cellules graisseuses dans leur corps. Certains font que leur tête fonctionne plus lentement.

Certains se rendent raides et rigides. La nécessité devient un verrouillage géant dans ton corps. Certains deviennent des boules de nerfs émotionnelles.

Tout est en rapport aux endroits où ils pensent n'avoir aucun choix, ce qui vient de l'idée que c'est une nécessité - non un choix. Tu dois apprendre à fonctionner à partir du choix et reconnaître le choix que tu as.

Lorsque tu fais forme, structure et signification, tu sièges dans l'univers de non-choix. Tu dis, "Ceci est nécessaire. C'est de cette façon que ça doit être. Voici ce que j'ai à faire."

Lorsque tu as le choix, tu demandes, "Quoi d'autre est possible? Quels choix ai-je? Quelles autres contributions existe-t-il? Quelle question puis-je être ou recevoir qui changerait tout cela "

Une des choses qui nous maintient dans forme, structure et signification de cette réalité est l'idée qu'il n'y a pas de choix; il n'existe que nécessité et tu dois faire ce que tu dois faire - parce que tu dois le faire.

Il y a des choses qui sont des priorités et des choses que tu dois faire. Par exemple, il y a des choses que tu fais parce que tu es un membre de ta famille. Tu dois les faire. Ce n'est pas vraiment une nécessité; c'est un choix que tu as fait il y a longtemps lorsque tu as décidé d'aller vers cette famille.

Tu as créé certains choix. Ce n'est pas que tu n'aies pas le choix ; c'est que tu dois choisir de faire ce qui va rendre les choses plus faciles pour toi. La plupart de gens essaient d'éviter ce qui va être facile pour eux parce qu'ils veulent que les autres personnes changent.

Dain: Lorsque tu te surprends à être irrité par quelque chose, tu peux demander, "Combien de nécessités ai-je qui créent cela?" - et POD et POC le tout. Ou lorsque tu te trouves être lent ou que tu es en train de tout foutre en l'air, demande,

"Combien de nécessités ai-je pour en arriver à faire cela?" et détruis et décrée-les toutes. Regarde-le et, cognitivement, reconnais, "Attends une minute. Je suis actuellement en train de faire le choix de faire cela. Ce n'est pas une nécessité. Je fais le choix de le faire."

Récemment, je voulais faire un peu d'écriture. Gary et moi allions quitter la ville et le jour d'après était complètement rempli et j'avais encore un million de choses à faire. Gary dit, "Je vais aller rencontrer l'éditeur pour travailler sur le livre. Veux-tu venir?"

J'ai dis "Oui". Avant que ce truc de nécessité ne se présente, cela m'aurait contrarié d'aller avec lui car j'avais tellement de choses à faire, mais j'ai dit, "C'est un choix que je fais. Le faire va contribuer à un meilleur avenir pour tout le monde."

Comprendre qu'il n'y a aucune nécessité change tous ces points qui, jusque là, te contrariaient.

Gary: Et nous verrouillons tout ce ressentiment dans nos corps.

Dain: Nous les raidissons et les rendons laids.

Question: Est-ce que 'être dans la question', par exemple, toujours en train de demander 'quoi d'autre est possible' avec le corps, est un antidote à forme, structure et signification. Est-ce que ça marche comme ça?

Gary: Oui. Bien vu. Lorsque tu fonctionnes à partir d'aucune forme, aucune structure et aucune signification, les choses arrivent avec beaucoup d'aisance - et très rapidement. Les choses pour lesquelles les gens ont des difficultés, toi, tu n'en auras aucune.

Chaque jugement que tu fais te verrouille dans forme, structure et signification. Comme Dain l'as dit plus tôt, si tu fais " aucune forme, aucune structure et aucune signification " à propos de tout, tu ne peux pas avoir de jugement.

Si n'importe quoi "signifie" n'importe quoi, c'est signification. La signification crée la structure et crée la forme.

Question: Peux-tu me donner un exemple d'aucune forme, aucune structure et aucune signification par rapport à créer revenu, richesse et abondance dans ma vie et mon quotidien?

Gary: Un exemple serait lorsque quelqu'un me donne une occasion et, prêt à faire confiance à ma conscience, je pose une question comme "Et si je t'achète, est-ce que tu me feras de l'argent?"

Tu peux aussi demander:

- Que faudrait-il pour créer richesse, argent et abondance dans ma vie?
- Quelle forme, structure et signification ai-je rendues si importantes que je ne puisse pas avoir cela?

Ce processus te montrera les endroits où tu n'étais pas prêt à créer richesse, argent et abondance.

Tu as dit, "Aucune forme, aucune structure, aucune signification ne signifie rien", cela veut-il donc dire que je peux créer et générer à ma façon, et que toutes les lois de cette réalité ne s'appliquent pas?

Gary: Oui et non. Est-ce que la réalité physique a des lois particulières qu'elle suit? Un peu - mais pas toujours.

Tout le monde pense que tu n'as pas de choix lorsque cela concerne la réalité physique, mais lorsque tu es dans le non- choix, tu es dans le point de vue de nécessité.

On ne nous a jamais appris à poser des questions:

- Qu'est-ce qui est réellement possible là?
- Quels choix ai-je vraiment là?
- Quelle question puis-je poser et qu'est-ce que cette question crée-rait?
- Quelle sorte de contribution puis-je être ou recevoir là?

La contribution est une rue à double sens; cela va dans les deux directions. Tu peux être et recevoir simultanément. Si tu n'as aucune forme, aucune structure et aucune signification à propos de comment tu crées et génères de l'argent, par exemple, au lieu de dire, "Oh, j'ai tout mon argent en faisant x, y ou z," demande, "Quelles possibilités existent pour moi aujourd'hui?"

Tu dois fonctionner à partir de la question:

- Dans quel autre endroit puis-je faire de l'argent?
- De quel autre endroit l'argent peut-il venir?
- Quoi d'autre est possible?

Tant que tu feras continuellement "Quoi d'autre?" Tu auras une expansion continue dans ta façon de créer et de générer l'argent.

Si tu dis, "Je peux uniquement gagner de l'argent en gardant des enfants ou en allant au travail tous les jours, "tu obtiendras un résultat différent. Tu as cru à la signification de travail égal argent. Ceci est très différent de "Comment puis-je créer et générer de l'argent, au-delà de mes rêves les plus fous?" Comment est-ce que ce serait si tu ne faisais pas "Je dois travailler x nombre d'heures afin de créer cela?" Au lieu de ça, si tu demandais, "À quelle vitesse pourrais-je réaliser ceci et ramasser une tonne d'argent?"

Tu peux le créer à ta façon si tu es prêt à n'avoir aucune forme, aucune structure et aucune signification sur le fait d'avoir argent, richesse et abondance. Tu peux créer absolument tout si tu as la volonté de fonctionner comme la question et voir ce qui est possible d'autre.

Dain: Tu dois aussi être dans aucune forme, aucune structure et aucune signification sur le fait de le créer à ta façon ou non.

Gary: Il y a plein de bonnes façons de faire de l'argent, alors pourquoi ne pas les utiliser?

Dain: Et bien voilà. Pourquoi réinventer la roue si ce n'est pas nécessaire? Alors, tu peux y rajouter ce qu'il faut.

Question: Peux-tu, s'il te plaît, m'aider ici? L'une des femmes que j'ai appelées m'a dit, "Je ne choisis pas Access Consciousness parce que tu ne le fais pas d'un niveau plus élevé de conscience. Il ne s'agit que d'argent." Je veux, prendre ma défense ainsi que celle d'Access Consciousness dans cette situation. Je ne sais vraiment pas quoi dire.

Gary: Tu peux dire, "Tu as probablement raison. Je suis content que tu sois plus consciente et beaucoup plus avancée que je ne le suis. En fait, tu n'as pas besoin d'Access Consciousness. Tu as raison."

Merci. Je donnais une signification à son commentaire, et cela m'a frustré.

Dain: Aucune forme, aucune structure et aucune signification peuvent se présenter à n'importe quel moment sur le chemin et cela va tout changer, à partir de là.

Si tu ne faisais pas forme, structure et signification, tu pourrais être dans un endroit où tu pourrais dire exactement ce que Gary a dit. Mais parce que c'était devenu signification, tu as donné au jugement de la dame valeur et réalité. Lorsque tu fais cela, il reste là comme une pierre dont tu ne peux rien faire. La seule façon de gérer une situation pareille est de retirer la signification que tu as essayé de lui donner. Trouve un moyen pour défaire la signification. Dissous le rocher qui est en face de toi et alors tu seras libre.

Si tu ne donnes pas de signification au fait que cette dame vienne à Access Consciousness ou pas, qu'elle vienne dans ma classe ou celle de quelqu'un d'autre, qu'elle soit consciente ou quoi que ce soit d'autre, alors tu seras prêt à dire "OK, assez de donner à cette dame une signification, assez de rendre son point de vue à propos d'Access Consciousness, ou quoi que ce soit d'autre, significatif. Assez de faire en sorte que ses jugements soient signification." Lorsque tu es dans la forme, structure et signification, tu as un jugement.

Gary: "Aucune forme, aucune structure et aucune signification " veut dire que tu n'as pas besoin de faire venir quiconque à la classe. C'est plutôt "Tu ne veux pas venir? Bonne idée, ne viens pas. Salut, à bientôt! A propos, merci pour ton jugement."

Dain: "Merci beaucoup pour ton jugement, merci de l'avoir partagé, passe une bonne journée, et ne laisse pas la porte te botter le derrière à la sortie!"

Question: Est-ce que décider que quelque chose a une valeur revient à lui donner une signification?

Gary: Oui. Tu crées " signification " comme une façon de ne pas avoir ce que tu as décidé être fondamentalement important pour toi.

Si tu essaies toujours d'en regarder la forme, la structure ou la signification quant à l'avoir ou ne pas l'avoir, alors tu devras le perdre. Cela s'applique à absolument tout dans la vie, y compris l'argent.

Dain: Dans la conscience, toutes les choses, y compris toi, ont un espace d'être. Si tu essaies d'y mettre forme et structure, tu défais la conscience de celles-ci. Tu essaies de les cadrer dans cette réalité - et la beauté de ce qu'elles sont, disparaît.

Lorsque tu donnes forme à quelque chose, lorsque tu essaies de donner structure à quelque chose, tu t'assures que tu vas le perdre. Lorsque tu rends quoi que ce soit fondamentalement important, soit tu vas le perdre soit tu vas le juger afin que tu ne puisses pas le recevoir.

Question: Cela me fait venir les larmes aux yeux. Je vois comment en te donnant de la valeur ainsi qu'à mes expériences avec toi et la croissance et l'expansion que j'ai eues, je touchais quelque chose d'infini et j'essayais de le rendre défini. C'est comme si j'enfermais un papillon dans un bocal.

Dain: Oui.

Gary: C'est comme faire de Dain un spécimen à encadrer et à contempler tous les jours.

Oui, je réalise que donner forme, structure et signification à quelque chose lui ôte la liberté de la nouveauté que ce quelque chose aurait pu être en incréments de dix secondes.

Gary: Ouai.

Question: J'aimerais vraiment avoir un processus qui puisse détruire et décréer cet endroit où je me sens coincé. Lorsque je suis avec quelqu'un qui a partagé un point de vue qui est opposé au mien, je me paralyse parce que…

Gary: Waouh! "Je me paralyse parce que…" C'est la signification de la raison pour laquelle tu en viens à la paralysie. Au lieu de ça, pose la question, "Qu'est-ce qui génère et crée cette paralysie?"

Peut-être que tu te paralyses parce que la personne ne peut pas entendre ce que tu as à dire. Peut-être que te paralyser est l'une des choses les plus intelligentes que tu aies jamais faites!

Humm… Alors, comment est-ce que je me sors de cette paralysie?

Gary: Tu ne veux pas sortir de cette paralysie. Tu veux reconnaître que cette paralysie arrive probablement lorsque quelqu'un ne peut pas entendre ce que tu as à dire - alors simplement tais-toi et écoute. C'est cela, aucune forme, aucune structure et aucune signification.

Tu crées structure et signification. "Je suis paralysé" est la structure. "Je dois leur dire ma vérité" est la signification.

Tu n'as pas besoin de leur dire ta vérité.

La forme dans laquelle cela arrive est une sensation de paralysie. Peut-être que tu es suffisamment consciente pour savoir que l'autre personne est totalement paralysée par la justesse de son point de vue, et lui en parler ne va rien arranger. Alors pourquoi t'en inquiéter?

Disons que je suis dans un contexte d'entreprise et que la situation requiert une résolution ou une action.

Gary: Lorsque tu es dans une situation d'affaires, tu dois demander, "OK, de quoi s'agit-il ici? Qu'est-ce que tu fournis et qu'est-ce que je fournis? Et, très exactement, à quoi cela ressemble-t-il?"

Continue de poser cette question jusqu'à ce que tu obtiennes une réponse exacte. Lorsque tu fais cela, les gens ne peuvent tourner autour du pot dans ce qu'ils sont en train de dire. Ils doivent être concis dans leurs propos. Continue de le faire jusqu'à ce que tu obtiennes la concision et la conscience de ce qu'ils demandent, exactement, et, exactement ce que tu as à fournir, et, exactement ce qu'ils vont fournir.

Et s'ils te disent une chose quant à ce qu'ils vont fournir et qu'ensuite ils livrent l'opposé?

Gary: Si tu demandes, "Vérité, à quoi cela ressemble- t-il?" et tu obtiens une réponse exacte, alors ils ne peuvent pas fournir l'opposé.

Tu dois demander, "A quoi cela ressemble-t-il exactement? Qu'est-ce que cela signifie exactement? Qu'attends-tu de moi exactement? Que vas-tu me fournir exactement?"

Lorsque tu fais cela, ils doivent être clairs et concis sur ce que ça va être. N'essaie pas de comprendre, valider ou confronter.

Aucune de ces choses ne marche. Tu te paralyses parce que la confrontation ne marche pas. Tu les laisses s'en tirer avec des conneries et ensuite ils ne livrent pas ce qu'ils ont dit qu'ils allaient fournir.

L'autre chose est que tu fais forme, structure et signification à propos de cette affaire. Tu crées forme, structure et signification avant même de commencer. Tu dis, "Oh, cela va marcher" ou "Ça va être bon" ou "Je pense que celui-ci est le bon."

Est-ce que je peux te demander encore quelque chose, à propos d'un autre élément de cette situation? Quelqu'un avec qui je travaille m'a dit qu'elle allait régler une situation, et puis, dix secondes plus tard, elle dit qu'elle n'avait jamais dit ça. Je ne savais pas comment gérer cela. Je me suis trouvé coincé à essayer de changer la situation puis j'ai réalisé que j'étais en train d'arranger son insanité – ce qui ne marche pas – et alors je suis rentré dans le silence, ce qui ne marche pas non plus.

Gary: Et bien ça marche.

Vraiment? Comment?

Gary: Parce que aller dans le silence peut te donner une conscience. Tu as la conscience, mais tu essaies de la faire s'aligner et accepter ton point de vue et tu voudrais qu'elle te dédommage du tort qu'elle t'a fait, selon ton point de vue. Tu essaies de la confronter et de la faire changer. Est-ce que ça va vraiment marcher?

Non.

Gary: Alors pourquoi ferais-tu cela? Tu as créé une forme, structure et signification dans ton monde à propos de comment les choses y sont supposées être, plutôt que d'être dans la question de comment elles sont.

Voici un exemple. Pense à ta famille, qui est une forme. Il y a toi, le père, la mère, les sœurs, les frères, d'accord?

Maintenant, pense à la structure de ta famille et à quel point ils sont merveilleux et étonnants (ou ne le sont pas).

Maintenant, pense à la signification d'avoir ta famille ou de perdre ta famille. Est-ce que cela te donne de l'espace et du 'laisser-être' ou est-ce que cela fait quelque chose d'autre?

Vraiment, saisis la signification de ne jamais être capable de t'en débarrasser.

(Rires) OK.

Gary: Maintenant comment ressens-tu cela? Cela te paraît-il léger et spacieux?

Non, pas lorsque je fus frappé par la conscience d'à quel point je me sentais contracté.

Gary: C'est l'idée. Je voulais que tu obtiennes la conscience de ce à quoi cela ressemble de se sentir contracté.

Dain: Et remarques que tu as ri. Lorsque Gary a dit, "Comprends la signification de ne jamais pouvoir t'en débarrasser," ce fut: "Ah-Ah! J'ai rendu cela si foutrement fondamentalement important -c'est drôle!" Alors, tu peux le changer à présent. Maintenant tu as un choix différent. Le truc avec toutes ces Dix Clés est qu'elles sont basées sur la conscience. Une fois que tu perçois consciemment quelque chose, le mensonge s'en va. Cela peut changer sous tes yeux au moment-même où tu en deviens conscient.

Je vois. Rendre quelque chose significatif va être, précisément, cette même énergie qui va l'éloigner de moi.

Gary: C'est correct. Alors il faut que tu regardes la forme, structure et signification de cette chose, et dire, "Ceci ne marche pas. Essayons quelque chose de différent."

Une femme m'a appelé de la Nouvelle-Zélande, l'autre jour, et a dit, "Je veux venir à ta classe mais il ne me reste que 4000 $."

J'ai demandé, "Qu'est-ce que tu veux dire par 'je n'ai que 4000$'?"

Elle a dit, "Et bien, cela fait un an que je ne travaille pas, et il ne me reste que 4000 $."

J'ai demandé, "Pourquoi ne commences-tu pas à regarder une réalité différente?" Et si, au lieu de dire, "Je n'ai plus que 4000 $," tu disais, "J'ai encore 4000 $?" Est-ce que tu ressens la différence dans l'énergie de ces deux phrases? "Il ne me reste plus que 4000 $" veut dire que tu vas tout perdre. Si tu disais, "Il me reste encore 4000 $", tu peux demander, "Comment pourrais-je les faire durer?" C'est une énergie complètement différente."

Elle a dit, "Je vais à des entretiens d'embauche et ils m'offrent 15 $ de l'heure, mais je ne perçois pas que ce soit gratifiant pour moi et mon corps."

J'ai dit, "Tu n'as plus d'argent. Prend un fichu boulot.

Aucun travail ne va te paraître honorable jusqu'à ce que tu y sois, que tu y produises quelque chose et que quelqu'un te dise, "Je te suis tellement reconnaissant" ou qu'ils comprennent que tu es un cadeau - ou que tu comprennes que tu veux faire un autre travail. Tu dois arrêter d'essayer de créer forme, structure et signification. Ta structure est que ça doit être un travail que tu aimes, où l'on t'aime. Reprends-toi. C'est un boulot. Tu obtiens de l'argent pour faire un travail. Fais le boulot et tais-toi.

Dain: Alors, tu penses qu'il se pourrait qu'elle ait rendu cela un tant soit peu significatif?

Gary: Oui, juste un petit peu! Elle a dit, "Mais si je fais cela, je ne pourrai pas venir à ta classe."

Alors ne viens pas à la classe. Garde tes 4000 $. Es-tu folle? J'aurais dû lui dire, "Est-ce que tu réalises que tu es folle?" Cela aurait été une réponse beaucoup plus appropriée.

Question: Ces derniers jours, j'ai demandé de l'énergie de bienveillance, et j'avais bien plus de bienveillance pour la Terre et pour les corps. Ce matin, je me suis réveillé et ne pouvais pas percevoir cette énergie; je ne pouvais pas l'être, et je ne pouvais pas la trouver. Je disais "Où est cette énergie? Je l'appelle. Où est-elle?" Et cela m'a stressé.

Je remarque que cela arrive lorsque je rends quelque chose significatif ou lorsque je demande quelque chose et il semble que je ne parviens pas à l'être ou…. Ce que je vous entends dire, les gars, est "Ça n'a pas d'importance. Laisse courir!" Puis je dis, "Mais cela me donne l'impression que je m'en fous."

Gary: Tu as créé la forme de bienveillance comme si tu pouvais prendre soin de la Terre ou prendre soin des corps. Cela, c'est moins que ce qu'est la bienveillance et plus que tu n'es prêt à être.

Tu as fait que la structure de bienveillance paraisse venir d'un endroit particulier ou d'être d'une certaine façon. Et tu as rendu tes sentiments significatifs.

Avec forme, structure et signification de ce que tu as défini comme bienveillance, tu as créé une limitation de ce qu'est bienveillance.

Tu as limité ce que bienveillance veut dire, dans le but d'avoir la signification de ce que tu ressens, la structure de comment tu le ressens ou le vis, et la forme dans laquelle cela doit t'arriver pour que tu puisses savoir que tu l'as reçu.

Dès que tu fais *bienveillance*, tu ne peux pas la *ressentir*. Une fois que tu es bienveillance, elle n'a aucune forme, aucune structure, aucune signification; elle *est*, tout simplement. Et c'est simplement ce que tu es.

Dain: Gary, suggérerais-tu comme outil: Quelle en est la forme? Quelle en est la structure? Qu'est-ce que je rends fondamentalement important ici?

Gary: C'est un bon début. J'ai aussi un processus ici:

Quels fantaisie, état d'être et intentions secrètes pour la création de forme, structure et signification ai-je rendus si réels que, même face à une conscience et prise de conscience totales, je ne puisse pas et ne veuille pas les changer, les choisir ou les modifier? Tout cela, fois un dieulliard, vas-tu le détruire et le décréer? Right and wrong, good and bad, POD and POC, all 9, shorts, boys and beyonds.

Question: Il m'a toujours été seriné, durant mon enfance, que je devais avoir une éducation, avoir un boulot et de l'expérience afin de gagner ma vie convenablement. Comment puis-je détruire et décréer l'échelle et les échelons de la réussite?

Gary: Tu n'as pas besoin de les détruire. Tu dois uniquement les regarder et voir si cela revêt une signification. Tes parents ont essayé de te donner forme, structure et signification ainsi qu'ils pensaient que cela devait être. La plupart d'entre eux ne s'y conformaient pas, mais parce qu'ils ne l'avaient pas fait, ils pensaient que cela devait être juste.

Dans ma famille, c'était "Il te faut une éducation, tu dois avoir un boulot, tu dois bien gagner ta vie. Vas à l'école." Mais d'aller à l'école ne signifiait rien parce que ce n'était pas ce que ma mère avait fait.

Pour moi, tout cela était ok, mais ce n'était pas la vie que je souhaitais avoir. Ce n'était pas la forme, structure et signification avec lesquelles je voulais vivre. En fait il s'est trouvé que je voulais vivre avec aucune forme, aucune structure et aucune signification.

Lorsque tu n'as aucune forme, aucune structure et aucune signification à propos de quoi que ce soit, tu as un choix total. Ce n'est pas basé sur "la forme est ceci, la structure est cela, la signification est ceci, alors c'est ce que je dois faire." C'est plutôt "Bon. Alors, quel choix ai-je ici?" Aucune forme, aucune structure et aucune signification ne te donnent un choix total.

Question: Il y a un dicton qui dit, "L'ignorance est une bénédiction". Je crois que si tu ne connais pas quelque chose et que tu n'y penses pas, tu ne peux pas lui attribuer de signification. Cependant, depuis Access Consciousness, je commence à être conscient de tout, alors comment puis-je appliquer cette clé à mon avantage?

En réalité, tu donnes une signification à quelque chose en te rendant ignorant à son sujet. Tu peux appliquer cette clé à ton avantage en reconnaissant qu'une conscience totale te donne un choix total. Lorsqu'il n'y a aucune forme, structure ou signification par rapport à ce que tu dois savoir ou ne dois pas savoir, tu as l'occasion de tout savoir et alors tu peux tirer partie de tout et obtenir tout ce que tu désires dans la vie.

Question: Ma mère accorde une signification à tout. Tout est un fait et toutes les histoires qu'elle crée sont réelles. C'est un point de vue intéressant; mais quel serait un gentil wedgie cinglant que je puisse introduire dans son univers, uniquement par amusement?

Gary: C'est une mère. Quel aspect de cela ne saisis-tu pas? Toutes les mères connaissent tous les faits. Dis-lui qu'elle a raison - et que tu es très reconnaissante. Dis-lui, "Je suis tellement reconnaissante que tu sois là pour me guider, Maman."

Dain: Ça, c'est un brillant wedgie. Dis à tes parents à quel point tu es reconnaissant pour tout ce qu'ils t'ont appris et pour la manière dont ils t'ont guidée. Ainsi, tout ce que tu fais est le résultat de ce qu'ils t'ont donné, et ils ne pourront donc plus jamais te dire que tu as tort.

Gary: Oups! Si tu exprimes de la gratitude, ils ne savent plus quoi faire car ils ne peuvent plus se plaindre. Et ils ne peuvent pas y donner une signification et croire à toutes leurs histoires, parce que le but des histoires est d'éveiller la conscience. Lorsque tu leur dis que tu es remplie de gratitude parce qu'ils t'ont rendue consciente, ils vont arrêter d'essayer de te donner de la conscience.

Question: S'il n'y a aucune forme, aucune structure et aucune signification, alors qu'en est-il de la tendance humaine à vouloir créer une connexion avec d'autres créatures vivantes, humaine ou animale? De vouloir ressentir l'amour et une connexion pure et attentionnée et généreuse avec un autre?

Gary: Wow, tu parles d'une fichue fantaisie. Je t'aime, mais çà là, c'est de la pure fantaisie.

Dain: La partie intéressante de cela, c'est qu'il y a une forme, structure et signification dans l'idée que nous ne sommes pas en unité et que nous ne sommes pas totalement connectés.

J'ai vécu ma vie en dehors d'une structure normale et j'ai toujours eu des relations dans lesquelles je me sentais à l'écart. J'étais la brebis galeuse, le Bossu de Notre-Dame, et à certains moments, ça m'allait bien. Mais à d'autres moments, j'avais une telle envie d'appartenir, d'avoir une signification, de tonitruer avec les cloches du carillon et d'être vue.

Gary: Est-ce là, forme, structure et signification? Totalement. C'est la signification que la bienveillance est réelle, alors qu'en réalité, la plupart des humains ne peuvent pas l'être. La bienveillance, dans la réalité humaine, signifie que tu en viens à tuer la personne. Alors, crier de la tour pour que les gens voient que tu es là, que tu es attentionné, qu'on peut prendre soin de toi et que tu serais prête à donner cette attention à quelqu'un est une façon absolument certaine de te faire tuer. Je ne le ferais pas si j'étais toi. C'est 'aucune forme, aucune structure et aucune signification' de comment cela est supposé être.

Je suis une de ces femmes latines qui s'est retranchée dans les émotions du style feuilletons-mélo de la télé et je me suis révoltée contre tout cela, cependant je suis restée accrochée au trauma émotionnel de vouloir me sentir profondément aimée.

Gary: Toute idée de l'amour est forme, structure et signification. Il faut que tu ailles vers la gratitude au lieu de l'amour. Demande, "De quoi suis-je reconnaissante envers cette personne?"

L'amour permet le jugement. Les gens disent, "J'ai un 'laisser-être' total et rempli d'amour pour cette personne," jusqu'à ce que cette personne les énerve, puis au moment où ils sont énervés, leur amour devient tout à coup conditionnel. J'ai vu ça, de façon répétée, dans chaque église, culte et religion où je me suis rendu. Tu peux avoir amour et jugement dans le même univers - mais tu ne peux pas avoir gratitude et jugement en même temps.

Dain: L'amour est l'une des immenses formes, structures et significations. Il est conçu pour te sortir de l'espace de gratitude. L'amour fait, véritablement, que tu en arrives toujours à t'insurger ou te bagarrer pour quelque chose ou quelqu'un.

Gary: Dans la gratitude il y a aucune forme, aucune structure et aucune signification.

Question: Quelquefois je me demande comment toi et Dain vivez votre connexion, dans l'unité sans la rendre significative. Je vous ai entendus dire que vous vous adoriez l'un l'autre, ce que je trouve vraiment adorable. Clairement, vous ne le rendez pas significatif. J'aimerais mieux comprendre comment vous y arrivez. Peux-tu en dire plus?

Gary: Je peux dire que j'adore Dain, mais je ne m'abandonnerais pas pour lui. La plupart des gens ont le point de vue que l'adoration signifie vénérer l'autre personne.

L'adoration est une forme de vénération et tu vénères l'autre personne puis tu fais que lui ou elle soit plus significatif que toi.

Dis-moi, Dain, tu as eu des gens qui t'adoraient. Est-ce que tu aimes qu'on te vénère de cette façon?

Dain: Non, je n'aime pas cela.

Gary: Pourquoi?

Dain: Parce que, comme tu l'as fait remarquer, lorsque quelqu'un te vénère, tu dois le ou la servir. Ce n'est pas amusant. Il y a tellement de forme, structure et signification attachées à cela, que ce n'est pas un lieu de bien-être.

L'autre versant de l'adoration est que l'autre personne ne reçoit, en fait, aucune part de moi. Elle ne reçoit que la fantaisie de ce qu'elle a projeté quant à ce que je vais être ou faire. Elle ne recevra pas le changement ou le cadeau de possibilité que j'aimerais faciliter pour elle.

Je vois que tout cela est une réelle limitation. Il semble que nous oublions que nous sommes des êtres infinis. Si j'adore quelqu'un, il me faudrait aller vers une définition inférieure de qui je pense être, par rapport à cette personne. Cela nous limiterait tous les deux.

Gary: Oui lorsque tu adores quelqu'un, dans la définition de cette réalité, tu te diminues par rapport à lui. Tu le juges comme mieux que toi, et à un moment ou un autre, tu seras obligé automatiquement de te séparer de lui et de partir, soit physiquement, soit énergétiquement. Tu seras obligé de croire que, quelque part, c'est ce que toi et/ou l'autre personne voulaient. Tu arriveras à un point où tu résistes et réagis à l'idée que tu rends quelqu'un d'autre plus grand que toi. Tu dois résister et réagir à cela pour t'avoir, toi.

C'est similaire à ce que font les adolescents. En tant qu'enfant, ils ont fait de maman et papa le summum de tout, et tout d'un coup, ils disent, "Foutaises que tout cela! Je ne veux pas être comme ces gens. Je veux m'avoir, moi."

Et si tu n'étais pas obligé de prendre ce chemin-là du tout? Et si tu n'étais pas obligé d'avoir forme, structure et signification de l'adoration ou de la vénération de quelqu'un et que tu pouvais simplement demander, "Voyons, qu'ont-ils que j'aime vraiment? Qu'ont-ils que je ne voudrais pas avoir?

Que faudrait-il faire pour avoir plus de ce que j'aimerais avoir? Fin de l'histoire, allons-y. Avançons."

C'est du choix et de la communion dont tu parles. Tu viens juste de m'aider à comprendre toute mon enfance. Ma mère m'adorait absolument, mais c'était un tel fardeau. Il y avait tant de lourdeur dans cette énergie. C'était comme une bouche d'incendie pleine d'amour qui arrivait dans ma direction, mais me manquait toujours par cinq pieds parce que ce n'était jamais réel. Il ne m'atteignait jamais vraiment, alors je me suis toujours sentie mal-aimée ou affamée d'amour, alors que tout ce qu'elle disait et faisait semblait dire que j'étais la meilleure chose sur la planète. C'était uniquement un reflet d'elle-même, parce que j'étais sa création.

Elle n'a jamais compris qu'elle avait créé une personne distincte qui avait la liberté de ses propres choix.

Gary: Elle n'a jamais réalisé le monstre qu'elle a créé.

Ouah, c'était un vrai bazar. Et puis ma sœur, qui m'avait mise sur un piédestal, m'a complètement rejetée lorsque je ne répondais plus à ses attentes.

Gary: Elles adoraient une fantaisie, pas toi. Dans les années 1950 et 1960, un livre de Khalil Gibran appelé 'Le Prophète' était très populaire. Il dit que si tu lâches prise par rapport à ce que tu aimes, cela te reviendra. Mais si tu restes attaché à ce que tu aimes, cela doit mourir. C'est comme si tu t'attachais à un oiseau. Tu l'aimes tellement que tu l'aimes jusqu'à la mort. Aimer quelqu'un sans forme, sans structure et sans signification est un lieu d'où tu le laisses libre de partir. Tu le laisses voler, et s'il souhaite être avec toi, il reviendra.

Lorsque j'ai lu ce livre, il y a quarante ans, j'ai dit, "Waouh, cela a réellement un sens!" Depuis ce temps, j'ai fonctionné à partir de l'idée que s'il/elle t'aime, il/elle reviendra. Laisser quelqu'un être libre parce que tu l'aimes est la seule façon pour lui d'être qui il est.

Dain: J'aimerais dire quelque chose à propos de l'amour, la gratitude et la signification. Il y a longtemps, je sortais avec une fille. Je l'aimais beaucoup. J'étais, "Je l'aime, je l'aime et je l'aime." Elle a commencé à dire des mensonges sur moi à tous les gens que je connaissais. Elle disait du mal de moi, de toutes les façons possibles.

J'ai demandé à Gary, "Comment est-ce possible?

J'aime cette personne."

Gary a demandé, "Eh bien, comment ce truc d'amour marche-t-il pour toi dans cette situation?"

J'ai dit, "Cela me tue!"

Il a dit, "Permets-moi de te poser une question. Peux- tu toujours avoir de la gratitude pour ce qu'elle est en train de faire?"

J'ai dit, "Oui, car j'en retire énormément de conscience. Je réalise que ce n'est pas significatif. Cela n'a pas besoin d'avoir de sens. Les gens qui croient les mensonges sont uniquement des gens qui croient les mensonges. Ils recherchaient une raison, de toute façon, pour juger."

Gary m'a demandé, "Et peux-tu toujours avoir de la gratitude envers elle et tout ce que tu as reçu d'elle et tout l'amusement que tu as eu lorsque vous vous amusiez, avant qu'elle n'ait commencé à te haïr?"

J'ai réalisé que je pouvais avoir une gratitude totale envers elle. J'ai réalisé qu'essayer de maintenir cet endroit appelé amour me tuait. Il y avait tellement de forme, structure et signification sur ce à quoi cela devrait ressembler pour nous. Chacun de nous, en grandissant, est imparti de formes, structures et significations - et pour chaque personne, elles sont différentes.

Question: Tu as dit que l'amour relève d'une énorme forme, structure et signification - et que la gratitude t'en fait sortir. Pourquoi est-ce la gratitude est tellement libératrice et tellement joyeuse? Comment cela se peut-il?

Gary: L'amour a été la forme, structure et signification pour toutes les chansons, tous les drames, tous les traumas, toutes les contrariétés, toutes les intrigues, toutes les mauvaises émissions de télévision, toutes les bonnes émissions de télévision, tous les films et pratiquement tout le reste.

Mais pourquoi est-ce que la gratitude est tellement libératrice et si merveilleuse?

Dain: Parce que la gratitude reconnaît et te met en connexion avec les autres. Elle te permet de devenir l'un des aspects et espaces d'être qui est disponible.

L'amour, de mon point de vue bizarre, est de prendre absolument tout ce que la gratitude, la bienveillance, la gentillesse et la possibilité pourraient être et de les entortiller pour que tu doives toujours y attacher une forme, structure et une signification. Tu serais toujours hors de la bienveillance, hors de la gratitude, hors de la gentillesse et hors de la possibilité. Tu essaierais toujours de te diriger vers ces choses, mais tu ne serais jamais capable, réellement, maintenant, d'être ces choses.

Question: As-tu un autre processus de déblayage qu'on puisse faire autour d'aucune forme, aucune structure et aucune signification? J'ai la tête comme un seau.

Gary: Fais celui que je t'ai donné:

Quels fantaisie, état d'être et intentions secrètes pour la création de forme, structure et signification ai-je rendu si réels que, même face à une conscience et prise de conscience totales, je ne puisse ni ne veuille les changer, les choisir ou les modifier? Tout cela, fois un dieulliard, vas-tu le détruire et le décréer? Right and wrong, good and bad, POD and POC, all 9, shorts, boys and beyonds.

Ce serait une bonne chose de faire ce processus souvent. Il commencera à désintégrer toutes les choses auxquelles tu as donné forme, structure et signification et commencera à te donner une nouvelle possibilité.

Et bien les amis, il est temps pour nous de clôturer cette conversation à propos d'aucune forme aucune structure et aucune signification. On se reparlera la semaine prochaine!

~~~

Aucun Jugement, Aucune Discrimination, Aucun Discernement

Gary: Bonsoir tout le monde. Ce soir nous allons parler de la sixième clé: Aucun jugement, aucune discrimination, aucun discernement. Dain est au téléphone avec nous, mais il est aphone, alors il va écouter et il ne dira pas grand-chose.

J'aimerais lire un courriel que nous avons reçu. Je pense que ce serait utile pour tout le monde si nous en parlions au préalable:

Beaucoup d'entre nous ont appris que le discernement est très important. Je n'arrivais pas à saisir l'idée d'aucun discernement jusqu'à ce que je réalise que le discernement est un jugement et une discrimination, et que le savoir remplace le discernement. C'est au travers du savoir, en tant qu'être infini, que nous sommes, savons, percevons et recevons, que nous pouvons être sans jugement, discrimination et discernement. Est-ce que tu es d'accord avec ça? Et si oui, pourrais-tu, s'il te plaît, élaborer?

Gary: C'est parfaitement correct. Tant que tu ne fais aucun jugement, aucune discrimination, aucun discernement, tu peux être un être infini de perception, savoir, être et recevoir.

Lorsque tu fais un jugement, une discrimination ou un discernement de quelque sorte que ce soit, tu élimines ta capacité à être, savoir, percevoir et recevoir.

Le *Jugement* c'est "Je ne mange pas de porc les mercredis." Tu es en train de dire, "Tout autre moment serait bien, mais je ne peux pas le manger les mercredis." C'est ton jugement. Tu es arrivé à une conclusion.

La *Discrimination* est notre façon d'essayer de créer quelque chose de pas tout à fait juste.

Le *Discernement* est l'idée que tu doives choisir quelque chose. Discernement est "Je n'aime pas ça; c'est terrible. C'est mauvais et ça a un goût infâme." C'est une forme de jugement un peu moins forte. Par exemple, les gens parlent de discernement à propos de goûts – avoir du goût. C'est un jugement. Discerner des goûts veut dire, "Je juge que c'est ainsi." Le discernement est une conclusion à laquelle tu arrives. Choix et conscience sont une possibilité dont tu prends conscience.

Le *Choix* est "Je ne vais pas manger cela."

La *Conscience* est "Je ne veux pas manger du chou-fleur. Je n'aime pas cela."

La *Préférence* est "Je préfère la nourriture délicieuse à la nourriture ordinaire, mais je ne fais pas de discrimination contre ce qui est ordinaire car, occasionnellement, j'en mange ou j'en bois, ça dépend des circonstances - parce que j'ai toujours le choix.

Ce dont il s'agit vraiment, pourtant, c'est la façon de voir les choses. Es-tu dans le choix et la conscience? Ou fais-tu une certaine forme de jugement?

Question: Le mot intensité m'est venu à l'esprit, un matin au réveil. Il semble que, plus je deviens dense, plus je suis humain, plus je me sens terre-à-terre, plus je détecte les émotions des humains autour de moi et plus je vais dans le jugement..

Le moins dense je suis, par cela je veux dire lorsque je suis le plus en expansion, plus le jugement diminue. Lorsque j'ai pensé à cela, j'ai ressenti une sensation de liberté tout autour de moi. Est-ce là où l'on trouve 'aucun jugement, aucune discrimination et aucun discernement'?

Gary: Ce n'est pas là où tu trouves 'aucun jugement'; c'est la façon dont tu le deviens. Lorsque tu es espace, il est très difficile de faire forme, structure et signification qui sont requises pour créer le jugement, la discrimination et le discernement.

Question: Pourrais-tu en dire un peu plus sur le commentaire de la semaine dernière: dès que tu deviens quelque chose, disons paix ou amour ou bienveillance, tu ne le ressens pas, tu l'es. Est-ce que cela équivaut à être dans un espace totalement immobile? Par exemple, lorsque tu es le témoin du drame d'un évènement et que tu éprouves de la compassion, es-tu un observateur détaché qui demeure un point immobile?

Gary: Cette question est parfaite car la dernière personne vient juste de dire que si tu deviens densité, tu le ressens. La densité est toujours une sensation, et la sensation est toujours une densité. Lorsque tu deviens espace, tout cela s'écroule. Donc, lorsque tu deviens espace, toute la densité qui est requise pour créer la "sensation" de quelque chose cesse. Elle est éliminée et s'en va.

La deuxième partie de la question parle du fait d'être un point immobile. Un être infini pourrait-il réellement être immobile? Non, les êtres infinis ne peuvent être que totale expansion, tellement dans l'expansion qu'il n'y a que le choix infini qui leur est disponible. Dans ces cas-là, où il y a choix infini, ils ne peuvent pas arriver à une conclusion, ils ne peuvent pas arriver au jugement et ils ne peuvent pas établir de discrimination, discernement ou jugement, de quelque manière et sous quelque forme que ce soit. C'est pourquoi en parler comme d'un point immobile n'est pas correct. Point immobile est un concept qui a été conçu pour nous rendre aussi petit que possible et de nous emmener aussi près du rien qu'il est possible de le faire.

Alors partout où l'un ou l'autre parmi vous a cru que point immobile était une manière d'être conscient, allez-vous le détruire et le décréer? Right and wrong, good and bad, POD and POC, all 9, shorts, boys and beyonds.

Question: Le jugement est-il un attachement? Est-il l'association que nous avons avec les choses du passé dont on se rappelle? Est-ce l'énergie, qu'elle soit bonne ou mauvaise, que nous attachons aux choses telles la nourriture, la musique et des lieux?

Gary: Le jugement est quelque chose que tu attaches à d'autres jugements. Ce n'est pas quelque chose dont tu as conscience. Si tu dansais avec quelqu'un et que tu te sois bien amusé et que, plus tard, tu entendais à nouveau cette même vieille chanson et que le souvenir de cette danse revenait, ce n'est pas un jugement, discernement discrimination. Ça, c'est une conscience. C'est le souvenir qui te donne accès à tout ce qui est possible au monde. Malheureusement, nous nous rappelons des souvenirs plutôt que de la conscience. Alors, quelle conscience avais-tu, durant cette chanson - que tu n'as pas reconnue - qui t'a amené à t'en rappeler, t'en souvenir et à l'avoir disponible pour toi? Il faut que tu commences à y regarder de plus près.

Question: Pourquoi est-il plus facile d'abandonner le jugement envers les autres et tellement plus difficile d'abandonner le jugement envers soi-même? A quel point serais-je étonnant si j'étais sans le jugement qui subsiste et me colle sur place?

Gary: C'est la raison pour laquelle tu dois utiliser cette clé.

L'une des choses qu'il te faut regarder lorsque tu as un jugement envers toi-même est: Est-ce à moi? Disons que tu as des cheveux blonds et des yeux bleus, et que tu es debout près de quelqu'un qui a aussi les cheveux blonds et les yeux bleus. Tout à coup, tu commences à penser, "Mes cheveux sont vraiment horribles aujourd'hui !"

Que se passe-t-il? La personne près de toi est en train de penser que ses cheveux sont vraiment horribles aujourd'hui. Tu supposes toujours que les pensées, sentiments et émotions que tu as sont à toi. Tu supposes que tout jugement doit être le tien. Tu dois poser la question, "Est-ce à moi?" C'est la seule façon dont tu vas pouvoir t'en débarrasser.

Question: Il me semble que nous nous jugions principalement nous-mêmes, ce qui nous limite. J'ai fait une demande l'année derrière de changer cela, quoique qu'il m'en coûte. Drôle, ce qui arrive lorsque tu fais une demande - tu commences à devenir conscient de tous les endroits où tu as choisi la chose qu'à présent, tu t'efforces de changer.

Ainsi, tu peux mettre les outils en action. Tu peux poser des questions comme "Qu'est-ce que j'aimerais avoir de différent ici?" Tu POD and POC les choses et tu fais des choix différents, ce qui permet à quelque chose d'autre de se montrer. Comment cela peut-il être plus facile que ça?

Gary: Avec aucune discrimination, aucun jugement et aucun discernement, tu te diriges vers le choix et tu te distances de la conclusion. Jugement, discrimination et discernement sont sources pour créer des conclusions afin que tu puisses avoir quelque chose de juste. Mais si tu ne devais jamais avoir raison et que tu n'avais jamais besoin d'avoir tort, quel choix aurais-tu vraiment?

Moins je me juge, plus ma vie devient facile et expansive. Un domaine où j'ai encore quelques difficultés est: aller dans l'erreur de moi- même si je n'y reste plus aussi longtemps que j'avais l'habitude de le faire.

Gary: Lorsque tu commences à appliquer ces outils, des changements arrivent petit à petit. C'est tout ce que tu peux demander. On t'a montré toute la vie que tu avais tort. On t'a appris à te juger et on t'a appris que tu devais être dans le discernement et la discrimination. Et si aucune de ces choses n'était vraie? Et si tout cela était un mensonge? J'ai un processus qui, je crois, t'aidera à ce propos, et que je vais te donner dans quelques minutes.

Ma vie est en pleine expansion et mon entreprise est en croissance. J'ai plus de paix et de joie, et mes enfants sont heureux, mais j'ai toujours l'impression que ce n'est pas suffisant et que je ne m'y mets pas suffisamment pour créer un changement. Qu'est-ce que c'est? Et que faudrait-il pour changer cela?

Gary: Il faut que tu réalises que tout ce qu'il faut pour changer le monde est de changer une personne. Chaque personne que tu touches par le changement que tu crées pour elle, va créer des changements pour deux autres personnes, qui vont créer des changements pour deux autres personnes, qui vont créer des changements pour deux autres personnes - est-ce que ce sera jamais assez? Non. Pourquoi? Parce que le monde n'est pas l'endroit que tu sais qu'il pourrait être. Tu es venu ici parce que tu voulais changer le monde. Alors que faudrait-il? Continue de pratiquer; continue de le faire. Et arrête de rechercher ce que tu fais. C'est le problème d'être un point immobile. Nous disons "Je suis encore (quoi que ce soit)," ce qui signifie que tu retournes à ce point défini dans lequel tu n'existes pas et dans lequel tu n'es pas l'être infini que tu es.

Question: Quelle est la différence entre observation et jugement? Je trouve cela difficile d'appliquer 'aucun jugement, aucune discrimination et aucun discerne-ment', spécialement avec ma famille et mes amis proches.

Gary: Si je le fais, c'est 'observation'. Si tu le fais, c'est 'jugement'. (C'est une blague.)

Disons que ta mère te dit que ta robe est laide. "C'est une robe tellement laide; j'aimerais que tu ne la portes pas." Est-ce discrimination, discerne-ment ou jugement?

Puis, tu dis, "Ma mère est une telle garce." Est-ce discrimination, discer-nement ou jugement?

La plupart des gens ont le point de vue que lorsque c'est un commen-taire positif, ce n'est pas un jugement et lorsque c'est une remarque négative, c'est un jugement. Ils pensent que lorsque ta mère te dit que ta robe est laide et que tu dis, "Ma mère est une garce," c'est un jugement.

Cela pourrait être une observation, même si elle est négative. Peut-être que la robe est laide. Peut-être que ta mère est une garce à ce moment particulier. La différence entre un jugement et une observation est princi-palement l'énergie qui en découle. Lorsque tu dis quelque chose qui est un jugement, cela accroît la densité. Lorsque tu dis quelque chose qui est une perception, cela décroît la densité.

Ta famille et tes amis croient que leur but dans la vie est de te juger. Toi, bien sûr, tu ne détecterais pas du tout ces jugements, n'est-ce pas? Oh oui tu le ferais! Tu le fais sans arrêt. Alors encore une fois, tu dois demander, "Est-ce à moi? Est-ce mon point de vue?"

Question: Pourrais-tu, s'il te plaît, en dire un peu plus au sujet de la bienveil-lance?

Gary: Il y a bienveillance lorsque tu n'as pas de jugement. Tant que tu portes un jugement sur quoi que ce soit, tu n'es pas bienveillant. Tu ne peux pas être bienveillant et juger. Tu ne peux uniquement juger et ne pas être bienveillant, ou uniquement être bienveillant mais juger. Ce sont les seuls choix que tu aies.

Lorsque tu essaies de donner une forme, une structure ou une signi-fication à la bienveillance, tu la limites. Cela revient à " prendre soin de ", plutôt que d'être simplement bienveillant. La Terre a-t-elle une forme sous laquelle elle est bienveillante, ou est-elle, simplement, bienveillante tout le temps? La terre nous donne tout le temps. Elle donne sa bienveillance aux oiseaux et aux abeilles, aux fleurs et aux arbres. Elle nous donne tout sans aucun point de vue. Elle n'a pas le point de vue qu'elle doit prendre soin des gens (ce qui serait une forme). Elle est bienveillante à l'égard de tout. Elle n'a pas le point de vue qu'elle doit prendre soin d'un individu (ce qui serait l'importance fondamentale). Elle est bienveillante à l'égard de tout le monde et d'absolument tout, de la même manière. Elle est bienveillante à l'égard de la mort tout autant qu'elle est bienveillante à l'égard de la vie. Si on arrivait à un espace où on peut être bienveillant de cette manière, on aurait perdu forme, structure et signification de la bienveillance. On est, alors, devenu le laisser-être et la bienveillance qu'est la Terre.

Est-ce que c'est ce qui est entre nous et l'espace infini? Est-ce ce qui nous empêche d'être les êtres infinis que nous sommes? C'est le jugement et la discrimination n'est-ce pas?

Gary: Ouais, c'est cela. Mais il y a aussi le reste de ces clés. Je vous montrerai comment elles fonctionnent au fur et à mesure que nous progressons. Je suis désolé de ne pas pouvoir toutes les faire en même temps. Cela demande un peu de temps pour que certaines notions puissent s'ancrer. Et alors, quelquefois, vous arrivez avec des questions qui indiquent ce qui n'a pas été traité et les explications et processus supplémentaires qui sont nécessaires.

Quelle création et génération de jugement, discrimination et discernement, comme l'absolue nécessité pour la création de vie, utilises-tu pour verrouiller en existence les HEPADs positionnels que tu institues être source de ta perversité, de la justesse de ton point de vue et de la nécessité de ne jamais perdre? Tout cela, fois un dieulliard, vas-tu le détruire et le décréer? Right and wrong, good and bad, POD and POC, all 9, shorts, boys and beyonds.

La bonne nouvelle est que vous pouvez tous renoncer au jugement. (Je blague) Nan, même pas en un million d'années. Vous ne pouvez renoncer au jugement, même si votre vie en dépendait.

Regarde-moi !

Question: Récemment, deux jours après qu'on ait travaillé sur moi, j'ai pris cinq livres. La personne a de nouveau travaillé sur moi deux semaines plus tard, et j'ai pris dix livres de plus. Au début j'ai pensé que quelque chose se passait chez moi, mais cette personne de par le passé avait fait des commentaires sur fait que j'étais trop mince. Est-ce que cela pourrait être un exemple de quelqu'un qui amène son point de vue dans la séance? Et si c'était le cas, comment est-ce que je peux l'inverser?

Gary: C'est son jugement, que tu es mince - et tu essaies de juger, discriminer et discerner si elle a raison ou tort. Es-tu trop mince? Tu dois aller vers cette question. Tu dois demander, "Corps, à quoi veux-tu ressembler?"

C'est un exemple d'un jugement qu'on t'impose. Si tu imposes des jugements à ton corps, tu vas augmenter ton niveau de minceur ou de grosseur en fonction de ton jugement, parce que le jugement crée la densité. Que ressent le corps? La densité. Lorsque le corps ressent de la densité, il devient plus de cette densité car il suppose que tu le désires. Si tu es prêt à être dans une conscience totale et une bienveillance totale sans discrimination, jugement ou discernement, tu peux créer une différente possibilité et pour toi et pour ton corps.

Question: Il semblerait que je fasse des choix, cependant il y a une densité dans les choix que je fais. Lorsque je demande, "Est-ce que cela sera gratifiant?" Ou "Cela amènerait-il un plus dans ma vie?" J'ai un oui, mais il semble y avoir quelque chose qui n'est pas tout à fait juste. Existe-t-il un entrelacement entre discrimination et choix - comme choisir puis retourner à la discrimination?

Gary: Oui, parce que c'est ce qu'on t'a appris à faire. Les gens te demandent, "Comment as-tu pu faire ce choix?" Lorsque j'étais enfant et que je faisais un choix pour lequel mes parents n'étaient pas d'accord, ils me demandaient, "Comment es-tu arrivé à cette conclusion?" Ou "Pourquoi as-tu fait ce choix? Ce n'était pas un bon choix." Lorsque cela arrive, tu commences à douter de tous les choix que tu fais. Ce processus va t'aider.

Qu'as-tu défini comme discrimination, jugement et discernement qui en fait ne le sont pas? Tout cela, fois un dieulliard, vas-tu le détruire et le décréer? Right and wrong, good and bad, POD and POC, all 9, shorts, boys and beyonds.

Question: C'est comme si mon être même était jugement, discernement et discrimination. C'est comme ça que j'ai été élevé. Tout ce que j'étais, était jugement, discernement et discrimination.

Gary: C'est tout ce qui a été validé comme étant toi et qui, en fait, n'était pas toi. C'est ce que ta famille a validé.

Dain: Une des choses dont je suis devenu conscient est que les gens ont des conclusions dynamiques tout le temps et ils ne le reconnaissent même pas. Est-ce basé sur ce point de vue de jugement, discrimination et discernement comme si c'était nous?

Gary: Nous fonctionnons comme si le jugement est, de fait, la façon dont nous nous définissons. Tu te définis par ton jugement, ton discernement et ta discrimination. Les gens disent tout le temps, "J'ai un goût sûr. J'aime le champagne même si j'ai un budget de buveur de bière." Ce n'est pas un goût sûr; c'est un jugement défini, du type: "Cette autre chose serait mieux que ce que je choisis." C'est un jugement de toi. C'est de cette façon que tous ces trucs s'entrelacent et nous empêchent d'aller là, dans cet espace où nous avons, véritablement, un vrai choix.

On nous a appris qu'on n'avait qu'un choix - ou qu'il n'existait qu'un seul bon choix. Ou que tu n'avais que deux choix et qu'il te fallait choisir entre ceci ou cela. Le choix infini est la capacité de choisir le tout. La question que tu devrais poser est "D'accord, je vais tout choisir, et comment vas-tu faire cela?"

Lorsque tu as un choix et tu vois cinq possibilités différentes, tu peux choisir d'avoir toutes les cinq possibilités. Il te faut juste déterminer - et non juger - celui que tu aimerais choisir en premier.

C'est de cette façon que nous devrions travailler, dans tout ce que nous faisons, dans la vie. Tout ce que tu dois faire est de déterminer la façon dont tu veux amener les choses dans ta vie. Il te faut juste continuer à le pratiquer.

Question: Je me souviens de m'être perdu parce que je pensais que je devais faire un choix.

Gary: Tu te perds lorsque tu fais de la discrimination. Tu dis, "Je dois choisir ceci," ce qui te requiert de te couper de ta conscience, ce qui va alors créer un sentiment de perte. Lorsque tu te coupes de ta conscience, tu perds la capacité de continuer à bouger ou d'aller quelque part.

Qu'as-tu défini comme discrimination, jugement et discernement qui, en fait, ne le sont pas? à part tout ce que disent tes parents. Tout cela, fois un dieulliard, vas-tu le détruire et le décréer? Right and wrong, good and bad, POD et POC, all 9, shorts, boys and beyonds.

Les jugements me sont toujours venus du point de vue, "Je fais ça simplement parce que je t'aime et que je veux t'aider."

Gary: Non, les gens ont des jugements parce qu'ils veulent avoir des jugements, non pas parce qu'ils veulent aider quelqu'un. Le jugement est simplement jugement. Dain et moi étions récemment à Boerne au Texas. On prenait le petit déjeuner dans notre hôtel bas de gamme. Une femme qui était très petite et très forte était là avec sa fille, qui était aussi très petite et très forte. Elles étaient avec une petite fille très mince qui était la nièce de la dame.

La dame a dit à la fille, "Tu dois manger plus parce que tu es beaucoup trop maigre. Ne veux-tu pas grandir et être aussi belle que nous?" Les yeux de la fille sont devenus très grands et elle n'a pas dit un mot.

Je suis certain que dans son univers, elle disait, "Non, je ne veux pas être comme vous. S'il te plaît, ne m'oblige pas à le faire!"

Le commentaire de la dame était discrimination, jugement et discernement.

La fille en avait conscience: "Non, je ne veux pas être comme ça."

On t'a dit que quelque chose était jugement lorsque ça ne l'était pas, et on t'a dit que quelque chose n'était pas jugement lorsque ça l'était et tu as créé une incroyable confusion dans ton monde quant à savoir si tu es dans le jugement ou pas. Tu supposes que si tu dis quelque chose de négatif, tu es précisément en train de juger - et si tu dis quelque chose de positif, tu n'es absolument pas en train de le faire. Mais ce n'est pas forcément ainsi.

Qu'as-tu décidé *ne pas être* 'jugement, discrimination ou discernement' qui, en fait, *l'est*? Tout cela, fois un dieulliard, vas-tu le détruire et le décréer? Right and wrong, good and bad, POD and POC, all 9, shorts, boys and beyonds.

Qu'as-tu décidé *être* 'jugement, discrimination ou discernement' qui, en fait, *ne l'est pas*? Tout cela, fois un dieulliard, vas-tu le détruire et le décréer? Right and wrong, good and bad, POD and POC, all 9, shorts, boys and beyonds.

Si tu as n'importe quelle forme de jugement qui continue à apparaître pour toi, mets ces deux processus en boucle et écoute-les toute la nuit et toute la journée pendant environ dix à quinze jours. Regarde ce qui change avec ça.

Qu'as-tu défini *n'être* ni dans le jugement, *ni* discrimination et *ni* discernement qui en fait *l'est*? Tout cela, fois un dieulliard, vas-tu le détruire et le décréer? Right and wrong, good and bad, POD and POC, all 9, shorts, boys and beyonds.

Qu'as-tu décidé *être* un jugement, une discrimination ou du discernement qui, en fait, *ne l'est pas*? Tout cela, fois un dieulliard, vas-tu le détruire et le décréer? Right and wrong, good and bad, POD and POC, all 9, shorts, boys and beyonds.

Dain: Peux-tu en dire plus à propos d'être conscient de quelque chose de négatif sans que ce soit forcément " être dans le jugement " - et comment un jugement positif sur quelque chose n'est pas nécessairement être en conscience?

Gary: À un moment donné, un de mes amis a décidé que sa fiancée était la plus belle femme du monde. C'est un jugement qui semble positif n'est-ce pas? Le jugement, "C'est la plus belle femme du monde" a fait qu'il se sentait vraiment mal à l'aise tout le temps parce que, lorsqu'elle faisait quelque chose de mesquin ou peu aimable, il ne pouvait pas le voir - à cause du jugement et de la conclusion auxquels il était arrivé – qu'elle était la plus belle femme au monde.

Nous avons le discernement, discrimination et jugement que si c'est beau, c'est juste et que si ce n'est pas beau, c'est faux. Chacun des deux est un jugement.

Qu'as-tu défini comme *non* jugement, *non* discrimination et *non* discernement qui, en fait, *l'est*? Tout cela, fois un dieulliard, vas-tu le détruire et le décréer? Right and wrong, good and bad, POD and POC, all 9, shorts, boys and beyonds.

Qu'as-tu défini comme jugement, discrimination et discernement qui, en fait, *ne l'est pas*? Tout cela, fois un dieulliard, vas-tu le détruire et le décréer? Right and wrong, good and bad, POD and POC, all 9, shorts, boys and beyonds.

Question: J'ai réalisé que j'avais mal-appliqué et mal- interprété " choix " comme tirer une conclusion. Lorsque tu parlais d'acheter des bonbons, si je disais "OK je vais avoir un Snickers," je créais une énergie fermée à ce propos parce que c'était ma conclusion: je veux un Snickers maintenant. Un autre élément de ceci est que je me juge constamment à propos de chaque choix que je fais.

Gary: On nous a appris que nous devions choisir comme s'il n'y avait qu'un seul choix. Cela nous donne l'idée que le choix est une réalité définie au lieu d'être une réalité infinie. Nous avons l'idée que nous devons choisir comme si la conclusion était un choix. La conclusion n'est jamais un choix - et le choix ne requiert jamais de conclusion. Le choix n'ouvre la porte qu'à d'autres possibilités et d'autre choix.

On revient aux incréments de choix en dix secondes. Pendant ces dix secondes, tu aimerais avoir un Snickers. Puis c'est "D'accord, j'en ai pris une bouchée. Je n'en veux plus." Puis, tu peux poursuivre avec un autre. "Maintenant, j'aimerais un Three Musketeers."

C'est enlever la honte de changer d'avis. J'étais endoctriné durant mon enfance que changer d'avis était quelque chose de l'ordre d'un crime horrible.

Gary: Une fois, lorsque ma fille cadette avait deux ans, j'ai dit "Grace, décide-toi."

Elle a dit, "Papa, c'est la prérogative d'une fille de changer d'idées."

Lorsqu'elle a été diplômée, elle a acheté quatre robes pour le bal d'étudiants. La dernière était celle qu'elle a mise, mais durant dix secondes, chacune de ces robes était magnifique et celle qu'elle voulait porter.

Et tu peux faire cela avec aisance? Tu peux faire cela sans créer confusion ou drame?

Gary: Eh bien, cela crée confusion et drame uniquement pour les autres.

Oui, c'est ce que je demandais. Pour les gens autour de vous, c'est "Oh mon Dieu!"

Gary: Alors, que font-ils lorsqu'ils rentrent dans le drame et la confusion? Ils font de la discrimination, du discernement et du jugement.

Exact.

Gary: Ils auraient pu avoir l'observation, "Elle est complément cinglée dans ce domaine," et ce ne serait pas un jugement. Ce serait une observation. Ils disent, "La prérogative de changer d'opinion, - selon moi, dans mon discernement, discrimination et jugement - est dingue."

Alors il s'agit de ne pas s'impliquer dans un jeu de ping-pong mental avec d'autres personnes?

Gary: Ça ne crée rien de bon. Si quelqu'un dit quelque chose à Grace à propos de ses choix, elle dit, "Eh bien je suis fille. Il m'arrive de changer d'avis. J'aime être une fille."

Merci.

Question: J'ai parlé avec quelqu'un l'autre jour qui confondait jugement et conscience. À chaque fois qu'elle avait une perception, elle en faisait un jugement. J'apprécierais si tu pouvais nous parler de cette différence.

C'est une personne qui a fait l'effort de travailler avec les outils d'Access Consciousness, cependant il semblerait qu'elle utilise chacune des clés contre elle-même. Par exemple, elle n'était pas heureuse de l'endroit où elle vivait - au lieu que ce soit une conscience - elle disait, "Eh bien, un être infini ne serait-il pas capable de vivre n'importe où?"

Peux-tu aussi parler de la différence entre utiliser les clés pour une expansion et les utiliser contre nous-mêmes?

Gary: La plupart des gens utilisent les clés contre les autres - pas contre eux-mêmes. Il semble que la personne dont tu parles utilise "Est-ce qu'un être infini choisirait réellement cela?" comme une épée, non pas comme une question.

"Un être infini devrait être capable de vivre n'importe où" est une conclusion. La conclusion que tu devrais être capable de vivre n'importe et partout n'est pas un choix du tout.

Quelle est une approche différente? Tu demandes, "Qu'est-ce que j'aimerais vraiment choisir?" Et tu le sors de la catégorie densité. Tu dois reconnaître si cela te semble léger ou lourd lorsque tu dis quelque chose.

Exact.

Gary: Oui tu peux utiliser ces outils comme des armes contre toi-même ou contre les autres - ou tu peux les utiliser comme ils sont censés être appliqués, qui est de te donner un choix total et une liberté totale. Voilà ce qu'on recherche.

Rappelle-moi, quelle était ta première question?

J'ai demandé la différence entre jugement et conscience. Comment sait-on lorsque c'est une conscience? Je n'arrivais pas à l'expliquer d'une façon efficace.

Gary: La prise de conscience est quelque chose qui crée une légèreté dans ton monde - et jugement est ce que tu essaies de solidifier en existence.

Par exemple, je peux avoir la conscience que j'aime les chevaux et que j'aimerais élever la race Costaricaine. Si je faisais cela comme une conclusion ou un jugement, ce serait "Je dois faire cela."

Maintenant je suis dans l'embarras par rapport à ce que je dois faire car les choses ne fonctionnent pas de la façon que j'aurais voulue. J'ai conscience de toutes les choses qui ont besoin d'être changées pour que ça marche, et je suis aussi prêt à le regarder et demander, "D'accord, est-ce que je continue ou est-ce que je m'arrête? Qu'est-ce que je fais ici?"

Maintenant je suis dans l'embarras par rapport à ce que je dois faire car les choses ne fonctionnent pas de la façon que j'aurais voulue. J'ai conscience de toutes les choses qui ont besoin d'être changées pour que ça marche, et je suis aussi prêt à le regarder et demander, "D'accord, est-ce que je continue ou est-ce que je m'arrête? Qu'est-ce que je fais ici?"

Si tu te sens confus à propos d'un choix, c'est parce que tu n'as pas suffisamment d'informations pour prendre une "décision". Dans ce cas-ci, pour moi, c'est une décision qui va m'affecter ainsi que beaucoup d'autres personnes, alors j'ai besoin de regarder cela d'un espace différent.

Comment puis-je le regarder d'une façon différente? J'ai besoin de le questionner, il me faut être dans la question et vivre la question et ne pas arriver au discernement, discrimination ou jugement.

Tu pourrais en faire un processus:

Quelle conscience as-tu définie comme conclusion – qui, en fait, ne l'est pas- et quelle conclusion as-tu définie comme conscience –qui, en fait, ne l'est pas? Tout cela, fois un dieulliard, vas-tu le détruire et le décréer? Right and wrong, good and bad, POD and POC, all 9, shorts, boys and beyonds.

C'est un magnifique processus Gary. Tu peux faire cela avec n'importe quoi.

Gary: Oui, n'importe quoi.

Je pourrais faire: Qu'as-tu défini comme être infini qui en fait ne l'est pas et qu'as-tu défini comme ne pas être un être infini qui, en fait, l'est??

Gary: Exactement.

Merci.

Gary: Ceci est arrivé lorsque je traitais quelqu'un qui avait un problème de richesse. Je lui ai demandé, "Qu'as-tu défini comme richesse?"

Elle a dit, "Payer mes factures."

J'ai demandé, "Mince alors, c'est ça la richesse?"

Elle a dit, "C'est insensé n'est-ce pas?"

J'ai dit, "Oui, parce que si tu veux être réellement riche, tu devras avoir plus de factures!"

Question: J'essayais de trouver des signes qui m'indiqueraient quand j'étais en jugement et une ou deux choses sont ressorties. C'est lorsque je dis ce que je ressens ou pense et j'entends les mots qui me sortent de ma tête ou de ma bouche.

Gary: Oui, c'en sont deux parmi les plus importants.

Alors j'ai commencé à substituer, "Je perçois cette information qui me vient" et, de là, j'ai commencé à utiliser les Dix Clés et à poser des questions comme, "Un être infini engagerait-il une action par rapport à cela?" Ou "Est-ce quelque chose dont j'ai besoin?" Est-ce une bonne technique ou est-ce que je me mène en bateau?

Gary: C'est une bonne technique. C'est le début. Lorsqu'on arrivera à certains de nos autres appels, je te donnerai d'autres outils que tu peux utiliser pour rendre cela plus facile.

Donc "Je sens" et "Je pense" sont des signes que tu es dans le jugement. Existe-t-il d'autres mots qui pourraient indiquer - que tu sois en jugement?

Gary: Chaque fois que j'entends quelqu'un dire, "Je sens que_____," je remarque l'énergie que cela émet.

Lorsque quelqu'un émet quelque chose avec force, c'est 'jugement, discrimination et discernement'.

Certaines personnes ont l'idée que d'être objectif est la façon d'éviter d'être dans le jugement. Ils pensent qu'ils sont objectifs lorsqu'ils sont à l'extérieur de quelque chose, qu'ils le regardent et qu'ils arrivent à une conclusion ou décision ou jugement. Ils pensent qu'être objectif prouve que le choix qu'ils font est correct.

Il ne s'agit pas d'objectivité. Tu ne veux pas être objectif. Tu ne veux pas rester à l'extérieur de quelque chose et le regarder. Tu veux regarder les choses avec conscience. Tu veux *observer*, non pas être *objectif*.

Etre objectif requiert que tu deviennes quelque chose d'autre, que tu sois à l'extérieur de cette chose et que tu arrives à une conclusion.

Lorsque tu observes, c'est uniquement un point de vue intéressant. C'est "Génial, c'est un point de vue intéressant" ou bien "Waouh, je suis content de ne pas avoir choisi cela" ou n'importe quel autre point de vue qui t'es venu.

Alors, lorsque tu vas prendre une décision, tu utilises ton corps pour voir si cette décision te fait sentir plus léger?

Gary: Tu ne vas pas nécessairement utiliser ton corps. Lorsque tu demandes, "Quel choix semble plus léger?" tu essaies d'utiliser le jugement pour arriver à une conclusion. Une question plus appropriée est "Laquelle de celles-ci aimerais-je réellement choisir?"

Deux choses se passent lorsque tu utilises cette question. Tu commences à sortir du *moi* et à rentrer dans le *nous*, parce que ce que tu aimerais réellement choisir est quelque chose qui t'élargit, toi et le monde autour de toi. Tu ne sais pas être égoïste même si on t'a accusé de l'être, même lorsque tu as essayé de te rendre égoïste, même si tu as essayé de faire que tu sois numéro un dans l'ordre des choses.

Lorsque tu es un espace différent, alors tout ce que tu fais, que tu as toujours fait, fonctionne différemment. C'est plutôt sympa. Tu en bénéficies, d'autres personnes en bénéficient et le monde entier en bénéficie. Ça s'appelle gagnant-gagnant-gagnant.

Qu'as-tu défini comme *non* jugement, *non* discrimination et *non* discernement qui *l'est*, en fait? Tout cela, fois un dieulliard, vas-tu le détruire et le décréer? Right and wrong, good and bad, POD and POC, all 9, shorts, boys and beyonds.

Qu'as-tu défini comme jugement, discrimination et discernement qui, en fait, *ne l'est pas*? Tout cela, fois un dieulliard, vas-tu le détruire et le décréer? Right and wrong, good and bad, POD and POC, all 9, shorts, boys and beyonds.

Qu'as-tu défini comme *non* jugement, *non* discrimination et *non* discernement qui, en fait, *l'est*? Tout cela, fois un dieulliard, vas-tu le détruire et le décréer? Right and wrong, good and bad, POD and POC, all 9, shorts, boys and beyonds.

As we did that, it was getting heavier and heavier.

Qui parmi vous croit que le but de la vie est du jugement, de la discrimination et du discernement afin de voir juste? Tout cela, fois un dieulliard, vas-tu le détruire et le décréer? Right and wrong, good and bad, POD and POC, all 9, shorts, boys and beyonds.

Question: J'ai réalisé que chaque identité et non- identité que j'ai était basée sur une espèce de jugement, discrimination ou discernement. C'est ce que j'utilise afin d'avoir une identité.

Gary: Ce n'est pas réellement ton identité; c'est ton individualisation. C'est la façon dont tu te rends individuel. *Identité* est être, *individualisation* est la façon dont tu restes séparé des autres et la façon dont tu restes séparé de toi-même en te jugeant.

Merci. C'est super.

Gary: Chaque forme d'individualisation requiert un jugement, ce qui est peut-être la raison pour laquelle tout cela s'est présenté.

Qu'as-tu défini comme *non* jugement, *non* discrimination et *non* discernement qui *l'est*, en fait? Tout cela, fois un dieulliard, vas-tu le détruire et le décréer? Right and wrong, good and bad, POD and POC, all 9, shorts, boys and beyonds.

Qu'as-tu défini comme jugement, discrimination et discernement qui, en fait, *ne l'est pas*? Tout cela, fois un dieulliard, vas-tu le détruire et le décréer? Right and wrong, good and bad, POD and POC, all 9, shorts, boys and beyonds.

Question: L'individualisation serait-elle la façon de me garder séparé des autres – en me jugeant moi-même et eux?

Gary: Oui. On utilise le jugement comme une façon de se séparer des autres, mais nous le faisons aussi comme une façon de nous séparer de la puissance et du pouvoir infini que nous sommes. Lorsque tu finis par réaliser "Attends une minute! J'ai suffisamment de puissance pour renverser un taureau dans sa course effrénée, " alors tu dois demander, "Comment diable, suis-je aussi pathétique dans le reste de ma vie?"

Tu as la puissance pour faire venir la pluie, mais tu dis, "Je ne peux rien faire, je suis pathétique." Non, tu ne l'es pas. Simplement tu n'utilises pas les outils et tu n'utilises pas ta puissance. Tu dois arriver à cet espace où tu es prêt à tout avoir. Ces Dix Clés sont la base de tout ce qui te donnera cette liberté. Ça ne sera pas instantané, mais cela arrivera. Cela va te prendre six mois à un an en les utilisant tout le temps, puis tout d'un coup tu vas te trouver dans un univers totalement différent, dans lequel tout ce que tu demandes se réalise. Mais tu dois utiliser les outils. Tu dois les appliquer. Les relire dans les manuels de Fondation et Niveau Un n'est pas la même chose que les appliquer.

Question: Je viens juste d'avoir conscience de quelque chose qu'on m'a appris à propos de ne pas être un raté. On m'a toujours dit que je devais avoir un bon jugement.

Gary: Oui, concernant le fait de ne pas être un raté, cela relève de la septième clé sur aucune compétition. Compétition est toujours à propos de celui qui gagne ou celui qui perd. Tu entres en compétition avec les autres pour voir lequel d'entre vous est meilleur que l'autre.

Nous faisons une discrimination, un discernement ou un jugement et ensuite, nous en tirons une conclusion dans le but de rendre cela juste ou faux. Nous allons directement du choix au jugement, discernement et discrimination et de là, automatiquement, nous entrons en compétition. La compétition va se révéler être quelque chose de bien plus grande portée que ce que vous pensez.

Et tout cela est-il un engrenage?

Gary: Oui, c'est tout ce dans quoi on nous embarque dans cette réalité. Ma mère avait l'habitude de dire, "Tu peux choisir soit ceci, soit cela."

Je demandais, "Pourquoi ne puis-je pas les avoir tous les deux."

Elle me disait, "Tu ne peux avoir que l'un ou l'autre, tu ne peux pas avoir les deux."

Je disais, "Mais je les veux, tous les deux."

Elle me disait, "Petit morveux! Arrête ça tout de suite. Tu as le choix entre ceci ou cela - ou tu n'auras rien."

Je disais, "Bon d'accord, je prends ceci." Mais c'était uniquement lorsque j'étais forcé à choisir et forcé au jugement de quel objet je désirais que j'en venais à essayer de choisir en accord avec le jugement qu'en avait ma mère. Son point de vue était "Tu es un petit morveux si tu essaies de choisir autre chose que l'une des deux options que je t'ai données."

C'est à peu près ce qu'on nous donne en grandissant, et puis bien sûr, nous avons le test à choix multiples. On te donne un choix de quatre choses sur le questionnaire à choix multiples. Tu dois discerner et discriminer lesquelles des deux premiers sont sans aucun doute faux pour pouvoir alors deviner lequel des deux autres est juste.

Et tu as un temps limité.

Gary: Oui, et tu as une limite de temps, donc tu es pressé d'arriver à une conclusion. Tu essaies de décider et déterminer lesquels sont les deux pires réponses pour que tu puisses alors choisir à partir des deux meilleures réponses. C'est comme cela que nous avons été dressés et éduqués à partir de notre plus jeune âge.

As-tu été dressé et éduqué de cette façon? Tout ce qui a été enseigné de cette manière et qui n'a pas fonctionné pour toi, tout ce que tu as essayé de faire pour être, faire, avoir, créer et générer et partout où tu t'es plié, agrafé, replié, mutilé et fourré dans la boîte de la réalité de quelqu'un d'autre, vas-tu le détruire et le décréer Right and wrong, good and bad, POD and POC, all 9, shorts, boys and beyonds.

Question: Je me demande comment cela marche avec la conscience 'qui inclut tout et ne juge rien' - y compris le jugement?

Gary: Tu dois être prêt à voir lorsque quelqu'un porte un jugement, sinon tu deviens l'effet de leur jugement.

Si tu peux voir "Oh, c'est un jugement," alors il n'y a pas de jugement du jugement. C'est uniquement une conscience du jugement. Tu peux choisir ce que tu veux. La plupart des gens utilisent leur jugement pour essayer de te convaincre qu'ils ont raison et que tu as tort.

J'ai récemment rencontré un homme qui n'arrêtait pas de me dire qu'il avait l'esprit ouvert. De mon point de vue intéressant, être avec lui était être avec quelqu'un qui était dans une toute petite boîte. Il n'était absolument pas ouvert. J'ai pensé, "Eh bien, c'est relatif. Son point de vue est qu'il a l'esprit ouvert, mais à partir de ce dont je suis consciente, il semble plutôt restreint."

Je viens tout juste de réaliser que je le jugeais. Je me demande comment j'aurais pu être différente avec lui.

Gary: Il ne s'agit pas de jugement; il s'agit de voir ce que tu vois. Il a dit qu'il avait l'esprit ouvert. Bon, d'accord. Est-ce que c'est vrai? Est-ce que c'est réel? Ou est-ce que c'est son jugement de ce qu'il est supposé être?

Le dernier.

Gary: Ouais, il faut que tu comprennes que c'est comme ça que les gens fonctionnent. "Si je devais impressionner cette personne, alors je dois apparaître comme quelqu'un qui a l'esprit ouvert, ainsi donc, je vais lui dire que j'ai l'esprit ouvert, même si je suis totalement fermé."

Correct.

Gary: Tu dois regarder ce qui est - et la façon pour y arriver est de ne pas faire de discrimination, discernement ou jugement. Tu y arrives en utilisant la perception. Lorsqu'il a dit qu'il avait l'esprit ouvert, tu ne t'es pas sentie plus légère, n'est-ce pas?

Correct, c'était lourd.

Gary: Alors, c'était un mensonge. Alors il faut simplement que tu te dises, "Ce n'est pas vrai." "Ce n'est pas vrai" n'est pas un jugement; c'est une conscience.

Alors, comment aurais-je pu être plus en expansion dans cette situation? Comment aurais-je pu être plus infinie pour pouvoir être plus joyeuse avec moi-même, que j'aie un impact sur lui ou non?

Gary: Tu dois commencer à écouter ce qu'il y a dans ta tête. Lorsque tu as commencé à me parler de ça, tu as dit "Il a fait ceci et ceci et ceci, et j'ai fait cela et cela et cela." Tu te blesses à la tête lorsque tu essayes de comprendre les choses. Essayer de comprendre est une autre forme de discrimination, discernement et jugement qu'on t'a appris.

Oui. C'est une merveilleuse introduction à la deuxième partie de ma question. Lorsque tu as parlé à propos d'avoir vu juste, l'énergie qui est venue à moi était "C'est tellement stressant. C'est comme si je vivais avec l'épée de Damoclès au-dessus de ma tête, parce que si je n'arrive pas à 'l'avoir juste' alors l'épée va tomber. Je vais 'l'avoir faux' et puis alors…"

Gary: Attends, attends, attends! Tu viens encore de le faire.

(Rires) Comment est-ce que je sors de ce manège?

Gary: C'est bien le problème, tu es sur un manège.

C'est le manège d'essayer de comprendre. Tu essaies de comprendre pourquoi ça existe et ce que c'est et comment t'en sortir, basé sur ce que c'est que ça n'est pas, que tu as déjà décidé que ça doit être parce que tu le fais déjà.

C'est de cette façon qu'un grand nombre d'entre nous avons développé nos "esprits". Nous essayons de comprendre, "Bon sang, qu'est-ce que je suis réellement supposé choisir?" Plutôt que de demander, "Qu'est-ce que j'aimerais vraiment choisir?" Plutôt que d'être dans la question, tu essaies de te représenter ce qui devrait être.

Alors tous les endroits où la compréhension est le jugement, la discrimination et le discernement, que tu essaies d'utiliser pour t'assurer d'être dans le bon, vas- tu le détruire et le décréer? Right and wrong, good and bad, POD and POC, all 9, shorts, boys and beyonds.

Oui.

Gary: Heureusement, tu es la seule à faire cela.

(Rires) Merci, c'était un processus très joyeux.

Question: Un de mes collègues me juge depuis le mois dernier. Je pouvais le sentir, et je ne savais pas comment réagir. J'ai essayé de l'ignorer, mais ça a pris tellement d'ampleur qu'elle m'a presque fait renvoyer aujourd'hui. Je ne sais pas comment gérer lorsque quelqu'un me juge. J'y suis devenue tellement sensible que je peux le ressentir maintenant.

Gary: D'accord, tu le fais maintenant aussi. Tu tournes cela encore et encore dans ta tête dans le but d'essayer de le comprendre. Ça ne marche pas. As-tu posé la question, "Est-ce que cette personne est un ELF ou un serpent à sonnettes?"

Dain: Ce sont des personnes qui, en fait, aiment injecter autant de misères que possible dans la vie des autres. Ce sont des serpents à sonnettes. Le terme serpent à sonnettes parle de lui-même. Un serpent à sonnettes est, effectivement, très fier de son grelot et de sa férocité potentiellement mortelle. Il n'est pas nécessaire de juger le serpent à sonnettes - mais tu veux l'identifier pour ce qu'il est. Si tu vois un serpent à sonnettes sur ta route, peux-tu admirer sa beauté? Oui. Le ramasserais-tu pour le ramener à la maison? Probablement pas.

ELF est un acronyme pour - evil little f--- (enfoiré lamentable à fuir expressément). Les ELF ont la même intention malicieuse que les serpents à sonnettes. La différence entre eux cependant, est que le serpent à sonnettes ne te mordra que si tu viens à une distance de huit pieds de lui, tandis que les ELF sont tellement voués à leurs intentions néfastes qu'ils te rechercheront pour voir quels dommages ils peuvent créer dans ta vie.

J'arrive au point où je peux voir qu'elle est un ELF, mais qu'est-ce que je fais de cela?

Gary: Attends, attends, attends, tu le fais encore. Tu retournes à l'histoire pour essayer de faire que ça marche pour toi, pour que tu puisses justifier quelque chose et comprendre ce qu'il faut faire.

Non, tu dois poser une question, "Cette personne est- elle un ELF ou un serpent à sonnettes? " Oh, c'est un ELF. Alors lorsqu'elle fait quelque chose de méchant, vas vers elle et dis lui, "Tu es vraiment un ELF," et tu t'en vas. Ne lui dis pas ce que ça veut dire - jamais. Tu reconnais quelqu'un qui est en train d'être un ELF...

Mais qu'est-ce je fais si…

Gary: Chérie! Tu ne m'écoutes pas! Tu parles dans ta tête encore! Tu es retourné dans ta tête pour essayer de comprendre au lieu de poser une question.

Tu continues à essayer de comprendre les choses dans ta tête. Tu demandes, "Que va-t-il arriver si je fais cela?" avant que cela n'arrive.

Une meilleure question serait "À quoi cela ressemblerait-il?" Ce à quoi ça ressemblerait est: Tu dirais "Tu es tellement un ELF" elle dira, "Merci." Ensuite, elle dira, "Attends une minute! Ça veut dire quoi?" Tu seras déjà partie à ce moment-là si tu es futée.

Lorsque tu reconnais que quelqu'un est un ELF, habituellement il s'arrête d'être un ELF. Mais lorsque tu essaies de gérer son 'ELFitude', il ne renonce jamais.

D'accord. Mais je ne peux pas tourner le dos à ces personnes. Ce n'est pas…

Gary: En vérité, tu ne peux te détourner de qui que ce soit, mais tu peux quitter les lieux. Tu ne peux pas réellement tourner le dos, mais tu peux contrôler une situation. La reconnaissance de ce qui est, est la façon de contrôler quelque chose.

D'accord.

Gary: Essaies. Si tu penses que je te dis plein de conneries, alors il va falloir que tu me paies un dollar lorsque tu découvriras que ce n'est pas le cas.

Très bien.

Encore vingt-cinq minutes à tirer? Je m'ennuie. Je veux déjà continuer. Est-ce que c'est une observation, un jugement, une discrimination ou un discernement?

C'est une conscience

Gary: (Je blague) Eh bien, naturellement, lorsque c'est moi c'est toujours une conscience. Non, en fait, c'est du jugement, discernement et discrimination.

Qu'as-tu défini comme jugement, discrimination et discernement qui, en fait, ne l'est pas? Tout cela, fois un dieulliard, vas-tu le détruire et le décréer? Right and wrong, good and bad, POD and POC, all 9, shorts, boys and beyonds.

Plus tôt, j'ai parlé de la manière dont tu vas dans le point de vue du juste ou faux, du point de vue du gagnant ou perdant. Lorsque tu fais cela, tu passes du jugement, discrimination et discernement à la compétition. Si tu ne te rends pas compte de l'espace dans lequel tu évolues, tu vas continuer à jouer avec le même jugement encore et encore comme si tu allais obtenir un résultat différent.

Qu'as-tu défini comme *non* jugement, *non* discrimination et *non* discernement qui *l'est*, en fait? Tout cela, fois un dieulliard, vas-tu le détruire et le décréer? Right and wrong, good and bad, POD and POC, all 9, shorts, boys and beyonds.

Question: Merci tout d'abord pour la clarté de cet appel. Cela a été génial. J'aimerais poser des questions au sujet de la compétition. Peut-on parler de rivaliser avec soi- même?

Gary: Lorsque tu essaies de faire que quelque chose soit juste ou faux dans ton univers, tu essaies de savoir si tu vas gagner ou perdre. Nous rivalisons avec nous-mêmes et nous nous jugeons parce que nous essayons que tout soit juste afin de gagner. Ceci est la compétition que nous faisons avec nous-mêmes. Et c'est aussi la compétition que nous faisons avec les autres.

Lorsque tu réalises que tu as un choix total et infini, peux-tu perdre? Ou peux-tu simplement faire un choix différent si le premier choix que tu as fait ne marchait pas?

Gagner et perdre sont les éléments qui créent la compétition. C'est cela, la compétition. Il y a tellement de façons dont nous faisons cela. Récemment je parlais avec quelqu'un et j'ai dit, "Il faut que tu arrêtes d'être si compétitive."

Elle a dit, "Je ne perçois pas que je sois compétitive."

J'ai dit, "C'est ceci, la compétition, chérie, parce que 'Je ne perçois pas' ne peut pas être argumenté, qui veut dire que tu gagnes et je perds dans cette discussion."

Il s'agit de la volonté de reconnaître que l'univers est infini.

Gary: Oui, et il n'y a ni gagnant ni perdant. Il y a uniquement choix. Discrimination, jugement et discernement sont les prédécesseurs de la compétition. Ils vont main dans la main.

Qu'as-tu défini comme jugement, discrimination et discernement qui, en fait, *ne l'est pas?* Tout cela, fois un dieulliard, vas-tu le détruire et le décréer? Right and wrong, good and bad, POD and POC, all 9, shorts, boys and beyonds.

Qu'as-tu défini comme *non* jugement, *non* discrimination et *non* discernement qui *l'est*, en fait? Tout cela, fois un dieulliard, vas-tu le détruire et de décréer? Right and wrong, good and bad, POD and POC, all 9, shorts, boys and beyonds.

Question: Lorsque tu parlais des bonbons, tu as dit, "Choisis ce que tu veux." Comment est-ce que je peux identifier - ou comment puis-je avoir la conscience de - ce que j'aimerais sans discernement, jugement et conclusions? Ou sans avoir un attachement au résultat?

Gary: Tu vas au magasin de bonbons et tu dis,

"Lesquels d'entre vous seraient quelque chose que j'aimerais?" Et puis tu les achètes tous. Tu rentres chez toi et tu les mets sur la table et puis tu demandes aux bonbons de te dire quand ils veulent être mangés.

Mmm…

Gary: Si tu faisais cela avec tes amants, tu serais dans une bien meilleure forme.

(Rires) Tu lis dans ma tête. Je m'y voyais déjà, c'est merveilleux!

Question: Il y a quelque chose à propos du choix que j'essaie de comprendre. Tu parles d'aller acheter tous les bonbons et qu'ils te disent quand ils veulent être mangés. Je butte autour du concept de timing. Ce qui me bloque, c'est de comment arriver à discriminer ou discerner le timing qui me permettrait ce choix.

Gary: Alors est-ce que le temps est réel? Ou est-ce une construction?

C'est une construction.

Gary: Lorsque je vais au magasin et j'achète tous les bonbons, je les mets dans un tiroir. Quelquefois je ne les mange jamais.

Quelquefois tu ne les manges jamais?

Gary: Maintenant, pourquoi est-ce que je ne les mange pas? Une fois que j'ai fait le choix, je n'ai pas besoin de les manger. La plupart d'entre nous ont appris qu'une fois qu'on a fait un choix, alors on doit vivre avec ce choix. Ce n'est pas vrai. On ne doit pas!

On nous a appris qu'une fois qu'on a choisi quelque chose, on doit continuer à le choisir. Non, c'est "Est-ce que je veux manger ceci? Ou est-ce que je ne veux pas le manger?" Tu dois commencer par reconnaître que tu as un choix. Lorsque j'étais marié, et que je ramenais une boîte de bonbons à la maison, mon ex-femme les mangeait tous, jusqu'au dernier.

Je pouvais ramener une boîte de bonbons à la maison, en manger un seul et ne plus en manger pendant trois à cinq jours. Puis j'en mangeais un autre et j'attendais encore deux ou trois jours. Je n'avais pas besoin de tous les manger à la fois. Le point de vue de mon ex-femme était qu'on était supposé les manger tous, en une fois, parce que j'avais choisi de les acheter.

C'est ainsi qu'on nous a appris à créer une relation: j'ai choisi d'être avec cette personne, alors, c'est pourquoi je dois les manger.

Cela m'interpelle, mais je ne sais pas comment en décrocher.

Gary: Tu t'en décroches en pratiquant. C'est la raison pour laquelle tu achètes les bonbons et que tu essaies. Ça vient petit à petit. Essayons un autre processus pour toi:

Quelle création et génération de jugement, discrimination et discernement, comme l'absolue nécessité pour la création de vie, utilises-tu pour verrouiller en existence les HEPADs positionnels que tu institues comme source de ta perversité de la justesse de ton point de vue et de la nécessité de ne jamais perdre? Tout cela, fois un dieulliard, vas-tu le détruire et le décréer? Right and wrong, good and bad, POD and POC, all 9, shorts, boys and beyonds.

Il est bon, celui-ci.

Question: Quand j'étais petit, ma mère me disait," Décide-toi!" Il y avait une finalité là-dedans. C'était presque comme si cela verrouillait mon être ou mon cerveau ou mon esprit et qu'une fois que je choisissais quelque chose, c'était ça. Je ne pouvais jamais changer d'idées. C'était "Décide-toi et ne change pas."

Gary: Oui, c'est la façon qu'on nous enseigne ici. On ne te dit pas que tu dois être capable de changer d'avis tous les dix secondes car, sinon, tu vas prendre le mauvais chemin et courir au désastre.

Lors du 11 septembre, on a dit à certaines personnes dans les tours d'aller à l'étage supérieur. La moitié d'entre elles ont dit, "Ceci est stupide, je devrais descendre vers les étages inférieurs.", mais parce qu'on leur a enfoncé dans le crâne qu'il leur fallait prendre une décision et s'y tenir, ils s'y sont collés - et sont morts.

Est-ce que tu veux te coller à ton point de vue, qui est une mort certaine? Tout cela, fois un dieulliard, vas-tu le détruire et le décréer? Right and wrong, good and bad, POD and POC, all 9, shorts, boys and beyonds.

J'aimerais te faire changer d'avis, d'accord? Es-tu d'accord que je te fasse changer d'avis?

Oui, je t'en prie.

Gary: D'accord, j'aimerais que tu considères quelque chose ici. Est-ce que ta mère était une idiote?

Oui.

Gary: Est-ce que ta mère était moins consciente que toi?

Oui.

Gary: Et tu écouterais une idiote qui est moins consciente que toi, pour quelle raison? Je peux répondre à ta place. Est-ce que tu aimerais que j'y réponde pour toi?

Oui.

Gary: Tu l'as écoutée parce que tu l'aimais et tu pensais que si tu observais les choses par toi-même, c'était un jugement.

Correct.

Gary: Et pour l'aimer, tu ne pouvais pas entrer dans le jugement, parce que dans ton monde, jugement et amour ne peuvent coexister.

Tu t'es enfermée, chérie. Vas-y pleure, parce qu'il y a beaucoup d'espaces où tu t'es enfermée lorsque tu as essayé de faire que ta conscience ait moins de valeur que le jugement que si tu aimais la personne, tu ne pouvais pas avoir cette conscience.

Merci pour ça. J'ai l'impression que mon être est dans un espace différent.

Gary: Ouais! C'est ce qu'on recherche.

Question: C'est tout à fait cela. Je perçois quelque chose, je le juge et ensuite je l'évacue. C'est: conscience, jugement et évacuation. Peux-tu parler un peu plus de la raison pour laquelle on évacue?

Gary: En fait, tu arrêtes d'être - tu n'évacues pas.

Lorsque tu as conscience de quelque chose, tu vas dans "Je suis en train de porter un jugement" parce que c'est ce qu'on t'a donné ta vie entière. Tu n'étais pas en train de juger; en fait, tu étais consciente, mais lorsque tu te juges, tu as l'impression de n'avoir aucun choix.

Est-il vrai que tu n'as aucun choix? Ou est-ce que tu as tant de conscience et qu'en reconnaissant les choix disponibles, tu dois essayer de discriminer et discerner quel choix est le meilleur, afin de ne pas perdre?

Oui c'est cela.

Gary: Tu préférais renoncer à être plutôt que de perdre?

Tout cela, fois un dieulliard, vas-tu le détruire et le décréer? Right and wrong, good and bad, POD and POC, all 9, shorts, boys and beyonds.

Question: Je veux poser une question sur le fait de court-circuiter notre esprit et de venir à partir du cœur. Est-ce cela que ces processus nous aident à faire - de venir à partir du cœur - ce que nous sommes réellement?

Gary: Laisse-moi te poser une question. Le cœur est-il une limitation?

Il le pourrait, oui.

Gary: Alors tu ne veux pas venir du cœur. Tu veux venir à partir d'une conscience totale et d'un état d'être total.

Nous devons être clairs sur la signification des mots que nous utilisons.

Gary: Oui, là où tu crées forme, structure et signification, tu es en train de te définir et te limiter avec le sens des mots. Tu dis, "Ça doit venir du cœur," alors il faut que tu définisses le cœur basé sur ton point de vue, le point de vue des autres personnes, et ce qu'on t'a appris comme point de vue ou comme conscience d'un cœur infini.

Je venais de la conscience de l'être infini que nous sommes, le cœur de ça.

Gary: Mais ça, c'est être infini; ce n'est pas le cœur.

Merci.

Gary: Les gens utilisent le cœur pour définir là où ils doivent ressentir ce truc dans leur corps. Ce n'est pas ça. Il s'agit d'avoir une conscience totale de quelque chose à travers la totalité de ton corps. C'est une possibilité beaucoup plus grande.

Beaucoup plus grand! Et qu'en est-il de court-circuiter l'esprit?

Gary: L'esprit est une construction qui a été créée pour définir les limitations de ce que tu sais déjà et te garder dans une connexion constante avec les limitations de ce que tu sais déjà. Ce n'est pas que tu doives essayer de contourner ton esprit. Tu réalises tout simplement que ton esprit, aussi, est une limitation.

Et doit-on choisir cette limitation ou peut-on avoir quelque chose de plus grand?

Toujours quelque chose de plus grand.

Gary: Nous étions en train de parler comment une mère avait dit à sa fille qu'elle devait prendre une décision et s'y coller. C'était un espace où elle essayait de la contrôler, plutôt que de lui permettre d'être l'être infini qu'elle est. Lorsque les gens font cela, ils discréditent l'être et le dissuade d'avoir un espace infini de conscience totale, perception totale, savoir total et être total, plus le cœur, l'âme, l'esprit et la totalité de qui tu es

Sauf si quelqu'un d'autre a une question, je vais en finir ici, parce qu'il n'y a rien d'autre que je puisse faire avec vous maintenant. Merci à tous. Veuillez comprendre ceci: Vous n'avez jamais été autant dans la discrimination, le jugement et le discernement que ce que vous avez essayé de vous faire croire.

Si tu vas vers infinie perception, savoir, être et recevoir, alors jugement, discrimination et discernement disparaîtront comme les écailles d'un poisson qui est en train de se faire étriper. Jolie image n'est-ce pas?

Dain: Merci d'avoir tout pris en charge ce soir Gary. Désolé pour ma voix. Merci à tous.

Gary: On t'aime malgré tout, Dr. Dain. Tu es incroyable.

Très bien les amis, c'était génial. J'espère que cela va vous aider dynamiquement. La prochaine clé est la compétition. C'est celle-là qui va être traitée ensuite. Merci à tous. On vous aime beaucoup! Passez une bonne journée!

~~~

Aucune Compétition

Gary: Bonsoir tout le monde. Ce soir nous allons parler de la septième clé: aucune compétition.

Les éléments de compétition sont le *juste* et *faux*, le *gagner* et *perdre*. Si tu fais "Je dois avoir raison" ou "J'ai besoin de ne pas avoir tort", tu fais de la compétition.

Dain: Chaque fois que tu as besoin d'avoir raison ou que tu as besoin de gagner ou ne pas perdre- tu fais de la compétition. Chaque fois que tu veux avoir raison ou que tu essaies d'avoir raison, tu essaies de gagner et ne pas perdre – et cela, c'est de la compétition.

Gary: Ne pas perdre est quelquefois plus important pour les gens que de gagner.

Lorsque tu dois faire que quelque chose soit faux ou que quelque chose soit juste, tu fais de la compétition. Si tu dis, "Je perçois qu'il rivalise avec moi," cela veut dire que toi, *tu fais* de la compétition.

"Aucune compétition" est complètement différent. C'est être dans la question. C'est "Que se passe-t-il ici? Comment est-ce que je fais face?".

J'ai reçu un appel, la semaine dernière, d'une facilitatrice d'Access Consciousness qui co-facilitait une classe avec une autre personne. Cette facilitatrice ne s'est pas sentie suffisamment impliquée dans la co-facilitation de la classe, alors elle en a fait un problème. Elle était tout en émoi par ce qui s'était passé. Elle est ensuite allée déjeuner avec l'un des participants de la classe et a demandé à celui-ci d'être facilitateur pour elle et de l'accompagner dans un travail au sujet de son agacement. Être agacé est une forme de compétition. Elle essayait de donner une mauvaise image de l'autre facilitatrice et de rendre ses propos erronés et elle essayait de donner d'elle-même l'image de celle qui a raison. Tu penses que le fait que tu sembles avoir raison et que l'autre personne semble avoir tort est la façon de ne pas perdre.

Dain: C'est un exemple de ce qui se passe dans toutes nos vies. Lorsque tu essaies qu'il y ait quelqu'un qui se rallie à toi contre quelqu'un d'autre, pour n'importe quelle raison, que ce soit quelqu'un avec qui tu travailles ou quelqu'un avec qui tu es en relation - tu fais de la compétition.

Tu te sens totalement justifié dans ce que tu fais. Cela semble nécessaire ou approprié. Mais en fait, lorsque tu fais cela, tu tues ta capacité créatrice. Tu anéantis ce que tu pourrais recevoir du monde et tu finis par créer un tas de merde dans ton univers.

Gary: Et en même temps, tu sapes ton business et ton avenir. Faire de la compétition est la façon dont les gens détruisent leur business. Lorsque tu es en affaires, tu dois être le meilleur que tu puisses être et fournir le meilleur que tu puisses fournir, à tout moment. Mais tu ne vas pas le fournir si tu as besoin d'avoir raison et de ne pas avoir tort ou s'il te faut gagner ou ne pas perdre.

Dain: Il faut que tu comprennes que ton point de vue crée ta réalité. La réalité ne crée pas ton point de vue.

Lorsque tu dénigres quelqu'un d'autre ou fais qu'une autre personne s'aligne et soit d'accord avec toi sur l'erreur de quelqu'un d'autre et ta justesse à toi, quel est ton point de vue? Ton point de vue est-il que tu as une valeur ou que tu n'en as pas? Que tu as une contribution à recevoir ou que tu ne le peux pas? Tu adoptes le point de vue que tu n'as aucune valeur. Tu fous ta vie en l'air sur la base de ce point de vue, parce que ton point de vue crée ta réalité.

Comme Gary l'a dit, l'antidote de la compétition est de poser une question. À chaque fois que tu tires une conclusion, tu fais de la compétition.

Gary: Dain, parlons, juste un instant, de la façon dont toi et moi co-facilitons. Au début lorsque j'ai commencé à co-faciliter avec toi, j'avais tendance à prendre le contrôle des choses. Qu'est-ce que cela a créé dans ton univers?

Dain: Eh bien cela a créé un endroit où j'avais l'impression de me rapetisser. J'avais l'impression que les gens me regardaient et se demandaient, "Que fait cet idiot sur scène avec Gary?"

Gary: Attends une minute. "Je me sens comme si bla, bla, bla" est le début de la compétition. Tu vas dans le 'vrai ou faux', ou tu essaies, à nouveau, de ne pas perdre.

Dain: Ca, c'est brillant. Faire le choix d'aller dans le "Je me sens comme ceci" est le début de la compétition. C'est le point où tu peux couper court à toute compétition. Si tu fais un pas de plus dans cette direction, tu ne vas pas arriver nulle part où tu veux être, parce que tout ce que tu peux voir est la conclusion à laquelle tu es déjà arrivé: "Je me sens comme ci" et "Je me sens comme ça." Tu vas essayer de faire de la façon que tu sens être juste pour toi.

Gary: Alors Dain, lorsque tu te "sentais" comme ça, est-ce que tu as été voir quelqu'un d'autre ou est-ce que tu es venu vers moi?

Dain: Je suis allé vers toi et j'ai dit, "Voilà ce qui se présente pour moi." Je sais que si quelque chose fait que je me sente lourd ou 'moins que', c'est qu'il y a quelque chose à dénouer avec les outils d'Access Consciousness. Un point c'est tout. Je sais que je suis en train de croire au point de vue de quelqu'un d'autre ou que je suis en train de retourner dans l'ancien ou que je me mets en compétition ou que…une chose ou l'autre.

J'allais vers toi et te disais, "Bon, voilà ce qui se passe pour moi. Que peut-on faire à propos de ça? Cela ne me fait pas sentir plus léger - et la légèreté est l'endroit à partir duquel j'aimerais fonctionner."

Gary: Tu es toujours venu vers moi parce que nous co-facilitions. Tu n'allais pas vers quelqu'un d'autre. Lorsque tu es un facilitateur, ton boulot est d'être présent et de poser des questions et rien d'autre. Lorsque tu fais cela, tu peux faire face à n'importe quoi.

Question: Lorsque je deviens consciente que quelqu'un se met en compétition avec moi, j'ai tendance à me diminuer afin que l'autre personne ne ressente pas la nécessité d'être compétitive. Manifestement, ça ne marche pas. Que puis-je faire lorsque quelqu'un est en compétition avec moi? Est-ce uniquement en avoir conscience et dire, "Point de vue intéressant"?

Gary: Que quelqu'un soit en compétition avec toi n'est pas une conscience. C'est un jugement. Tu dois regarder la situation et demander, "Qu'est-ce que je fais ou suis pour le créer? De quoi suis-je conscient et dont je ne suis pas prêt à avoir une conscience totale?"

Tu pourrais faire 'point de vue intéressant', mais il te faut reconnaître que l'autre personne ressent le besoin d'avoir raison et de ne pas avoir tort - ou le besoin de gagner ou de ne pas perdre. Tu dois considérer cela et demander, "Qu'est-ce que je crée ou génère qui contribue à ce qu'elle ressente ces choses?"

C'est ce que je faisais avec Dain. Il me disait, "Eh bien, je me sens bla-bla-bla," et je demandais, "Comment puis-je changer ceci? Qu'est-ce que je fais que j'ai besoin de changer?"

Tu demandes:

- Comment puis-je le changer?
- De quoi as-tu besoin de ma part?

Tu découvres ce dont l'autre personne a besoin de ta part. S'ils disent, "J'ai besoin de parler plus lorsque que nous co-facilitons," tu peux leur donner la parole et les laisser parler un peu plus.

Dain: Lorsque cela m'arrivait, et c'est arrivé de nombreuses fois, de différentes façons, durant les années où nous avons co-facilité, le ressenti diminuait une fois que j'en avais parlé avec Gary - sauf lorsque je n'avais vraiment pas le sens de ma valeur. Je pensais, "Pourquoi suis-je ici avec ce type qui a tellement de choses brillantes à dire?"

Pourtant, Gary disait même, "Eh mec, tu ne serais pas avec moi ici si tu ne contribuais pas." Alors que je suis devenu plus prêt à recevoir la contribution que j'étais en étant moi - et de ne pas essayer d'être une version du point de vue de Gary,- j'ai commencé à réaliser que je pouvais créer une plus grande contribution. Ce n'était pas possible lorsque je fonctionnais sur le mode de compétition comme on me l'avait appris, il fallait fonctionner dans cette réalité.

Gary: Alors là, c'est fichtrement brillant. Lorsque tu vas dans le mode 'compétition', tu ne peux pas être la contribution que tu pourrais être. Lorsque tu entres en compétition avec quelqu'un, tu dois t'ajuster à son univers, pour que tu ne puisses pas apparaitre comme toi. Tu dois croire à la réalité de quelqu'un d'autre afin de faire compétition.

Dain: C'est lorsque tu ne réalises pas que tu es une contribution que tu vas du côté de la compétition.

Gary: AEt c'est là que tu crées la véritable compétition avec toi-même. Lorsque tu te vois comme moins-que, tu crées une compétition avec toi-même et les autres. La compétition, c'est ne jamais voir la contribution que tu es.

Question: Je remarque que lorsque j'ai une conversation avec quelqu'un en présence de ma fille elle nous interrompt et demande de l'attention. Est-ce un exemple de compétition? Pourrais-tu me conseiller sur comment gérer cela? Ma fille a quatre ans.

Gary: Tout enfant de quatre ans dans l'univers désire être inclus dans la conversation. Lorsque tu exclus un enfant d'une conversation, il a l'impression qu'il doit y mettre son grain de sel. Lorsque tu as une conversation avec un autre adulte, au lieu d'ignorer l'enfant, arrange toi pour qu'il fasse partie de la conversation. Les enfants sont conscients et ils sont présents, alors pourquoi ne pas les inclure? Tu pourrais demander, "Alors, que penses-tu de ça?" Après l'avoir fait trois ou quatre fois dans une conversation, ils s'ennuient et s'en vont. La conversation des adultes les ennuie très vite, presque instantanément.

Dain: Leur contribution a été reconnue et ils ont eu leur mot à dire, et c'est ce qu'ils recherchaient.

Je me demande combien de gens sont coincés dans quelque jeune âge lorsque tout ce truc de compétition se présente; par exemple, lorsqu'ils essaient d'apprendre les choses que les autres personnes font et ne les comprennent vraiment pas. Ils y sont bloqués et essaient de comprendre - et semblent ne pas pouvoir aller au-delà

Gary: Eh bien une des difficultés est que tu penses que tu es exclu. Cela fait partie du "Je me sens mal" ou "Je me sens exclu." C'est ce qui déclenche tout ce truc de compétition.

La compétition présume que personne d'autre ne voit la contribution que tu es, ce qui est la raison pour laquelle les petits enfants veulent être inclus dans la conversation. Ce n'est pas important qu'ils comprennent le sujet dont tu parles. Ils veulent faire une contribution.

Et si tu leur demandais tout simplement, "Que peux-tu ajouter à ceci qui le rendrait beaucoup plus clair pour les gens?" Quatre-vingt-dix pour cent des gens vont te dire, "Bla- bla-bla…. je suis mignon,". D'accord c'est bon. C'est très bien, être mignon est une contribution aussi

Dain: Cela a été ma meilleure contribution pendant plusieurs années. Lorsque tu crois que tu n'es pas une contribution, tu le reportes sur quelqu'un d'autre. Tu dis, "Tu ne me vois pas comme une contribution."

Si tu te vois toi comme une contribution, la plupart des autres personnes ne peuvent pas s'empêcher de te voir comme une contribution aussi. Cependant, s'ils ne se voient pas eux- mêmes comme contribution, ils peuvent te voir, toi, comme en compétition.

Lorsque tu es dans une situation où tu penses que quelqu'un ne voit pas la contribution que tu es, c'est parce que tu as ce point de vue à propos de toi-même. Si tu sais que tu es une contribution, les autres personnes peuvent avoir le point de vue qu'ils veulent, cela ne t'affecte pas.

Gary: Exactement!

Question: Si tu vois quelqu'un être une grande contribution, mais qu'il ne le voit pas, que fais-tu de cela?

Gary: Tu l'ignores, car tu ne peux pas donner quelque chose à quelqu'un qui n'est pas prêt à le recevoir. Tout ce que tu peux faire est dire, "Tu sais quoi? Tu es une contribution incroyable dans ma vie. Merci d'être dans ma vie." Traites-les comme si tu étais un homme qui admirait une femme. Dis, "Savoir que tu es là, fait que tout va mieux."

Est-ce qu'offrir et recevoir existent lorsqu'il il y a compétition?

Gary: Oui, lorsque quelqu'un est en compétition avec toi, le cadeau est de reconnaître leur sentiment d'être moins-que et le recevoir est de reconnaître qu'ils n'ont pas à être moins-que. C'est leur choix. Si c'est ce qu'ils veulent, c'est leur choix.

À part dans la nature, où existent offrir et recevoir?

Dain: Cela arrive avec les animaux. Cela arrive avec les bébés. As-tu jamais été avec un bébé, où tu ne faisais que les toucher et les reconnaître en tant qu'être - et qu'ils reçoivent ta reconnaissance? Cela semble ouvrir leur monde et le tien. Ça c'est un exemple d'offrir et de recevoir.

Il y avait une dame à la Classe de 'Being You' à Stockholm qui avait eu un enfant juste le mois d'avant. Le bébé ne dormait pas s'il était tout seul. Elle devait être avec lui tout le temps. J'ai tenu le petit homme et j'ai placé sa tête dans mes mains. Je lui ai dit simplement salut et j'ai reconnu tout ce que je percevais en lui comme être.

Le jour d'après, la mère est venu à la classe et a dit, "La nuit dernière a été la première nuit où j'ai pu le laisser tout seul, et il était parfaitement bien."

J'ai réalisé qu'offrir et recevoir est une reconnaissance de l'être qui est là. C'est la chose qui manque à la compétition

En d'autres termes, les bébés ne font pas ce genre de compétition. Ils reconnaissent naturellement l'être en quelqu'un, et nous devons les reconnaître en tant qu'êtres - pas comme un produit de valeur selon ce qu'ils font, ce qu'ils disent, ce qu'ils pensent, combien ils sont mignons ou n'importe quoi d'autre. Nous devons les reconnaître uniquement pour le fait d'être. L'absence de cette reconnaissance est l'une des choses qui nous conduit vers la compétition. Nous essayons de prouver que nous avons une valeur que nous croyons, en fait, ne pas avoir. Nous ne sommes pas prêts à reconnaître notre valeur d'être car on ne nous a jamais reconnu en tant qu'être.

Gary: Es- tu en train de dire que si on reconnaissait réellement les gens en tant qu'êtres étonnants qu'ils sont, ce serait peut-être assez pour les empêcher de rivaliser comme si quelque chose était erroné ou que quelque chose n'était pas juste ou qu'ils avaient besoin de gagner ou qu'ils allaient perdre?

Dain: Oui.

Gary: C'est vraiment un bon exemple. S'il vous plaît, reconnaissez que c'est tout ce que vous avez à faire avec les grands aussi, parce que les grandes personnes aiment être reconnues tout autant que les petits.

Dain: Ouais.

Gary: Ce qu'il y a, c'est que plus facile de reconnaître un tout petit car il ne requiert rien de toi. Tu penses que si tu reconnais les grandes personnes, elles vont te demander quelque chose, ce qui n'est pas forcément vrai.

Question: J'ai remarqué que la gratitude est totalement absente lorsque je suis dans la compétition. Est-ce exact, ou est-ce autre chose? Peux-tu en parler?

Gary: Oui, c'est exact… La gratitude ne peut pas exister face à la compétition, car avec la compétition il s'agit toujours de gagner, perdre, juste ou faux. Il ne s'agit jamais de ce pourquoi tu es reconnaissant envers cette personne.

Si Dain et moi avions une difficulté avec la compétition, je disais, "Waouh, tu blagues. Tu te sens comme un moins-que? Je suis tellement reconnaissant de t'avoir ici, avec moi, parce que tu as une façon tellement brillante de voir les choses d'une manière légèrement différente de la mienne, et cela permet aux gens de voir des choses que je ne peux pas leur donner."

C'est merveilleux lorsque tu es capable d'avoir de la gratitude pour la personne qui apporte sa contribution. Va vers la gratitude et vois la compétition disparaître.

Lorsque tu prends le chemin de la gratitude envers quelqu'un, tu dis, "Tu es étonnant. Je suis tellement reconnaissant que tu sois là, parce que cela va rendre ma vie plus facile et meilleure."

Dain: Lorsque tu fais cela et que tu es cette gratitude, cela dissipe souvent le besoin des gens de rivaliser. Comme tu le dis, la compétition élimine la gratitude. Et souvent, tu es celui qui se sent moins-que d'une certaine façon - parce que si tu ne te sentais jamais moins-que, entrerais-tu en compétition?

Lorsque quelqu'un a de la gratitude pour qui tu es et comment tu es et comment tu te présentes, tu peux commencer à avoir de la gratitude envers toi aussi. Rien que cela, de lui- même, commencera souvent à dissiper la compétition - car lorsque tu rivalises, tu crois au mensonge que tu n'as aucune valeur.

Gary: C'est exactement ce que tu as fait avec le bébé, Dain.

Dain: Juste.

Question: Il y a un scénario spécifique dans lequel je suis dans la confusion. Je pourrais utiliser une autre perspective. Je suis un facilitateur d'Access Consciousness et je fais la publicité pour mes classes sur le site d'Access Consciousness. Je reçois de nombreux appels de gens qui me demandent le numéro de téléphone de facilitateurs qui ne font pas la publicité sur le site. D'un côté ça ne me dérange pas de diriger les gens vers les classes d'autres facilitateurs, mais cela est arrivé un grand nombre de fois, et quelque chose ne me paraît pas juste de transmettre des affaires à des facilitateurs qui ne font pas de publicité. L'énergie me semble bizarre. Est-ce ici de la compétition?

Gary: Tout d'abord, ce n'est pas faire de la publicité lorsque tu mets l'information dans les éthers. Faire la publicité c'est lorsque tu vas dans le monde réel et tu t'imposes une possibilité différente. Lorsque tu te mets en compétition, tu es en train d'instituer ce qui a déjà été mis en place et tu fais en sorte que cela ne change jamais. Tu n'es pas en train d'aller dans le monde.

Tu dois être prêt à rivaliser dans cette folle réalité, c'est-à-dire que tu dois être prêt à perdre et tu dois être prêt à gagner. Tu dois être prêt à avoir tort et tu dois être prêt à ne pas avoir raison si tu désires vraiment générer et créer quelque chose.

Tu te mets en compétition dans le scénario que tu décris, parce que tu penses que tu es en train de perdre. Tu penses que tu en train de donner quelque chose. Lorsque je fais don de quelque chose, je sais que je gagne parce que je n'ai pas besoin d'avoir à traiter avec ces idiots. Quelqu'un d'autre aura à le faire.

Si quelqu'un te demande de l'information sur quelqu'un d'autre, et qu'il ne voit pas la valeur que tu es, est-ce que tu veux réellement avoir affaire avec lui? Il ne verra jamais la valeur de ta personne. Quelque chose à propos de l'autre personne les attire.

Au début, les gens vont vers la personne qui s'aligne avec leurs propres points de vue. C'est en fait un cadeau lorsqu'ils vont vers quelqu'un d'autre, car probablement tu ne les veux pas. Lorsque les gens désirent aller vers quelqu'un d'autre, je suis plus que content de les voir partir. Il y a des personnes qui sont venues voir Dain récemment. Ils ne sont pas venus vers moi, et je lui dis, "Dieu merci, tu les as eues."

Il a dit, "Puis-je les passer à quelqu'un d'autre?"

J'ai dit, "Oui, veux-tu une recommandation?" Il leur a donné la recommandation, et ils sont allés voir quelqu'un d'autre. Ils étaient heureux et Dain l'était encore plus.

Question: " Aucune compétition " peut vouloir dire bien des choses. J'ai vu beaucoup de personnes d'Access Consciousness ne pas participer aux manifestions d'autres personnes dans le but de ne pas rivaliser avec elles. J'ai aussi observé des facilitateurs dans un secteur se sentant menacés par d'autres facilitateurs et entrer en conflit avec eux.

Quelques-uns adoptent une attitude. "Ceci est mon territoire et tu devrais te concerter avec moi. Si je suis dans un secteur, alors personne ne devrait rivaliser avec moi."

Gary: Si tu fais ça, tu devrais commencer à baisser ton pantalon et pisser à chaque coin, parce que c'est la seule façon de marquer ton territoire. C'est comme ça que font les chiens. Si tu n'es pas en train de pisser à chaque coin, tu n'entres pas dans la compétition - parce que la véritable compétition est des marques de pisse partout.

Dain: Pour ceux d'entre vous qui sont facilitateurs et font ce truc de compétition, je pense que vous devriez commencer à uriner sur les personnes qui viennent vers vous, afin de voir l'effet produit. Voyez s'ils aiment la compétition que vous faites.

Tu dis qu'on devrait aider ceux qui font la compétition et être une contribution pour eux. D'accord, mais où suis-je dans le calcul de cette activité? Comment est-ce que je gagne ma vie d'après ta façon de penser?

Gary: Tu peux demander aux gens, "Si je fais de la promotion pour toi, me donnerais-tu un pourcentage sur les personnes que je t'amène?" N'importe quel idiot sait que si quelqu'un t'apporte une contribution, tu devrais le payer, nom d'un chien! La plupart d'entre vous essaie de faire en sorte que les autres travaillent pour vous gratuitement comme ça vous avez plus argent, ce qui est de la compétition! Lorsque tu fais les choses pour avoir plus d'argent et que quelqu'un d'autre en reçoit moins, c'est de la compétition. Il y a quelque chose qui semble te manquer, et la seule façon que tu puisses être un gagnant est d'avoir plus d'argent.

Question: Je me demande si cette clé ne devrait pas indiquer: Et si tu te levais le cul et faisais quelque chose au lieu de te donner l'excuse de la compétition qui ne te permet pas d'être un créateur de magnitude? Tu dois te demander, "Quelle sorte de contribution puis-je être pour que les gens deviennent plus conscients à travers mes activités?"

Gary: Eh bien c'est un très bon point de vue. Personnellement, il me plaît, parce que c'est de là que je fonctionne.

Partout où je vais dans le manque de conscience, basé sur ma peur de perdre...

Gary: Ce n'est pas une peur. Tu n'as aucune peur. Je t'aime beaucoup, mais si tu parles encore de la peur de perdre, je vais te donner un coup de poing dans la gueule, car tu n'as aucune peur. C'est un mensonge. Laisse tomber.

Dain: Si tu fais ça, on demandera à quelqu'un qui fait de la compétition de t'uriner dessus. Continue, Gary

Quel message est-ce que j'envoie à la communauté en retirant mon appui aux autres facilitateurs ou en étant énervé, pinailleur ou méchant avec quelqu'un qui ne m'inclut pas?

Gary: Si tu es un facilitateur d'Access Consciousness et que tu fais ça, tu es en train de dire qu'Access Consciousness est un mensonge. Et si tu penses qu'Access Consciousness est un mensonge, alors probablement tu ne devrais pas être un facilitateur. Tu devrais aller trouver autre chose à faire pour faire de l'argent, car tu as décidé qu'Access Consciousness était ton système pour faire de l'argent. C'est un système que tu vas utiliser et dont tu vas abuser, et non une contribution que tu apporteras, afin de créer quelque chose de plus grand pour tous.

Dain: Brillant.

Gary: Tu dois arriver au point où ce n'est pas de la compétition. Il s'agit de la façon dont nous contribuons, tous, à la conscience – puis, la conscience pourra nous donner sa contribution. Lorsque tu te mets en compétition, tu exclus la contribution de la structure moléculaire entière que la Terre désire être pour toi.

Je ne fais pas de compétition; au lieu de cela, j'apporte ma contribution à beaucoup de mes collègues en parlant aux gens de leurs classes et des miennes aussi, bien sûr. Les gens, que j'invite à faire des classes avec moi, choisissent souvent de faire des classes enseignées par d'autres facilitateurs d'Access Consciousness. Dernièrement j'ai eu des classes avec peu ou pas de participants. Cela ne marche plus pour moi. Que puis-je faire de différent?

Gary: Tu dois comprendre qu'il ne s'agit pas de compétition. Tu as besoin de demander, "Quelle est l'énergie générative de compétition que je n'utilise pas?"

Voici un autre aspect de compétition qui se joue dans le monde - et ça se passe aussi à Access Consciousness. À des moments, tu as peut-être conscience que quelqu'un rivalise ou aliène ton potentiel. Tu verras des gens aller vers lui et cela crée un endroit dans ton monde qui ressemble à de la compétition. Tu dois réaliser que les gens doivent faire exactement ce qu'ils ont besoin de faire. Ils sont attirés par une personne, que ce soit un facilitateur, un agent immobilier ou un dentiste, pour une raison. Il y a une raison pour laquelle ils veulent y aller. Et ils obtiendront ce qu'ils sont venus y chercher.

Dain: J'étais récemment à Angsbacka, un centre de conférences en Suède, en train de faire Access Consciousness. Il y avait toutes sortes de gens pratiquant toutes sortes de modalités spirituelles connues sous le soleil, et ils se mettaient énormément en compétition avec moi et Access Consciousness. Mon point de vue était, "Eh bien c'est divertissant."

Gary: Ce que tu fais est tellement différent de ce que font d'autres personnes. Si quelqu'un est attiré par toi et qu'il a besoin de ce que tu offres, il devrait l'avoir. Pourquoi ne pourrait-il pas faire le mien, pourquoi ne pourrait- il pas faire le tien et pourquoi ne pourrait-il pas choisir de faire l'un ou l'autre, les deux ou rien du tout comme il le veut? Lorsque tu entres en compétition, tu dis principalement que la conscience n'existe pas. Les gens savent ce dont ils ont besoin.

Quelquefois les gens savent comment arriver là où ils veulent – et, où ils vont n'est pas de ton ressort. Ça n'a rien à voir avec toi. Ils feront d'autres choses avec d'autres personnes, comme bon leur semble, parce que ces choses fonctionnent pour eux. Plutôt que de faire le jugement qu'un autre facilitateur est mauvais pour eux, reconnais que s'ils sont en face d'un autre facilitateur, il y a une raison pour cela. Ton boulot n'est pas de sauver le monde; ton boulot est d'habiliter les gens à choisir, de la même façon que tu t'habilites à choisir? Et, ensuite, tu demandes, "Quelle contribution puis-je être?"

Parlons maintenant de compétition générative. Il y a une dame qui est venue à une classe d'Access Consciousness que nous avons faite au Costa Rica. Elle s'est mise très en colère avec Dain parce qu'il ne voulait pas faire quelque chose pour elle qu'elle pensait qu'il devait faire - laisser tomber toutes les autres femmes pour elle.

Dain prévoyait d'aller en Floride pour faire une classe d'Access Consciousness, et cette femme a trouvé un facilitateur qui détestait Dain, et elle a fait en sorte que ce facilitateur aille en Floride pour faire une classe la semaine avant la classe de Dain.

Dain a dit, "Si ce facilitateur fait une classe une semaine avant la mienne, personne ne va venir à ma classe!"

J'ai dit, "C'est faire de la compétition que de ressentir que tu vas perdre. Tu sais quoi? Tu dois être prêt à 'l'outre-créer'"

La facilitatrice allait en Floride parce qu'elle détestait Dain. Elle n'y allait pas pour Access Consciousness ou pour créer plus de conscience chez les gens. Elle y allait parce qu'elle voulait " avoir" Dain. Quelle sorte de plan est-ce cela?

Il m'a demandé, "Comment puis-je 'outre-créer' par rapport à cette femme?"

J'ai dit, 'Outre-créer' par rapport à ce qu'elle offre revient à créer une plus grande invitation à une plus grande possibilité. Elle est en colère. Elle y va parce qu'elle croit qu'elle peut te prendre quelque chose. Les gens vont ressentir cette énergie. Lorsque tu rivalises avec quelqu'un, tu finis habituel-lement par te faire avoir toi-même.

Être une plus grande invitation qu'elle ne l'est. Lorsque tu outre-crées par rapport à quelqu'un, tu ne lui fais pas de compétition. Tu ne rivalises pas avec la personne directement.es, "Qu'est-ce qui va faire en sorte que je me démarque? Qu'est-ce qui va me rendre, moi et ce que j'ai à offrir, quelque chose de plus grand?"

Lorsque tu fonctionnes à partir de la compétition, la taille de tes classes commence à diminuer - et lorsque tu fonctionnes à partir d'aucune compé-tition, la taille de tes classes diminue aussi, parce que tu es encore coincé dans la compétition; tu fais simplement de l'anti-compétition. Tu essaies de prouver que tu as plus raison qu'une autre personne parce que tu ne fais pas de compétition.

Alors Dain a outre-créé par rapport à cette facilitatrice. Il est allé en Floride, et il a eu quelque chose comme quinze ou dix-neuf personnes dans sa classe. Il s'est trouvé que l'autre facilitatrice avait eu neuf personnes dans sa classe.

Dain: Tu dois percevoir la compétition - et faire ce que tu fais de toute manière. En d'autres termes, perçois la compétition que les autres choisis-sent et sois la contribution que tu es. Et qu'importe ce que tu offres aux gens, lorsque tu le fais, tu deviens l'invitation qu'ils ont recherché leur vie entière. Qu'importe comment tu interagis avec eux, l'énergie que tu crées leur permet de savoir qu'une possibilité différente est disponible dans chaque domaine de leur vie. Lorsque tu es cela, cela le change pour eux aussi.

Gary: Lorsque quelqu'un fait de la compétition, il le fait contre toi. Lorsque tu vas dans la compétition générative, tu outre-crées par rapport à la personne. Plutôt que d'aller dans colère, rage, furie et haine par rap-port à ceux que tu penses avoir quelque chose qui te manque, regarde leur compétition et demande, "Comment puis-je utiliser cette situation comme une source d'énergie pour être une contribution?"

Dain: Lorsque j'étais à Angsbacka avec une équipe d'Access Consciousness, on a eu l'occasion d'utiliser ces outils. Il y avait beaucoup d'autres groupes dans le centre, et d'énormes quantités de jugement étaient dirigées contre moi et Access Consciousness. À un moment, je donnais un avant-goût de Energetic Synthesis of Being, et l'un des processus que nous avions réalisé était très bruyant.

Quelques personnes dans d'autres classes étaient agacées du fait que nous étions si bruyants. Il y avait un grand panneau dans le couloir où toutes les classes étaient affichées, et quelqu'un a enlevé mon affiche afin que les autres ne sachent pas que je de donnais une classe.

Des gens sont venus vers moi et ont demandé, "Est-ce que ta classe a été annulée?"

J'ai dit, "Non"

Ils ont dit, "Oh, vraiment? Eh bien, super! Je vais le dire à tout le monde qu'elle a lieu."

Ainsi, ma classe était complète. Il est intéressant de noter qu'il y avait un autre groupe qui faisait beaucoup de bruit. Ils faisaient autant de bruit qu'ils le pouvaient. J'ai dit à la classe, "Vous avez peut-être remarqué que ce bruit vous distrait. Ne vous laissez pas distraire. Laissez simplement l'énergie contribuer à votre corps. Ils font toutes sortes de bruits et ont toutes sortes d'énergie là-bas. Super, c'est super. Laissez cela contribuer à vos corps et les éveiller encore plus. N'essayez pas de l'éviter, n'essayez pas de rivaliser avec, soyez simplement ici et permettez-vous d'être conscients et de recevoir à partir de ça. Permettez que ce soit une contribution à vous et votre corps." Ils l'ont fait, et tout le monde est devenu plus présent et plus éveillé. Et cela a arrêté la séparation que les autres personnes essayaient de créer. Cela l'a totalement éliminée.

Gary: Ce que tu viens de décrire, ce sont les intrications* quantiques de toute l'énergie que tu es prêt à recevoir et la façon dont cela t'amène une contribution. Tu viens juste de le décrire admirablement.

Les intrications quantiques sont, en essence, ta connexion avec les éléments créatifs et génératifs de l'univers. Les intrications quantiques sont ce qui te permet de recevoir la communication des autres personnes. S'il n'y avait pas d'intrications quantiques, tu n'aurais pas de conscience psychique, l'intuition ou la capacité de percevoir les pensées de quelqu'un d'autre.

L'autre soir, j'étais au restaurant en train de manger du pâté. Ce n'était pas comme lorsque je mange du pâté avec Dain. Lorsque je mange du pâté

---

* Voir le glossaire pour une définition.

avec Dain, il l'aime tellement que l'énergie qu'il est et l'énergie qu'il a, du fait de le manger, le rend tellement fichtrement bon que tu as presque un orgasme.

Ce sont les intrications quantiques qui font cela. J'ai remarqué cela lorsque je sors dîner avec des gens qui aiment vraiment manger et avoir l'expérience des sensations de leur plaisir, est une contribution à tout ce qui se passe dans la pièce et à chaque personne qui dîne à cet endroit. En ces occasions, la nourriture est toujours merveilleuse - pour tout le monde.

Je peux aller au même restaurant avec une autre personne qui n'a pas cette joie sensorielle, et sa nourriture n'est jamais tout à fait savoureuse. Rien n'est réellement comme elle aurait voulu que cela soit, rien n'est aussi bon qu'elle l'aurait voulu, et elle parle constamment des autres restaurants qui sont mieux. Sous ces conditions, la nourriture n'a jamais bon goût.

Lorsque je vais dîner avec quelqu'un qui a un sens de la grandeur de la nourriture et qui en saisit toutes les énergies, cela crée une contribution à mes papilles gustatives. C'est de cette façon que fonctionnent les intrications quantiques. Il s'agit de la façon dont toutes les énergies sont connectées les unes aux autres. Le type de l'énergie n'a aucune importance… Si tu as l'énergie de colère ou d'agacement, cela contribuera à plus de colère et plus d'agacement dans le monde. Si tu as l'énergie de joie et de plaisir, cela contribuera à plus de joie et de plaisir dans le monde.

Tu veux utiliser les intrications quantiques pour contribuer à ce que tu crées. Alors allons-y :

Quelle capacité générative, pour la solidification en réalité des éléments* selon les intrications quantiques, accomplie en outre-créant toujours toute compétition, refuses-tu de créer et d'instituer? Tout cela, fois un dieulliard, vas-tu le détruire et le décréer? Right and wrong, good and bad, POD and POC, all 9, shorts, boys and beyonds.

J'espère que cela te permettra d'arrêter d'entrer en compétition avec toi-même, en t'amoindrissant afin de rivaliser avec les autres, parce que tu as littéralement besoin de choisir de t'amoindrir pour avoir quelque chose pour laquelle rivaliser.

Question: Dis-tu que tout est comme des pommes et des oranges et des pamplemousses et des pastèques, mais afin de pouvoir les mettre en compétition, tu dois voir tout en tant que pomme?

Gary: Pour entrer en compétition, tu dois ne pas voir ce que sont les gens, et tu dois ne pas voir ce qui est possible. Tu ne peux pas voir ce qui

---

* Voir le glossaire pour une définition.

est possible et tu ne peux pas voir ce qui est tant que tu as une once de compétition dans ton univers. Tu vas dans 'justesse ou erreur' ou 'gagnant ou perdant' - et du comment tu manques de quelque chose et comment tu ne vas pas en manquer, si tu gagnes.

J'ai demandé cela parce que la compétition est toujours à propos de comparaison, et tu ne peux pas comparer deux choses différentes.

Gary: Des choses disparates ne peuvent pas être comparées, c'est exact. Un Australien est-il comme un Américain? Non. Est-ce qu'un Italien ressemble à qui que ce soit d'autre? Non.

Question: Je ne peux pas penser à quelque chose dans cette réalité qui ne nous demande pas d'être compétitif.

Gary: C'est vrai, tout dans cette réalité nous demande d'être compétitifs. Mais si tu es prêt à outre-créer cette réalité, alors cette réalité ne peut pas être un lieu où tu manques de quelque chose.

C'est un état de génération constant.

Gary: Oui, et un état-de-possibilité constant au lieu d'un état-de-manque constant. Maintenant, en ce moment, vous êtes tous en compétition afin d'être à la tête de la colonne du manque. Tu dis, "Je suis à la tête de la colonne rouge de 'pas d'argent'. Je suis à la tête de la colonne rouge des émotions." Ce qu'il te faut être, c'est un 'outre-créateur', quelqu'un qui dépasse la création de tout le monde.

Tu ne peux pas comparer des pommes et des oranges, c'est vrai, mais si tu es une pomme et tu penses qu'être une orange est mieux qu'être une pomme?

Gary: Si tu penses que l'un est mieux que l'autre, alors tu te vois dans un rôle compétitif. Au lieu de ça, tu dois être comme le personnage de dessin animé, Popeye, et dire "Je suis ce que je suis et c'est tout ce que je suis."

Dain: Lorsque tu choisis contre toi, lorsque tu fais cette chose de "Je suis une orange mais je vois la pomme comme quelque chose qui a une valeur," tu choisis contre toi. C'est une forme de compétition. Pour faire la compétition, tu choisis toujours contre toi.

Gary: À chaque fois que tu fais la compétition, tu choisis contre toi. Tu ne peux rivaliser avec personne d'autre que toi-même, et la compétition est toujours contre toi, pas pour toi.

Question: Disons qu'il n'y a personne d'autre impliqué dans une situation. Tu considères, par rapport à toi-même, de faire quelque chose et tu penses " juste ou faux " ou " gagner ou perdre " - est-ce cela de la compétition avec toi-même?

Gary: Oui, quoi qu'il y ait bien une petite variation sur la compétition avec soi-même.

Tu es la seule personne avec laquelle tu peux rivaliser.

Il y a un élément au sein de chacun de nous où nous savons que nous voulons être mieux que ce que nous étions hier. Ce n'est pas, en fait, une manifestation de compétition - mais si tu es en train de te faire du tort à toi-même, cela devient une certaine compétition. Lorsque tu fais de l'auto-dégradation, tu te fais de la compétition à toi-même, en relation avec des gens qui ne sont même pas présents.

Dain: Tu es la seule personne avec laquelle tu peux rivaliser et la seule personne qui t'arrive à la cheville. Essayer d'être plus grand aujourd'hui que ce que tu étais hier va créer une possibilité générative. Mais ce n'est pas vraiment de la compétition ; c'est une conscience.

Gary: Eh bien, c'est une compétition, mais c'est une compétition sans jugement ni conclusion. Il y a une énergie générative. C'est une compétition générative, et tu dois voir la différence entre cela et lorsque tu fais quelque chose pour te rendre juste ou pour que tu n'aies pas tort ou que tu sois gagnant ou pour faire en sorte de ne pas perdre. Ceux-là sont les éléments de compétition dans une forme négative.

C'est ici que tu demandes, "Comment puis-je utiliser ce besoin d'être une contribution pour tirer parti de tout et de contribuer à tout et d'en faire un avantage pour moi et tous les autres?" C'est un point de vue légèrement différent.

Lorsque je fais du sport, quelquefois je laisse gagner mon adversaire afin qu'il ait une nouvelle possibilité de gagner, puisque gagner ou perdre n'a pas d'importance pour moi.

Gary: Si, réellement, tu n'es dans aucune compétition, cela n'a aucune importance que tu gagnes ou perdes. Il ne s'agit pas de gagner ou de perdre. Il s'agit de la contribution que tu peux être, ce pourquoi tu laisses les gens gagner. Tu sais que c'est plus important pour eux que ça ne l'est pour toi.

Lorsque j'étais enfant, j'arrivais en deuxième position au concours d'épellation car je connaissais le gamin qui pensait devoir gagner. Je savais qu'il serait dévasté s'il ne gagnait pas. Ça n'avait pas d'importance pour moi, alors j'arrivais second. J'étais toujours le second meilleur, même si je pouvais épeler tous les mots. Je savais tous les mots que l'autre ne connaissait pas, et je ne voulais pas qu'il se détruise par le fait de ne pas gagner. Tu pourrais dire que j'étais un petit peu supérieur, mais à neuf ans, il est bon d'avoir un peu de supériorité.

Lorsque je fais du sport ou n'importe quoi qui requiert un gagnant et un perdant, comment puis-je appliquer cette clé? Tout le monde dans cette réalité est si compétitif. Comment peut-on jouer avec des gens sans rivaliser?

Gary: Lorsque tu fais du sport, c'est un jeu. Ce n'est pas ta vie. Tu peux t'amuser à n'importe quel jeu pour gagner et ne pas perdre, tant que tu sais que c'est un jeu. Le problème se pose lorsque cela devient une partie de ta vie et de ton quotidien.

Si tu joues aux échecs avec moi, je vais gagner ou tu vas mourir. Ce sont les deux choix que tu as. J'aime vraiment gagner. Lorsque je joue au bridge, j'aime aussi gagner, alors je ferai tout ce qu'il faut pour être sûr de gagner. Est-ce que je suis compétitif dans ces domaines? Ouais. Mais je sais que c'est un jeu. Je sais que ce n'est pas la vie.

Dans un jeu, il est toujours génératif de faire ce truc de gagner ou de perdre parce que cela défie l'autre personne d'être encore meilleure qu'elle ne l'est déjà. Il n'y a rien de mal à défier une personne d'être encore meilleure que ce qu'elle est déjà. Le problème arrive lorsque tu fais la compétition dans la vie et le quotidien. Ce n'est pas l'endroit pour faire de la compétition.

La compétition est-elle un point de vue polarisé de cette réalité?

Gary: Oui, et c'est la raison pour laquelle je dis qu'il y a un élément génératif. Il y a une compétition générative et il y a une compétition destructive. Lorsque tu cherches à gagner, à ne pas perdre et à avoir raison et non tort, tu regardes la portion destructive de la compétition, parce que la personne qui doit toujours être détruite dans de telles circonstances, c'est toi.

Question: Imagine simplement à quoi ressemblerait la planète si toutes les écoles dans le monde parlaient de ces clés! J'ai quelques questions au sujet d'aucune compétition. Je trouve difficile de jouer des jeux avec des gens qui sont compétitifs. Pour moi, ce n'est qu'un jeu. Il s'agit de perdre.

Gary: Oh, non, tu dois jouer pour le plaisir de gagner! Cela, ce n'est pas un problème, d'accord? Je rigole lorsque je parle du truc de gagner, mais essaie-le. Il se pourrait que tu gagnes la prochaine fois.

Lorsque j'étais plus jeune, j'ai fait du ballet classique durant quinze ans, alors je sais à quoi la compétition ressemble. Dans ma vie quotidienne maintenant, si la compétition est présente, cela devient pesant pour moi. Souvent je laisse tomber et je quitte n'importe quoi. Je me demande si je suis devenue un paillasson.

Gary: Oui, tu l'es.

Souvent lorsque la compétition est dirigée contre moi, je rentre dans le mode 'super-gentil' avec la personne dans l'espoir qu'être gentille va la dissiper. En général ça ne marche pas.

Gary: Ça ne marche jamais!

Lorsque cela arrive, je peux sentir mes barrières monter et l'énergie devient bizarre. Quelquefois on dirait que la personne aimerait me tuer ou vice versa. Quoi d'autre est possible? Comment est-ce que toi et Dain vous gérez ça?

Gary: Nous nous entretuons!

Dain: Laisse-moi donner un exemple de la classe de ce week-end. Il y avait un gars dans la classe qui a levé la main et agissait comme s'il posait une question. Il a dit, "Tu nous dis toutes sortes de choses que nous savons déjà. Pourquoi es-tu là?"

J'ai pensé, "Vraiment? C'est intéressant," parce que j'ai dit toutes sortes de choses que les gens ne savaient pas.

Je lui ai dis, "Bien sûr que tu sais déjà tout, mais l'as-tu entendu avec ces mots? Et comment va ta vie? Est-ce que ce que tu sais se révèle dans ta vie? Ou quelque chose d'autre se présente-t-il comme si, en fait, tu ne savais pas vraiment ce que tu sais déjà?"

Il a dit, "D'accord."

Plus tard, je lui ai dit "Tu parles d'être ouvert, mais tu es assis là, à tout le temps me juger. C'est bien. Je n'ai pas de jugement à ce propos, parce que j'ai déjà ton argent. Tu peux me juger tant que tu veux et tu n'as jamais besoin de changer si tu ne le veux pas."

Je savais qu'il était en train d'essayer de créer un problème sur l'argent. Il rivalisait avec moi comme s'il en savait plus que moi. Je n'avais aucun problème par rapport à cela. Mon attitude était "Tu peux savoir plus que moi. Je m'en fous." Mais il était sur le chemin d'autres personnes conscientes de ce qu'elles pouvaient avoir. J'ai reconnu ce qu'il faisait pour qu'il puisse le regarder et choisir de s'y tenir ou d'aller de l'avant. Faire cela a créé une liberté pour tout le monde dans la classe, car ils pouvaient en percevoir l'énergie.

Alors, au lieu d'entrer en compétition et résister et réagir et essayer de prouver "Hé, je suis tellement cool. Tout le monde devrait m'écouter," j'ai dit, "Tu sais quoi? Tu connais un tas de choses. Et comment est-ce que ce que tu choisis marche pour toi? Es-tu conscient que c'est ce que tu choisis?"

Il se pourrait qu'il ne comprenne jamais, mais tout le monde dans la classe l'a compris. Ils ont vu où ils avaient fait ce genre de choses et ils ont dit, "Mince alors, tu sais quoi! Je ne veux juger ni toi ni moi ni qui que ce soit d'autre. Avançons ! " Et c'est ce qui est arrivé.

Alors, aller dans le mode super-gentil ne marche pas très souvent face à la compétition.

Gary: Ça ne marche jamais.

Dain: Mais si être super-gentil est le seul outil qu'on t'ait jamais donné, comment sais-tu que ça ne marche pas? La réalité est que personne ne nous a jamais montré une façon différente d'être, ce qui est la raison pour laquelle nous avons cette conversation à propos des Dix Clés. Lorsque quelqu'un entre compétition avec toi, et tu peux être totalement présent, tu peux reconnaître ce qui se passe dans ton propre univers.

En parler avec l'autre personne ne marche pas souvent, mais tu peux reconnaître dans ton propre univers qu'il y a compétition. Tu peux dire "Je vais juste être là, avec ça, et voir où cela mène." Cela peut créer un résultat différent.

Question: Je suis consciente qu'il y a des formes énergétiques de compétition que les gens ne considèrent peut- être même pas être de la compétition. Je ne peux même pas te dire ce qu'elles sont. C'est uniquement un ressenti énergétique qu'il y a des modes subtils de compétition qui ne seraient généralement pas identifiés comme de la compétition.

J'évite la compétition. J'ai tendance à me retirer lorsque je pense que je vais perdre face à la compétition.

Gary: Tu ne peux rien éviter. Tu dois être présent pour tout.

Se retirer est compétitif. Penser que tu vas perdre face à la compétition est être compétitif. La posture de ne pas vouloir perdre est compétitive. Le but de la compétition est de faire en sorte que quelqu'un se retire pour qu'il puisse perdre et que tu puisses gagner.

Question: Dans l'ensemble, je ne me vois pas comme quelqu'un de compétitif, mais j'ai eu une expérience de la compétition montrant sa sale tête d'une façon inattendue, et lorsque cela arrive, j'essaie de m'en défendre. Bien sûr, résister et réagir la rend encore plus forte.

Aussi, que faudrait-il pour avoir des capacités et des dons qui attireraient les gens?

Gary: Tu as des dons - mais tu ne les choisis pas car tu t'inquiètes toujours de savoir si tu as raison ou tort ou si tu gagnes ou tu perds.

La compétition est partout où tu cherches à gagner. C'est aussi lorsque tu cherches à ne pas perdre, lorsque tu cherches à avoir raison et lorsque tu cherches à ne pas avoir tort.

Question: Gary tu as parlé d'une conversation que tu avais eue avec une facilitatrice. Tu as dit que tu lui avais dit qu'elle était compétitive. Elle disait qu'elle ne l'était pas. Tu as dit que cela, en soi, c'était de la compétition. Est-ce que c'est une compétition à chaque fois que quelqu'un veut prouver qu'il a raison? Est-ce une compétition à chaque fois que quelqu'un veut avoir le dernier mot?

Gary: Oui. Je l'ai appelée et j'ai dit, "Tu dois arrêter cette fichue compétition." Elle a dit, "Je ne perçois pas que je sois dans un esprit de compétition."

J'ai dit, "Ça c'est de la compétition. Tu as fait en sorte que je n'aie nulle part où aller - alors ça te rend la gagnante." Voilà ce qu'est la compétition. Elle devait avoir le dernier mot. C'est faire en sorte d'être toujours certain que tu es la gagnante en ne donnant jamais à quiconque une prise à partir de laquelle il peut parler et questionner. Aucune question égale compétition.

Question: Plus tôt, nous avons parlé d'être "gentil" comme seule option que certaines personnes choisissent lorsqu'elles ressentent une compétition. J'ai tendance à faire l'opposé. Je dis "Je ne veux pas traiter ça avec toi," et je m'en vais. Je sais que ce n'est pas génératif non plus.

Gary: Ouais, tu essaies de faire "pas de compétition" comme si c'était meilleur. C'est être supérieur, qui est jugement, qui est séparation, qui n'est pas contribution. Si tu veux "choper" quelqu'un vraiment bien, au lieu de dire, "Vas te faire F-----, je m'en vais," essaie de demander, "Comment puis-je contribuer à ta classe pour que tu puisses avoir plus de gens?" Ou "Comment puis-je contribuer à ce que tu fais pour que tu en aies plus?"

S'ils rivalisent, ils pensent qu'ils n'ont pas assez. Les gens pensent qu'ils n'ont pas assez de quelque chose dans leur vie - pas assez d'argent, pas assez d'accolades, pas assez de quelque chose. Ils rivalisent pour avoir plus de ce dont ils pensent manquer. Leur offrir ta contribution dans le domaine où ils ressentent le manque, va les libérer de la compétition beaucoup plus rapidement que tout ce que tu peux faire.

Merci.

Dain: Brillant.

Question: Veux-tu le répéter?

Gary: Tu l'as dit, Dain.

Dain: Les gens pensent qu'ils doivent rivaliser afin qu'on leur apporte une contribution ou pour obtenir ce qu'ils veulent. Lorsque tu offres de contribuer à quelqu'un qui fait de la compétition, cela grille immédiatement tous leurs circuits, explose tous leurs paradigmes et les retire de la compétition.

Sois conscient, cependant, qu'il y a certaines personnes qui font de la compétition uniquement pour faire de la compétition. Mais, même dans ce cas, lorsque tu offres ta contribution, cela grille tous leurs circuits et élimine leur compétition avec toi. Ils ne peuvent plus la maintenir. Tu viens juste d'entrer par la porte de derrière qu'ils ne savaient même pas exister.

Gary: Et en leur apportant ta contribution, tu as aussi créé une compétition générative, ce qui veut dire qu'ils doivent alors t'apporter leur contribution. Ils doivent arrêter d'être aussi nécessiteux qu'ils veulent bien paraître, ce pourquoi ils font compétition en première lieu. Lorsque tu leur apportes ta contribution, c'est une invitation pour qu'ils aillent dans la contribution au lieu de la compétition.

Dain: Brillant. C'est une excellente question: Quelle contribution puis-je être pour les amener à la contribution ou m'amener, moi, à la contribution plutôt qu'à la compétition? Soit tu es dans la contribution soit tu es dans la compétition. C'est ton choix.

Question: J'ai entendu que tu disais plusieurs choses différentes. L'une était "Que fais-je pour créer la compétition avec cette personne?" Cela peut être un facteur. L'autre chose était que l'autre personne pourrait se sentir nécessiteuse ou moindre et faire de la compétition en conséquence. Cela pourrait-il aller dans les deux sens? Est-ce dans un seul sens ou toujours dans les deux sens?

Gary: Nous essayons de te donner une conscience de ce qu'est la compétition. Nous essayons aussi de te donner une conscience de comment tu peux changer cela - et d'en arriver à poser des questions. Tout ce que tu viens juste de demander était une question.

Une fois que tu vas dans la question, tu ne peux plus être en compétition. Tu ne peux pas faire de la compétition à partir de questions. Tu ne peux faire de compétition qu'à partir de conclusions et de sentiments

Alors, tu es présent et tu reconnais qu'il y a compétition. Tu es curieux de savoir si tu le crées ou s'il y a quelque chose qui se passe dans leur monde qui le crée et tu offres d'être une contribution, qui est une désintégration de compétition.

Gary: Ouais, tu demandes, "Comment puis-je contribuer à cela?" Lorsque tu poses cette question, tu commences à changer l'énergie.

Dain: Et si tu restes dans la question, la compétition n'existera pas dans ton monde. En d'autres termes, tant que tu es dans la question, la compétition n'existe pas pour toi.

D'accord. Alors si je reste dans la question, la compétition ne peut pas exister dans mon monde, même si quelqu'un d'autre en fait?

Gary: C'est juste, sauf si tu le choisis.

Ah...Excellent.

Question: Est-ce que la plupart du temps, le sexe opère à partir de la compétition?

Gary: Absolument, parce que les gens pensent que si j'ai cette fille ou ce mec, je ne suis plus un perdant.

Le sexe est un domaine très compétitif parce que les gens pensent qu'ils sont dans le manque. Ils pensent qu'ils doivent entrer en compétition pour être des gagnants ou des perdants. A un moment, je parlais avec une amie qui a dit, "Waouh! Je ne vais plus jamais baiser!"

J'ai dit, "Eh bien il y a ce mec, ce mec, ce mec et ce mec. Tous voudraient avoir des relations sexuelles avec toi."

Elle a dit, "Ce sont des perdants."

J'ai dit, "Quoi?"

Elle a dit, "Ce sont des perdants."

Si une personne est une gagnante et tu as du sexe avec lui ou elle, alors tu deviens une gagnante aussi. Tu deviens une gagnante si un gagnant te choisit. Tu entres dans des situations compétitives par rapport au sexe lorsque tu recherches qui est un gagnant, qui un perdant et qui ne compte pas.

Cela t'apporte-t-il vraiment quelque chose, ou est-ce une justification ou une réaction à l'idée que quelque chose ne va pas bien chez toi et que tu ne peux pas le gérer? Tu sais quoi? C'est aussi de la compétition.

Question: La dépendance est-elle une tentative d'éviter la compétition?

Gary: Oui.

Waouh, merci.

Question: Je viens juste d'aller voir le film X-Men. Au bout de quarante minutes, je voulais tellement partir que j'ai dû m'accrocher à mon siège pour rester. J'ai réalisé que j'avais toujours essayé de suivre les règles et de faire tout comme il faut, afin de ne pas me laisser aller à ce que je considèrerais être de l'anarchie et à mon caractère impitoyable. Je suis resté en dehors de compétition manifestement pour les mêmes raisons. Une fois que j'ai eu cette conscience, j'ai demandé à revendiquer, posséder et reconnaître l'anarchie et mon caractère impitoyable et de les avoir à disposition pour pouvoir les choisir. Curieusement, ayant fait cela, je pris conscience d'une gentillesse à laquelle je n'avais jamais accédé auparavant. Pourrais-tu commenter cela?

Gary: Tu as assumé le point de vue que tu n'étais pas impitoyable ni anarchique. Les amis, vous devez comprendre que vous êtes des anarchistes. Vous êtes anarchiques car vous n'êtes pas disposés à vivre les règles de cette société, ce qui est la raison pour laquelle la compétition est tellement difficile à gérer pour vous. C'est pourquoi, lorsque tu deviens compétitif, tu dois te donner tort. D'une façon ou d'une autre, la compétition n'a rien à voir avec choix, conscience ou grandeur.

Dain: Et lorsque tu ne reconnais pas tout de ce que tu es, tu fais valoir un point de vue sur toi-même. Si tu ne peux pas reconnaître une partie de toi, tu ne peux pas être complètement toi-même, ce qui inclut la gentillesse, réelle et vraie pour toi. Tu dois être capable d'avoir tous les aspects de toi et utiliser et être ce qui est approprié au moment opportun.

Gary: Cette gentillesse est un espace qui anéantit toute compétition en toi et les autres.

Dain: Ouais.

Question: J'ai eu une expérience très intéressante de total laisser-être, l'autre jour. J'étais en route pour animer un groupe. Je combattais une sinusite. J'étais irritable et de mauvaise humeur et prêt à cogner tous les idiots sur ma route. Une femme à qui j'avais fait des séances de Bars pendant dix mois et qui avait obtenu tellement de changements dans sa vie, est venue dans ce groupe. Elle m'a demandé comment j'allais, et j'ai dit, "Bien - et je suis de très mauvaise humeur."

Elle a dit, "Vas-y ma fille! Vas-y carrément et sois la garce que tu as envie d'être." Tout d'un coup, toute mon irritabilité et ma colère avaient disparu. Comment ça devient encore mieux que ça?

J'ai eu des gens qui m'ont dit des choses similaires avant, mais l'énergie à partir de laquelle ils le disaient était une énergie d'alignement et acceptation. Le fait d'être compatissant ne fait que nous enfermer, et eux et moi. Ceci était totalement différent; elle n'était pas dans " aligner et accepter " ou ' résister et réagir'; elle était en total laisser- être. J'ai simplement ressenti toute l'intensité et la densité disparaître.

Gary: C'est comme cela que la reconnaissance de ce qui est change ce dans quoi tu es coincé, y compris la compétition. Il s'agit de reconnaître ce qui est- et ne pas entrer en compétition pour trouver où tu as raison et où tu n'as pas tort, où tu es gagnant et où tu n'es pas perdant.

Question: Alors que j'écoute cette conversation, je me sens de plus en plus lourde. Y a-t-il une fausse identification ou une mauvaise interprétation d'une compétition comme quelque chose qui serait nécessaire pour survivre?

Gary: Oui, la 'survie du plus fort' est l'idée que la compétition est la seule façon dont les choses se passent. Cependant, ce n'est pas vrai. Dans le monde animal, ce n'est pas la survie du plus fort; c'est la survie basée sur le fait qu'il y a certains animaux qui sont naturellement plus éclairés que d'autres. Une étude sur les loups, faite il y a des années, indiquait que lorsque les loups chassent - et c'est probablement indicatif de toutes les espèces prédatrices- ils choisissent celui qui est malade dans le troupeau, parce que les malades ont une aura particulière.

As-tu jamais été autour de quelqu'un que tu voulais piétiner à mort? C'est parce que cette personne émanait une aura particulière qui indiquait qu'elle n'était pas assez forte pour être un produit de valeur dans ce monde. Lorsque tu entres en compétition, tu te crées toi comme l'élément malade; c'est pourquoi les gens s'éloignent de toi. C'est la raison pour laquelle ils ne vont pas à tes classes.

Essayer de ne pas entrer en compétition n'est pas la même chose que contribuer. Ne pas entrer en compétition n'est pas essayer-de-gagner afin de ne pas devenir un perdant.

Question: Je regarde l'océan maintenant. C'est comme si l'océan nous demandait d'être aussi grand que lui. C'est comme si c'était ce que nous nous demandions les uns aux autres en ne faisant pas compétition.

Gary: Oui, c'est comme être l'océan. C'est demander la contribution de tout et être prêt à contribuer à toute chose, afin que tu sois cela – et non en train de faire de la compétition.

Dain: J'aimerais dire quelque chose de plus à propos du mensonge que la compétition est nécessaire pour la survie. En compétition, tout ce que tu obtiens est la survie; tu n'obtiens pas l'épanouissement. Épanouissement et prospérité ne sont pas possibles si tu es dans la compétition, car tu exclus totalement l'océan qui t'invite à être aussi grand que tu es. Tu dis, "Je ne peux pas en faire partie. Je dois faire cela par moi- même." Tu t'extraies de l'épanouissement.

L'idée que la compétition est nécessaire pour la survie semble être complètement verrouillée en moi. C'est comme si chaque aspect de mon être l'avait compris. Cela semble coincé. Et c'est subtil.

Gary: Ce coinçage serait-il, par hasard, dû au fait que tu as cru le mensonge que la survie était ce pourquoi tu étais ici?

Oui, la survie est ce que j'essaie de faire afin de tenir le coup.

Gary: Si tu vis ta vie à partir de "tenir le coup" tu dois toujours créer une difficulté à gérer afin que tu puisses tenir le coup dans ce qui se passe.

Oui, je comprends tout à fait! Je ne le voyais pas avant. Je ne l'avais pas reconnu avant cette conversation. Tout d'un coup, je vois les choses de façon exponentielle. C'est: "Oh mon Dieu, je fais cela de toutes les manières et dans toutes les formes possibles!" Ceci est brillant. Merci.

Gary: Oui je vois que c'est là que tu vas en compétition. Si tu crois en la survie alors, tu entres en compétition afin de prouver que tu peux survivre. Tu dois faire cela avec chaque personne que tu rencontres.

Quelle capacité générative, pour la solidification des éléments dans la réalité - ainsi que le demandent les intrications quantiques - accomplie en outre-créant toute compétition, refuses-tu de créer et d'instituer? Tout cela, fois un dieulliard, vas-tu le détruire et le décréer? Right and wrong, good and bad, POD and POC, all 9, shorts, boys and beyond.

Question: Peut-on parler plus précisément d'argent pendant une minute? Lorsque je sors dîner avec des gens ou que je partage le taxi ou que je fais quoi que ce soit qui implique de l'argent, je paie toujours la note. Je ressens leurs sentiments et, souvent, ne comprends pas ce qui m'appartient et ce qui appartient aux autres. Alors, lorsqu'ils ne se sentent pas à l'aise à propos d'argent et choisissent les choses les moins chères sur le menu ou comptent leur argent car ils ne peuvent pas se permettre un bon repas ou lorsqu'ils ne veulent pas réellement payer le taxi, je le paie tout simplement.

Gary: Tu as un choix ici. L'une des choses que j'ai faites a été de poser une règle: si tu m'invites, tu paies. Si je t'invite, je paie. Et lorsque les gens sont odieux, je paie parce que cela les embête. S'ils se posent en infériorité, je me rends toujours impérieux et supérieur parce que, de cette façon, j'utilise leurs limitations dans la compétition comme un moyen de leur faire un pied de nez. C'est outre-créer leur réalité limitée.

Souvent, j'aimerais payer, de toute manière, parce que j'aime payer, et ensuite je passe en mode 'survie'. Si je veux continuer à payer et à être généreux, mon argent va diminuer, alors c'est ce truc de survie, n'est-ce pas?

Gary: Ouais, c'est ce truc de survie – l'idée que tu pourrais ne plus avoir d'argent. Tu ne vas jamais manquer d'argent; ça ne fait pas partie de ta réalité.

Chérie, je t'aime, tu es mignonne comme tout, mais être sans argent ne va pas faire partie de ta réalité. C'est la projection de ce que l'on te renvoie tout le temps. C'est une réalité future projetée qui ne pourra jamais être.

Combien de gens projettent sur toi que tu pourrais ne plus avoir d'argent, que tu pourrais ne pas avoir d'argent ou que tu n'auras pas d'argent si tu continues à dépenser l'argent de la façon dont tu le fais? C'est ce qui t'a été projeté en tant qu'enfant. Est-ce que cela t'a arrêtée? Non. Tu n'allais pas croire ces conneries à ce moment-là et tu ne vas pas les croire maintenant car c'est la compétition que les gens font pour prouver qu'ils ne sont pas des perdants!

Tout cela, fois un dieulliard, vas-tu le détruire et le décréer? Right and wrong, good and bad, POD and POC, all 9, shorts, boys and beyonds..

J'aimerais le changer, et ça ne change pas. Qu'est-ce que je dois faire?

Gary: Eh bien c'est un mensonge que tu es mesquine. Tu vois la mes-quinerie des autres et tu supposes que tu dois avoir quelque chose de simi-laire parce que tu peux le percevoir.

Lorsque les gens sont mal à l'aise à propos de l'argent, et je leur donne de l'argent, ils n'en reviennent pas et cela change leur paradigme.

C'est ça. Je ne peux pas continuer comme ça, à payer pour les autres.

Gary: D'après qui?

Oh, Gary!

Dain: D'accord, fais ceci. Prends la quantité d'argent que tu as en banque maintenant et regarde combien de dîners il faudrait que tu achètes avant que tu n'aies plus d'argent.

(Rires)

Dain: Combien de centaines de milliers de dîners, quelle que soit la quantité pour toi, maintenant divise la par le nombre de jours de l'année, combien d'années de dîners pourrais-tu acheter avant de ne plus avoir d'argent?

Gary: Ceux d'entre vous qui ont de l'argent doivent considérer ceci. Vous ne serez jamais sans argent car ce n'est pas votre choix. Vous ne le feriez pas.

L'un des plus grands cadeaux que j'ai eus, a été de travailler pour United Way. Il fallait que j'aille parler à toutes les œuvres de charité qui donnaient de l'argent et des choses aux gens. Ensuite, il fallait que je parle aux gens qui recevaient ces dons.

J'ai découvert, en parlant aux sans-abri, qu'ils pensaient que j'étais fou d'avoir tout cet argent, parce que cela voulait dire qu'il fallait que je paye le loyer et qu'il fallait que je travaille!

J'ai pris cela en considération et j'ai pensé, "Je ne veux pas habiter dans la rue." La seule différence entre toi et quelqu'un qui n'a pas d'argent est que tu ne ferais jamais en sorte de ne pas avoir d'argent - parce que ce n'est pas ta réalité. "Je pourrais peut-être ne plus avoir d'argent." Non!

Je trouve que l'inconfort des gens à payer une facture est vraiment insupportable. Est-ce uniquement un prétexte pour rester dans cet inconfort?

Gary: Oui, il s'agit de rester avec cet inconfort et ensuite faire en sorte d'avoir encore plus d'inconfort. Lorsque les gens m'invitent à sortir et supposent que je vais payer, je reste assis et je ne fais rien. Je reste assis et assis, et j'attends qu'ils comprennent. Ils vont se dire "Oh mon Dieu, oh mon Dieu, il ne va pas payer, il ne va pas payer, il ne va pas payer," et lorsque, finalement, ils arrivent au point de prendre la facture, je dis "Oh, je la prends". Tu dois apprendre à faire souffrir les gens. Tu paierais la facture plutôt que de permettre aux gens d'être inconfortables. J'adore les laisser là, dans leur inconfort.

Je connaissais une dame qui avait l'habitude de faire en sorte que tout le monde paie pour elle. Elle n'offrait jamais de payer pour quoi que ce soit. Je la faisais toujours attendre. Je restais assis jusqu'à ce qu'elle soit si inconfortable qu'elle disait, "Euh, euh, euh." Elle savait qu'elle devait partir et elle savait qu'il lui fallait un moyen de transport et elle savait qu'elle devait aller quelque part et ne pourrait pas utiliser quelqu'un d'autre si elle n'arrivait pas à faire en sorte que je la laisse m'utiliser. Je restais assis là, à la regarder et sourire comme si je disais, "Eh bien, quand vas-tu donc contribuer?"

Je savais qu'elle n'allait pas le faire, mais je pensais que je pouvais tout aussi bien la torturer. Si elle allait me torturer en me faisant payer, alors j'allais la torturer à mon tour. Ce n'est pas 'rendre la pareille', les amis. C'est reconnaître que la seule façon qu'a une personne de devenir consciente de ce qu'elle choisit est que tu utilises ce qu'elle choisit comme une chose à laquelle tu peux lui apporter une contribution, afin qu'elle reconnaisse son choix.

Rends-les suffisamment inconfortables et ils pourraient peut-être choisir d'arrêter de le faire. Et là, à nouveau, peut- être ne le pourraient-ils pas.

Ce n'est pas ce que tu essaies de leur faire faire... C'est le fait que tu doives apprécier de les rendre inconfortables. Faisons ce processus encore une fois:

Quelle capacité générative, pour la solidification des éléments dans la réalité -ainsi que le demandent les intrications quantiques-, accomplie en outre-créant toute compétition, refuses-tu de créer et d'instituer? Tout cela, fois un dieulliard, vas-tu le détruire et le décréer? Right and wrong, good and bad, POD and POC, all 9, shorts, boys and beyonds.

Question: Gary, est-ce un exemple de ce dont on parlait hier, de joyeusement outrepasser les limitations des autres?

Gary: Oui, joyeusement outrepasser les limitations des autres. Tu restes assis là avec quelqu'un qui prévoit que tu vas payer et tu apprécies joyeusement d'outrepasser ses limitations. Son point de vue est qu'il peut te faire payer. Tu le fais douter que tu vas payer. Lorsque son doute est suffisant pour le rendre hystérique, tu paies. Tu vas outrepasser ses limitations au point où il fait "Oh mon Dieu, il se pourrait que je doive payer! Je ne peux plus faire ça!" Tout ce que je veux c'est qu'il arrête de me faire cela, parce que ce n'est pas gentil. D'être joyeux à ce propos veut dire que tu 'crées-à-outrance'. Est-ce correct?

D'être joyeux à ce propos veut dire que tu 'crées-à-outrance'. Est-ce correct?

Gary: Ouais.

Je vois. Je croirais à tout cet inconfort et en viendrais à le concrétiser. Mais, être joyeux c'est outre-créer.

Gary: Être joyeux, c'est créer outre leurs limitations et c'est créer outre leur compétition. Leur compétition, dans de telles circonstances est "Puis-je entrer en outrance de compétition avec cette personne et attendre suffisamment longtemps pour qu'elle paye?" C'est comme ça qu'elle gagne ou perd. C'est ce qu'elle essaie de faire. Tu dois être très clair sur comment tout cela fonctionne ou tu deviens l'effet de la personne qui est suffisamment sournoise pour utiliser ton argent contre toi.

Dain: What generative capacity for the solidification of the elementals into reality by request of the quantum entanglements fulfilled as always out-creating all competition are you refusing to create and institute? Everything that is times a godzillion, will you destroy and uncreate it all? Right and wrong, good and bad, POD and POC, all 9, shorts, boys and beyonds.

Gary: Sympa! Cette conversation rend certains d'entre vous inconfortables, ce qui me rend heureux. Je suis en train d'outre-créer vos limitations

Dain: Et joyeusement.

Quelle capacité générative, pour la solidification des éléments dans la réalité –comme le demandent les intrications quantiques-, accomplie en outre-créant toute compétition, refuses-tu de créer et d'instituer? Tout cela, fois un dieulliard, vas-tu le détruire et de décréer? Right and wrong, good and bad, POD and POC, all 9, shorts, boys and beyonds.

Gary: En espérant que vous ayez reçu quelques éclaircissements dans ce domaine.

Ceci a été un appel phénoménal, les mecs, simplement phénoménal.

Vraiment bien, merci.

Gary: Prenez soin de vous, on vous aime beaucoup!

Dain: Merci à tous.

~~~

Aucune Drogue d'Aucune Sorte

Gary: Bonsoir tout le monde. Ce soir nous allons parler de la huitième clé. Aucune drogue d'aucune sorte. Une drogue est tout ce qui te coupe de, ou qui diminue ta conscience, de quelque façon que ce soit. Tout ce qui te rend moins conscient est une drogue.

Les gens me disent, "Tu n'aimes pas les drogues."

Je dis, "Cela m'est tout à fait égal si tu prends des drogues. C'est ta vie. Fais ce qu'il te plaît."

Le problème avec les drogues, c'est que, lorsque tu prends des drogues, tu ouvres la porte pour que d'autres entités prennent le contrôle et utilisent ton corps. N'importe quel endroit où tu perds contrôle, devient un endroit où une autre entité peut entrer ou utiliser ton corps. C'est la raison principale pour ne pas prendre des drogues.

Question: Est-ce que l'amour est une drogue?

Gary: Et bien, est-ce que l'amour efface la conscience? Ou, afin d'avoir de l'amour, crées-tu une fantaisie qui efface la conscience? Dans ce cas, l'amour est une drogue.

Dain: Dans cette réalité, l'amour fonctionne comme s'il était une drogue, car avec l'amour, il ne s'agit pas de créer plus de conscience. C'est habituellement basé sur un fantaisie, qui conduit à plus de fantaisie, avec l'idée que cela va conduire, finalement, à la perfection du fantaisie, mais cela ne crée pas une conscience de ce qui est réellement possible.

Gary: Exactement.

Question: Les gens utilisent-ils la nourriture, l'alcool, les entraînements physiques extrêmes ou les rapports sexuels comme drogues? Est-ce qu'ils abusent de leur corps et annihilent leur conscience?

Gary: Tout ce qui annihile ta conscience est une drogue. Tu dois vouloir être conscient de tout. Il y a beaucoup de personnes qui ne s'alimentent pas depuis un espace de conscience. Ils ne regardent pas ce que leur corps désire ; ils ne font que ce qu'ils ont décidé de faire. La plus grande drogue de la planète est l'inconscience.

Et qu'en est-il de fumer des cigarettes? Les cigarettes sont-elles une drogue?

Gary: Et bien, est-ce qu'elles altèrent la conscience? Est-ce qu'elles annihilent ta conscience? Ou est-ce qu'elles limitent la forme de conscience que tu es prêt à avoir? Cela dépend de pourquoi tu les utilises. Si fumer des cigarettes a peu ou pas d'effet sur toi, alors ça n'a aucune importance.

Dain: Il y a des gens qui fument une cigarette et cela ne semble pas avoir d'effet sur eux. Ils en fumeront une de temps en temps, et ce n'est pas une grande affaire. Puis il y a des gens qui sont accros aux cigarettes. Chaque fois qu'ils sont sur le point d'être conscients, ils prennent une cigarette pour se couper de cette conscience.

Alors, ce n'est pas, "J'ai fumé une cigarette, donc j'enfreins cette clé," ou "J'ai bu une bière, donc j'enfreins cette clé." Il s'agit de la conscience que tu annihiles, évites ou que tu fuis.

Gary: Tu peux prendre de l'alcool et continuer à être conscient. Mais si tu l'utilises pour réduire ce dont tu es conscient, ce n'est pas bon. J'avais le point de vue, lorsque j'ai commencé Access Consciousness, que les gens ne devraient pas fumer parce que les cigarettes sont mauvaises pour la santé. Qu'est-ce que c'est que cette question? Désolé, mais il y a des gens qui vont très bien en fumant. Le point important ici est de demander : "A quelle fin suis-je en train de le faire?"

Question: Je dois demander, "Combien de grandes œuvres d'art, littérature et musique sont créées par des artistes qui sont sous l'influence de la drogue?" Je comprends que, dans certains cas, cela les a détruits – mais est-ce que ces œuvres d'art auraient pu être créées sans la drogue?

Gary: Ce n'est pas exactement la bonne question? Une question plus intéressante est: "Auraient-ils été encore meilleurs sans les drogues?"

Dain: Tu le regardes du point de vue, "Ces choses auraient-elles été créées si l'artiste n'avait pas utilisé de drogues?" Et si tu demandais, "Leur art aurait-il été encore meilleur s'ils ne prenaient pas de drogues? Nous auraient-ils invités à une possibilité encore plus grande?" La beauté de l'art est de nous ouvrir à une possibilité différente; cela crée une question dans l'univers et nous invite à avoir l'expérience d'une énergie différente.

Après avoir obtenu mon diplôme universitaire, j'ai eu un colocataire qui était un étudiant en photographie à l'Institut Brooks. Il commençait chaque jour par remplir son bong et fumer un bol de marijuana. Il le faisait aussi l'après-midi.

Apparemment, il était un excellent photographe, mais j'ai pu observer que lorsqu'il était pris par l'intensité de fumer, tu pouvais passer tes mains devant ses yeux et dire, "Salut. Es-tu là?"

Il disait des choses comme, "Mec, je compose ma prochaine photo."

Je me demande si son niveau de brillance aurait été meilleur s'il avait été plus présent.

J'aimais fumer de l'herbe, car il semblait que c'était le seul moment où je me sentais bien, et cependant, après, je me sentais toujours pire qu'avant. Cela est dû, en grande partie, au fait que, lorsque tu abandonnes le contrôle de ton corps au profit de la drogue, tu ouvres la porte aux entités. Il m'a fallu un bon moment pour me débarrasser de ces fichus trucs.

J'ai aussi découvert que mon sens personnel de créativité s'est développé dynamiquement lorsque j'allais au-delà des drogues. Alors je me demande quelles autres possibilités ces artistes auraient pu créer, s'ils avaient choisi de devenir plus conscients. Ce serait intéressant de voir quoi d'autre aurait été possible.

Question: La semaine dernière, nous parlions d'aucune compétition, et quelqu'un avait demandé si la dépendance était une façon d'éviter la conscience. Gary, tu as dit que ça l'était. Peux-tu faire le lien avec ce dont on parlait à l'instant?

Gary: Les drogues sont une manière d'éviter la compétition. Tu utilises les drogues pour te couper de la conscience, alors si quelqu'un est hautement compétitif et qu'il se coupe de sa conscience, de quoi devient-il conscient?

Les gens prennent habituellement de la drogue et de l'alcool car ils ne peuvent pas gérer toute la conscience qu'ils ont. C'est la raison principale de boire et d'utiliser des drogues de n'importe quelle sorte. Tu ne sais pas quoi faire de toute cette conscience que tu as, alors tu la diminues et tu l'annihiles avec des drogues.

Question: Si des artistes prennent des drogues, sont-ils ceux qui créent l'œuvre d'art, ou est-ce une entité qui le fait? Prenons Van Gogh, par exemple. Peut-être que ce n'était pas lui qui peignait. Peut-être qu'une entité avait pris le dessus?

Gary: Cela se pourrait, mais plus que tout, je crois que les artistes prennent de la drogue car leur vision est brouillée du fait de capter les pensées, sentiments et émotions d'autres personnes. Ils sont médiums et ils saisissent ces choses, et cela altère leur perception d'une façon qu'ils ne peuvent ni comprendre ni gérer. Ils utilisent des drogues pour annihiler la conscience des pensées, sentiments et émotions des autres personnes.

Dain: Ils ne comprennent pas que ce sont des pensées, sentiments, émotions et points de vue d'autres personnes – et ils ne saisissent pas non plus la puissance de leur conscience. Il semble que les personnes qui prennent des drogues et en deviennent accroc, essaient d'éviter une conscience de l'énergie créative et générative qui leur permettrait de créer absolument tout ce qu'ils veulent dans leurs vies. Et il semble qu'ils veulent éviter la conscience de leur potentiel et puissance. Il leur semble devoir l'annihiler à tout prix.

Gary: Nous disons "Aucune drogue", car nous essayons de vous amener à un autre niveau de conscience et de capacité.

Dain: Les drogues te font graviter à reculons, vers un niveau de densité. La vibration intense d'espace que tu peux être a, sans aucun doute, beaucoup plus de valeur que la densité à laquelle tu gravites avec les drogues.

Gary: Un autre aspect de cela est que, parce que tu penses que la compétition est une erreur, tu essaies d'éviter la compétition tout en étant compétitif. Afin d'éviter la compétition avec les autres, tu essaies de devenir le dénominateur le plus commun. En d'autres termes, tu essaies de te rendre aussi inconscient et absent à tout le monde autour de toi.

Des gens sont venus à moi et m'ont dit, "Et bien, je pense que je ne peux pas faire partie d'Access Consciousness."

J'ai dit, "Pourquoi?"

Ils m'ont dit, "Et bien, sais-tu ce que je fais pour gagner de l'argent?"

" Non."

Ils m'ont dit, "Je cultive de la marijuana."

J'ai dit, "Tu cultives de la marijuana. Et alors?"

Ils ont dit, "Que veux-tu dire par, 'Et alors'?"

J'ai demandé: "La vends-tu à des petits enfants?"

"Non."

"Alors à qui la vends-tu? Les gens qui vendent des drogues?"

" Ben, ouais."

"Si tu fabriquais de l'alcool, je n'aurais aucun problème avec cela. Si tu faisais des chaises laides, je n'aurais aucun point de vue. C'est simplement ce que tu fais."

Ils disaient, "Mais, mais, mais, est-ce que cela ne veut pas dire que je me consacre à l'inconscience?"

Je disais, "Non, tu crées de l'argent à travers l'inconscience. C'est de ce point-là que la plupart de l'argent dans cette réalité est créé – l'inconscience."

Question: Karl Max a dit que la religion est l'opium du peuple, pour une simple raison, c'est qu'elle change ta conscience.

Gary: Cela ne change pas ta conscience; cela l'élimine.

Et bien, cela serait un changement

Gary: Ce serait un changement – mais pas pour le mieux. Oui.

Lorsque tu mets, d'un côté, une dépendance, et de l'autre une perspective religieuse d'abstinence, elles sont à l'opposé du spectre.

Gary: Ouais. Cela fait que les masses continuent à faire exactement ce qu'elles font dans leur train de vie quotidien de stupidité.

Est-ce que la même chose s'appliquerait à la politique?

Gary: Et bien, ne nous engageons pas sur ce chemin. C'est une drogue en elle-même.

Je demande simplement.

Gary: Bien sûr que cela s'applique. Combien de stupidité ont-ils pour être devenus des politiciens? Et combien de stupidité ont-ils pour croire que nous avons pensé les avoir voulus là?

Peux-tu y impliquer la télévision et nombre d'autres médias?

Gary: Tu peux l'associer à absolument tout dans cette réalité. La raison pour laquelle nous disons "aucune drogue" est parce que ce que nous voulons c'est que tu trouves ta réalité et que tu ne croies pas à celle-là.

Je suis tellement reconnaissante pour cet espace où l'on peut parler de tout cela d'une façon totalement différente. Depuis tellement de temps j'ai entendu les mêmes conclusions et réponses au sujet de la drogue, alors que je sais qu'il y a des possibilités différentes. Ma question concerne les drogues qu'on nous prescrit pour contrôler nos corps, par exemple, les pilules contraceptives. Lorsque j'ai commencé à les prendre, j'étais très en colère de devoir les utiliser pour m'empêcher d'être enceinte. Je devais être consciente qu'il y avait une autre possibilité pour avoir un choix avec mon corps, mais je ne savais pas ce que cela pouvait être.

Gary: Tout d'abord, lorsque tu vas voir un médecin et qu'il te prescrit des drogues, vas-tu faire confiance à son point de vue ou au tien? Tu peux regarder leur point de vue et dire "Ils ont la réponse," et leur donner le contrôle de ton corps. Est-ce là où tu veux aller? Nous parlons du contrôle de nos corps.

Depuis des années, je dépendais de la pilule et il n'y a que peu de temps que j'ai décidé de l'arrêter, car je devenais consciente que mon corps changeait après avoir fait tous ces trucs d'Access Consciousness. Il ne réagissait plus de la même

manière qu'avant. J'ai créé une grossesse peu de temps après. J'ai fait un avorte-
ment et tout ça, et ce ne fut pas tout un drame, tel celui que j'avais pu imaginer.
J'ai retiré de cette expérience une conscience de la façon dont j'avais conçu le fait
d'être une femme et d'avoir des parties génitales féminines -quelque chose de tel-
lement fondamentalement important-, plus particulièrement parce que je ressens
que je n'ai aucun contrôle ou mot à dire quant à comment mon corps fonctionne
et quand il fonctionne.

Gary: Etre un homme ou être une femme peut être une drogue, car
cela te permet d'annihiler ta conscience de tout le reste. Lorsque tu fonctionnes à partir d'être infini, corps infini, tu as un choix totalement différent
de la façon de fonctionner avec ton corps.

J'ai compris que prendre la pilule était une façon pour moi d'éviter la con-
science et le choix que je pouvais avoir avec mon corps. Je demande maintenant,
"Quoi d'autre est possible?" car je me sens toujours coincée dans la signification
de ce que mon corps et mon esprit créent sans les drogues pour les contrôler.
"Qu'y-a-t-il de possible avec nos corps? Peut-on réellement choisir quelque chose
de complètement différent? Et à quoi cela ressemblerait-il?"

Gary: Tu voudras peut-être faire ce processus:

Quelles réalités futures projetées qui ne peuvent jamais être, est-ce
que j'utilise pour éliminer la conscience de mon corps avec une aisance
totale? Tout cela, fois un dieulliard, vais –je le détruire te le décréer?
Right and wrong, good and bad, POD and POC, all 9, shorts, boys and
beyonds.

Question: Gary et Dain, cela a été une série étonnante. Je suis enchantée et
ébahie. J'ai une question concernant ma fille. Nous avons une relation intéres-
sante, étonnante, puissante, belle, tordue, bizarre, démente. Il est question de
drogue et l'institution judiciaire est déjà de la partie. Voici mes cartes et elles
fonctionnent lorsque je ne les ignore pas : laisser-être, aucune signification, rester
présente, conscience versus ce que je souhaite pour elle et ne pas m'investir dans
le résultat. J'ai ouvert le manuel de Fondation la semaine dernière et j'en ai trouvé
une autre: aucune résistance. Mon monde continue à s'ouvrir par l'impact de ces
mots: résistance aux drogues versus aucune drogue, résistance à la prison, résis-
tance à quoi que ce soit.

Toutes ces choses fonctionnent, cependant je me sens comme une marionnette
ou un yoyo. J'ai toujours un problème avec le fait que je veuille qu'elle choisisse
autre chose. Qu'est ce qui continue à me tirer vers l'arrière?

Gary: Ce qui continue à t'aspirer sont les réalités futures projetées à
propos d'être une mère qui ne peut jamais être. Fais tous les processus sur

le fait d'être une mère, être une mère pour elle et ne pas être une mère et ne pas être une mère pour elle.

Fais aussi le processus des réalités futures projetées qu'elle va mourir et les réalités futures projetées qu'elle va aller en prison.

Question: Je suis apparemment accroc à l'inconscience. Comment gérer la partie concernant la dépendance?

Gary: Eh bien, la partie 'dépendance' est le fait que la dépendance est ce que tu utilises pour essayer d'échapper à ta conscience. Alors tu pourrais dire:

> Combien de conscience est-ce que j'essaie d'éliminer avec les drogues que je choisis? Tout cela, fois un dieulliard, vas-tu le détruire et le décréer? Right and wrong, good and bad, POD and POC, all 9, shorts, boys and beyonds.

Si tu parles de la dépendance de quelqu'un d'autre, sache que tu ne peux pas résoudre la dépendance de quelqu'un d'autre. Tu ne peux que les encourager. Tu pourrais dire: "Je comprends que tu préférerais mourir plutôt que d'être présent, alors s'il y a quelque chose où je puisse faire pour t'aider, fais- le moi savoir." On appelle ça un wedgie.

Question: Lorsque j'étais plus jeune, je buvais beaucoup, et, finalement, j'ai décidé d'arrêter. Je pensais, "Super, je vais être conscient maintenant." Ensuite j'allais à une fête et si quelqu'un fumait de la marijuana, je me défonçais ou si quelqu'un buvait, je me soûlais. Est-ce une capacité? Comment puis-je changer cela ou être mieux capable d'être dans le choix par rapport à tout cela?

Gary: Tu dois reconnaître ce que fait ton corps. Si tu es le genre de personne qui extrait les drogues des corps des autres personnes, tu vas être conscient des drogues qu'ils utilisent. Tu vas peut-être essayer de le rendre réel ou de te l'approprier parce que tu en es conscient.

Demande, "Est-ce que cette personne prend de la drogue? Est- ce que cette personne est droguée?"

Tu as décrit le fait d'aller à la fête et avoir toutes ces choses qui arrivent. Tu es en compétition afin d'être comme les autres. C'est la raison pour laquelle les gens se rassemblent en groupe. Ils ne veulent jamais être totalement seuls. La pensée de groupe est compétition, rassemblés dans un effort d'équipe, pour la destruction de l'espèce. Il s'agit très souvent de ça pour la drogue et l'alcool.

Dans cette réalité, les gens font de l'inconscience un sport d'équipe. Tout le monde est en compétition pour voir qui est le plus saoul, le plus stupide et le moins conscient. Les gens sont en compétition pour être, faire, avoir, créer ou générer de l'inconscience.

Compris. L'expression que j'utilise avec les équipes est "N'oublie pas: il n'y a pas de 'je' en équipe."

Gary: Exactement. C'est ce qui arrive lorsque tu fais partie d'une équipe.

Oui, tu abandonnes ton individualité…

Gary: Oui, les gens veulent faire partie de l'équipe. C'est la raison pour laquelle ils recherchent la communauté et les choses qu'ils pensent que la communauté leur donnera. Ils recherchent ceux avec lesquels ils appartiennent et tout ce genre de trucs, car ils rivalisent afin de faire partie de l'équipe. La plupart des gens sont prêts à rejoindre l'équipe de l'inconscience.

Question: J'ai été élevé avec des gens qui avaient le point de vue que les drogues sont conscientes et que prendre des drogues permet d'avoir plus de conscience et d'être plus en conscience. Il y a aussi le point de vue de l'amérindien: par exemple, la cérémonie traditionnelle peyotl fait partie de leur religion et il s'agissait d'être conscient.

Gary: Attends une minute. L'idée était que tu prenais des drogues et altérerais ta conscience et alors tu devenais conscient d'autres réalités. C'était à propos de la conscience d'autres réalités; il ne s'agissait pas de conscience.

Oui, c'est la terminologie adéquate, merci.

Gary: Prendre de la drogue n'était jamais à propos de conscience, même dans les années 1960. Il s'agissait d'états de conscience altérés qui étaient supposés te donner conscience d'autres réalités. Lorsque j'ai grandi, en 1960, je prenais de la drogue; je le faisais très bien; j'étais bien meilleur qu'aucun d'entre vous ne pourrait l'être. Le point de vue était que tu ne pouvais d'aucune autre manière arriver là. C'était un mensonge.

Dain: C'est là le plus grand mensonge dans tout ce truc, et c'est celui qui vous colle - l'idée est que tu ne peux pas obtenir cet effet (ou quelque chose de plus grand) si tu n'utilises pas des drogues. Je ne sais pas de votre côté, mais moi, j'ai eu des expériences beaucoup plus grandes avec Access Consciousness que je n'ai jamais eues avec des drogues, même les espèces psychédéliques.

Nous avons récemment fait une conférence téléphonique d'Energetic Synthesis of Communion qui ressemblait plus à un voyage psychédélique de possibilités que tout ce que j'ai pu expérimenter jusqu'ici. Et la seule gueule de bois que tu as, est une plus grande conscience. L'idée qu'il n'y a aucune autre façon pour gérer ta conscience ou être conscient d'autres réalités et d'autres possibilités qu'en utilisant des drogues est un énorme mensonge qui a été perpétré sur les gens.

L'autre aspect, lorsque tu prends des drogues, est que tu actives ton cortex sensoriel, qui active tes talents et tes aptitudes. Tout ce que tu perçois est intensifié et enfermé dans ton cortex sensoriel. Alors, chaque limitation que tu penses gérer pendant que tu prends des drogues, tu ne fais que la cacher dans un coin profond de ton esprit auquel tu ne peux accéder que si tu prends des drogues.

Gary: Tu ne peux même pas accéder à ces choses pendant que tu prends de la drogue. En gros, tu prends ces choses et tu les ranges dans le cortex sensoriel. Ensuite elles deviennent actives après un certain déclic dont tu n'as aucun contrôle.

Je ne l'ai jamais entendu énoncé de cette façon, et j'ai finalement compris. Merci.

Gary: Nous vivons dans une culture de drogue aujourd'hui. Il y a toujours une drogue censée faire que tu te sentes mieux, que tu sois plus beau ou que tu aies plus facilement du sexe. Dain et moi travaillions avec une dame qui est allée à des 'rave parties' lorsqu'elle était plus jeune. Elle a pris toutes sortes de drogues. La drogue qu'elle a utilisée avait été tellement verrouillée dans son corps, qu'elle ne pouvait même plus sentir son corps. Nous avons fait un travail sur la partie du cortex sensoriel touchée par son utilisation de drogue et plus tard, lorsque j'ai touché son bras, elle a presque bondi hors de la voiture tellement elle était devenue sensible. Son corps avait été désensibilisé par les drogues qu'elle avait utilisées.

As-tu utilisé des drogues pour désensibiliser ton corps, désensibiliser ta conscience et désensibiliser ta conscience de l'insanité de cette réalité? Tout cela, fois un dieulliard, vas-tu le détruire et le décréer? Right and wrong, good and bad, POD and POC, all 9, shorts, boys and beyonds.

Beaucoup de gens qui prennent des drogues les prennent parce que cela leur donne l'impression d'être des bandits, car c'est interdit par la loi. Ils vont contre la norme en prenant des drogues. Si ce n'était pas interdit par la loi, il n'y aurait pas besoin de le faire. Prendre de la drogue n'aurait pas cette romance, verve et vitalité d'être un hors-la-loi, prenant des risques et vivant dangereusement. Les gens adorent jouer à la roulette russe avec leur vie.

Quelqu'un m'a envoyé un dessin humoristique qui disait "Notre façon de vivre est menacée par une force obscure. Nous devons défendre notre mode de vie." Quelle est cette force obscure qui menace notre mode de vie? C'est notre façon de vivre!

C'est la façon de vivre que nous choisissons qui détermine le type de conscience que nous pouvons avoir. Quelle sorte de conscience aimerais-tu avoir? Quelle sorte de conscience choisis-tu ne pas avoir, que tu pourrais avoir?

As-tu jamais décidé que tu étais l'enfant terrible de tous tes amis? Beaucoup de gens l'ont fait. As-tu été le plus bizarre, le plus terrible et le plus farfelu, tout en, simultanément, rivalisant d'ardeur pour être dans la norme? Ça ne marche pas pour toi, cependant tu continues à penser que, quelque part, cela va marcher. C'est la drogue du choix, dans cette réalité - essayer d'être normal, tout en essayant d'être un hors-la-loi, tout en essayant de ne pas être normal, tout en n'étant pas normal. C'était le ruban d'insanité de Möbius.

Question: Je veux poser une question sur une situation de drogue un peu différente. J'ai travaillé avec beaucoup de gens qui sont déprimés, et une fois que j'ai commencé à utiliser les outils d'Access Consciousness avec eux, j'ai réalisé que beaucoup de leur dépression concernait le fait de ne pas être intégré. Ils se sont coupés tellement d'eux-mêmes qu'ils ne pouvaient pas être qui ils étaient. Ils ne pouvaient pas accéder à leur potentialité et alors ils allaient vers les antidépresseurs, qui les aplatissaient et les transformaient en zombies. C'était censé être "mieux". C'est absolument fou ce que nous faisons. De plus en plus, ce que nous appelons maladies mentales est uniquement un signe que les gens savent qu'il y a quelque chose qui ne va pas dans cette réalité, mais ils ne savent pas quoi faire de cela. Pourrais-tu parler des antidépresseurs et des anxiolytiques?

Gary: Ces drogues sont une façon de gérer le fait que tu n'arrives pas à gérer ce dont tu es conscient. Je suggère que tu lises *Brave New World* par Aldous Huxley. Les gens utilisaient une substance appelée soma, qui était essentiellement un antidépresseur. Cela rendait tout le monde satisfait des choses telles qu'elles étaient. C'est la même chose qu'on accomplit ici avec les drogues, que ce soit des drogues légales, des drogues de la rue ou de n'importe quelle autre sorte de drogue. C'est l'idée que tu vas arriver au point où tu n'en as rien à faire de ce qui se passe autour de toi. Et tu n'en as rien à faire de ce qui t'arrive à toi. C'est le but de 90 % de toutes les drogues. Ils diront que la drogue est pour toutes sortes de choses, mais ce n'est pas vrai. C'est une façon de te rendre satisfait de l'insanité qu'il y a autour de toi, comme si maintenant tu allais cadrer et tu n'allais avoir aucun problème avec ce qui se passe.

Nous avons fait du travail corporel avancé récemment et, après avoir reçu un processus anti-âge, j'avais un sentiment de contentement qui m'a rappelé les jours où je prenais des drogues afin de me couper de ma conscience pour que je puisse avoir un sens de contentement. Il y a des années, je fumais de l'herbe tous les matins pour avoir un sens de contentement dans ma vie même si je n'étais pas du tout satisfait. Après avoir fait ce processus, j'avais le contentement -sans la drogue. J'étais simplement satisfait de ma vie.

Dain: J'ai eu une expérience similaire avec les processus corporels avancés. C'est un contentement qui va au- delà de moi. C'est comme si le contentement est dans l'espace tout autour de moi, ainsi lorsque je suis autour des gens, ils sortent de la douleur et souffrance qu'ils pensent avoir besoin d'expérimenter. Un sentiment de paix circule à travers eux.

Dain, ce que tu as dit à propos des gens qui n'avaient aucune idée de comment exprimer leur puissance et leur capacité était brillant. Ils prennent les antidépresseurs, et cela les éloigne encore plus de leur puissance. C'est comme s'ils n'avaient pas conscience de leur puissance ou la capacité d'exprimer la différence qu'ils sont. Il s'agit, pour la dépression, de ne pas être capable d'être cela et de le faire. Cela vient du fait de ne pas arriver à exprimer cette capacité et puissance dans la vie, au quotidien. Je peux voir que c'est une immense raison pour laquelle les gens vont en dépression pour commencer. Le taux de succès que j'ai en utilisant les outils d'Access Consciousness avec ces gens est étonnant.

Gary: J'ai un processus ici pour t'aider un peu plus si tu le désires.

Quelles génération et création d'intentions secrètes, états d'être, fantaisies et réalités futures projetées -qui ne peuvent jamais être comme la perfection du corps calleux du système d'archivage du cortex sensoriel provoquée par la drogue- utilises-tu pour verrouiller en existence les positionnels HEPADs* que tu institues pour choisir la drogue et l'inconscience comme étant préférables à une conscience totale? Tout cela, fois un dieulliard, vas-tu le détruire et le décréer? Right and wrong, good and bad, POD and POC, all 9, shorts, boys and beyonds.

Question: Qu'est-ce que le corps calleux?

Dain: C'est ce truc magnifique qui relie les deux moitiés de ton cerveau. *Merci.*

Dain: Quelles génération et création d'intentions secrètes, états d'être, fantaisies et réalités futures projetées -qui ne peuvent jamais être comme la perfection du corps calleux du système d'archivage du cortex sensoriel provoquée par la drogue- utilises-tu pour verrouiller en existence les positionnels HEPADs que tu institues pour choisir la drogue et l'inconscience comme étant préférables à une conscience totale? Tout

---

* Voir le glossaire pour une définition.

cela, fois un dieulliard, vas-tu le détruire et le décréer? Right and wrong, good and bad, POD and POC, all 9, shorts, boys and beyonds.

Question: Il semble que les gens utilisent les drogues pour annihiler leurs sentiments de culpabilité ou de honte ou de responsabilité.

Dain: La chose intéressante ici c'est que quatre-vingt- dix-huit pour cent de leurs pensées, sentiments et émotions ne leur appartiennent pas. 99% des gens prennent 98% de leurs drogues afin de se débarrasser des 98 % de sentiments qui ne sont pas les leurs.

Dans Access Consciousness, nous donnons aux gens une façon d'être conscient et de reconnaître ce qui est, ce qui les rend plus légers. Très souvent c'est ce qu'ils pensaient pouvoir obtenir avec des drogues. Au lieu de ça, ils se sentent toujours plus lourds après avoir pris des drogues. Nous leur donnons une forme, pour leur conscience et leurs capacités, qui va continuer à créer de la légèreté, ce qui, je pense, est ce qu'ils recherchent en premier lieu.

Oui, c'est vrai pour toute dépendance.

Gary: Si tout ce que tu perçois lorsque tu prends des drogues et de l'alcool va dans le cortex sensoriel, tu n'y as pas accès avec une certaine aisance. Il ne peut être déclenché que par une source extérieure qui faisait partie du conditionnement originel. Disons que tu as pris de la drogue lorsque tu écoutais un morceau de musique. À chaque fois que tu entends cette musique, cela stimule la même réponse que tu avais lorsque tu prenais des drogues, mais tu n'as aucun contrôle dessus.

Si quelqu'un avec qui je travaille se sent coupable, je parle de la culpabilité comme un implant distracteur que la société et la culture ont utilisé pour essayer de le contrôler. Beaucoup de gens pensent que la culpabilité est réelle. Ils pensent que c'est la leur, et lorsqu'ils en parlent, cela semble créer plus de conscience dans leur univers. Ils voient qu'ils boivent à cause des implants distracteurs et nous utilisons les outils d'Access Consciousness pour les détruire.

Gary: C'est exactement ce pourquoi ils boivent- la culpabilité et la honte sont créées par le fait qu'ils savent qu'ils ne sont pas supposés le faire. Ils savent qu'ils veulent le faire et ils savent qu'ils ne savent pas pourquoi ils le font et lorsqu'ils deviennent conscients, ils ont un choix. C'est : "D'accord, je peux avoir une totale conscience ou je peux couper ma conscience. Lequel est-ce que je choisirais ici?" Différentes possibilités s'ouvrent. Faisons le processus encore une fois.

Quelles génération et création d'intentions secrètes, états d'être, fantaisies et réalités futures projetées -qui ne peuvent jamais être comme la perfection du corps calleux du système d'archivage du cortex sensoriel provoquée par la drogue- utilises-tu pour verrouiller en existence les positionnels HEPADs que tu institues pour choisir la drogue et l'inconscience comme étant préférables à une conscience totale? Tout cela, fois un dieulliard, vas-tu le détruire et le décréer? Right and wrong, good and bad, POD and POC, all 9, shorts, boys and beyonds.

Question: Est-ce que ce déblayage déverrouille tous les trucs que nous avons stockés dans le cortex sensoriel?

Gary: J'espère. Je n'en n'ai pas la moindre idée. Comme on en parlait, j'ai ressenti cette énergie - et je l'ai transformée en processus. On espère que cela va commencer à déverrouiller ces trucs et donner plus de conscience et plus de choix.

Question: Lorsque j'étais adolescent, j'étais anorexique durant de nombreuses années. Je savais que j'étais conscient de l'insanité que mes parents perpétuaient, surtout entre eux, et je me sentais impuissante d'y faire quoi que ce soit. Il n'y avait aucun endroit où je pouvais apporter ma contribution et je savais que mon principal problème était le contrôle.

Gary: Waouh, waouh, waouh, chérie. Numéro un, s'il te plaît, écoute. Lorsque tu dis, "Mon problème était." Ou "Mon problème est" tu te verrouilles à nouveau dans un mensonge.

Ce n'est pas ton problème. Un problème veut dire quelque chose qu'on t'a donné, ce n'est donc pas le tien. On t'a donné un problème. Ce n'est pas quelque chose qui est à toi, jamais. L'idée principale de "mon problème" est une parodie que la communauté psychologique a véhiculée sur les gens. C'est l'idée qu'on t'a donnée que cette chose est un point de vue est à toi. Ce n'est pas à toi. Jamais. Il est vraiment important que tu comprennes cela.

Oui, je vois. Si je le fais mien, je ne peux jamais m'en libérer.

Gary: Exactement, tu ne peux jamais le changer et tu ne peux jamais t'en libérer - car tu fonctionnes à partir d'un mensonge.

J'altérais ma conscience ou ce dont j'étais conscient par inanition, manque de sommeil et trop d'exercice. Cela me retirait totalement la possibilité d'être présent à ce qui arrivait.

Gary: Ce sont les choses que tu as verrouillées dans ton corps avec la pompe d'adrénaline que tu utilisais- il y a beaucoup de gens qui utilisent une pompe à adrénaline comme drogue.

---

* Voir le glossaire pour une définition

Le processus que tu fais maintenant vise-t-il cela?

Gary: Je crois que oui. Si tu as eu n'importe quel problème de drogue ou utilisé des drogues ou si tu as été soumis à des drogues et de l'alcool étant enfant, tu pourrais peut-être mettre ce processus en boucle et l'écouter sans cesse jusqu'à ce que, soudainement, tu remarques un changement dans ton monde. Faisons-le encore, Dr. Dain.

Dain: Quelle génération et création d'intentions secrètes, états d'être, fantaisies et réalités futures projetées -qui ne peuvent jamais être comme la perfection du corps calleux du système d'archivage du cortex sensoriel provoquée par la drogue- utilises-tu pour verrouiller en existence les positionnels HEPADs que tu institues pour choisir la drogue et l'inconscience comme étant préférables à une conscience totale? Tout cela, fois un dieulliard, vas-tu le détruire et le décréer? Right and wrong, good and bad, POD and POC, all 9, shorts, boys and beyonds.

Question: Lorsque je fumais de l'herbe, à de rares occasions, c'était trop intense pour moi, alors je l'évitais. J'ai le même point de vue concernant une conscience totale, que cela serait beaucoup trop intense.

Gary: Eh bien, la conscience totale sera intense, mais elle sera aussi intensément spacieuse. Pour les drogues, il s'agit de l'intensité de la densité. La conscience totale te donnera, elle, une intensité d'espace. L'intensité d'espace n'est pas contractante, contraignante ou heurtante. Elle est expansive. Il s'agit de possibilité et de joie. Alors oui, tu auras une intensité de conscience.

Nous avons mal-identifié et mal-appliqué le fait de prendre des drogues avec l'idée que cela allait nous rendre plus conscients. Nous pensions que les drogues allaient créer une prise de conscience ou de la conscience. C'est ce qu'on nous a dit concernant le but des drogues. Nous avons supposé que la conscience allait créer la même intensité que cet état altéré de conscience que nous avions en prenant des drogues et ce n'est pas le cas. Faisons le processus encore une fois, Dain.

Dain: Quelles génération et création d'intentions secrètes, états d'être, fantaisies et réalités futures projetées -qui ne peuvent jamais être comme la perfection du corps calleux du système d'archivage du cortex sensoriel provoquée par la drogue- utilises-tu pour verrouiller en existence les positionnels HEPADs que tu institues pour choisir la drogue et l'inconscience comme étant préférables à une conscience totale? Tout cela, fois un dieulliard, vas-tu le détruire et le décréer? Right and wrong, good and bad, POD and POC, all 9, shorts, boys and beyonds.

Question: Ce qui me vient à l'esprit, c'est que le choix des drogues et de l'anti-conscience est un choix pour un système fermé et de séparation. C'est une totale séparation, alors que la conscience est plutôt comme le Royaume de Nous*. Peux-tu parler un peu de cela?

Gary: La grande raison pour laquelle nous disons aucune drogue est que, si tu prends des drogues, la principale raison pour laquelle tu le fais est de te séparer de toi. Tu te sépares de toi et de tout le monde. En même temps, tu essaies de ressembler à tout le monde. Cela crée le Royaume du Moi.

Une fois, il y a de nombreuses années, lorsque je prenais des drogues, un de mes amis m'a laissé de l'argent. J'ai décidé que j'avais besoin de cet argent, alors je l'ai pris. Je pensais que c'était bien pour moi de le prendre parce qu'il était dans ma maison. J'en avais l'utilité; alors c'était le mien. Je n'aurais jamais fait quelque chose comme ça dans des circonstances normales. Cela aurait été en dehors de ma réalité de ce qui était possible.

J'ai dû, par la suite, aller vendre quelques-unes de mes affaires afin de générer de l'argent pour le rembourser. Il m'a fallu deux semaines pour avoir l'argent -et il avait besoin de cet argent au moment exact où il a dit avoir besoin de cet argent. C'est pourquoi il me l'avait donné en premier lieu. J'ai perdu un ami, j'ai perdu sa confiance et j'ai perdu confiance en moi en choisissant cela. On fait des choses comme ça lorsqu'on prend des drogues.

Dain: Si on était capable d'être dans le Royaume de Nous - si on pouvait être dans cette réalité avec notre conscience des trucs de tout le monde et ne pas avoir l'impression que nous nous perdions, les drogues ne seraient pas nécessaires ou importantes. Elles ne seraient pas pertinentes dans nos vies. Dans cette réalité on ne nous donne pas les outils pour créer cela, alors il semble que nous devons nous battre de n'importe quelle façon. Si on nous donnait simplement les outils pour vivre et être avec un certain sentiment de connexion plutôt que d'être avalé et inondé par l'insanité qu'est cette réalité, on aurait un ensemble de choix disponibles totalement différents.

Gary: Oui, malheureusement, je pense que nous rivalisons tous pour voir si nous pouvons être aussi stupides que tous les gens autour de nous.

Question: Aussi le fait que nous refusons d'être ou de reconnaître là où nous avons des connexions les uns avec les autres et avec la Terre et les énergies que nous recherchons, serait-il, une partie de cela? Ce qui me vient à l'esprit est: combien de fois j'avais le 'moi' et l'ai abandonné pour le point de vue des autres ou pour le mensonge de ce que les drogues auraient pu me procurer.

---

* Voir le glossaire pour une définition.

Gary: Oui, tu t'abandonnes, toi, au lieu d'avoir conscience de ce qui est possible. Tu t'abandonnes, toi, en faveur des drogues. C'est la raison pour laquelle aucune drogue n'est une des clés.

Je ne parle pas de refuser de prendre des médicaments dont tu as besoin parce que ton corps est en déséquilibre. Tu dois demander à ton corps, "As-tu besoin de cela?"

J'ai travaillé avec un gars qui prenait des médicaments pour la tension; sa tension était trop forte. Son médecin n'arrêtait pas de lui dire qu'il devait augmenter la dose de médicaments pour la tension – sauf que cela n'améliorait pas sa condition. Ça ne faisait que baisser sa tension un petit peu. Finalement je lui ai demandé, "Que crées- tu qui produit une forte tension?"

Il s'est trouvé qu'il se créait une contrariété, ce qui augmentait sa tension et lui justifiait de prendre des médicaments pour la tension -qui l'empêchaient d'avoir une érection - parce que sa femme ne voulait pas avoir de rapports sexuels. Ceci est bizarre, mais c'est la façon dont on crée ces situations.

Question: Peux-tu parler de comment les drogues chirurgicales nous affectent?

Gary: Après une chirurgie, fais MTVSS* sur les points du système immunitaire. Tu pourrais aussi faire 'démanifestation* moléculaire et manifestation* démoléculaire' des drogues que tu as prises. Ils mettent trop de drogues dans ton système tout le temps, pensant que c'est la façon d'être certains que nous soyons inconscients. Ils pensent que nous ne sommes en fait, pas conscients pendant que nous sommes sous l'effet des drogues, ce qui est insensé. Beaucoup de choses arrivent durant les opérations; tu devrais aussi faire 'zéro somme de trauma'* et d'autres processus corporels pour éliminer les effets de ce qui a été fait à ton corps pendant que tu étais drogué.

Une grande partie de ce qui est fait lorsqu'on est drogué invalide et détruit notre corps. Nous voulons que notre corps coopère avec nous. Est-ce que cela fonctionne pour nous de l'invalider? Non, si nous faisons cela, notre corps va finir par laisser tomber sa connexion avec nous.

Prenons-nous des décisions pendant que nous sommes, inconscients, en chirurgie? Et ensuite après cela, n'y avons- nous pas accès?

Gary: Oui, c'est la raison pour laquelle nous faisons ce processus. Lorsqu'on est sous anesthésie, toute l'information de notre expérience va dans le cortex sensoriel. J'ai eu un ami qui a été hypnotisé une fois, pour

---

* Voir le glossaire pour une définition.

trouver pourquoi il avait un tel point de vue bizarre de son pénis. Il a trouvé que, pendant qu'il était sous anesthésie, durant une chirurgie, quelqu'un dans la pièce se moquait de son pénis. Il a fini par avoir un point de vue de ce que l'autre personne disait et cela l'a affecté de façon négative..

Faisons ce processus une nouvelle fois, Dain.

Dain: Quelles génération et création d'intentions secrètes, états d'être, fantaisies et réalités futures projetées qui ne peuvent jamais être comme la perfection du corps calleux du système d'archivage du cortex sensoriel provoquée par la drogue- utilises-tu pour verrouiller en existence les positionnels HEPADs que tu institues pour choisir la drogue et l'inconscience comme étant préférables à une conscience totale? Tout cela, fois un dieulliard, vas-tu le détruire et le décréer? Right and wrong, good and bad, POD and POC, all 9, shorts, boys and beyonds.

Gary: Des amies, infirmières, m'ont parlé des blagues qu'ils font sur les patients lorsqu'ils sont en chirurgie.

Si quelqu'un se moque de ton corps pendant que tu es sous anesthésie, ces choses vont dans ton cortex sensoriel, et ensuite tu en as une réaction sans même réaliser pourquoi tu réagis ou d'où vient le point de vue. C'est la parodie de ce qui se dit durant une chirurgie. J'ai réellement insisté pour qu'il n'y ait aucune discussion durant ma chirurgie, et mon médecin a accepté. Je voulais qu'un de mes amis soit là pour s'assurer que personne ne parlait, mais mon ami n'a pas accepté de le faire. Durant la chirurgie, je me suis réveillé de l'anesthésie et je les ai entendus parler à propos de choses étranges. Aurais-je confiance en un médecin après cela? Pas dans un million d'années. C'est pour quoi il est important de faire ce processus ainsi que les autres processus que j'ai mentionnés, après que tu aies eu une chirurgie.

Question: L'année dernière, mon père a eu deux opérations, l'une de la prostate et l'autre à son genou. Les deux fois il a été anesthésié. La première fois c'était censé être une rentrée-sortie dans la journée, mais lorsque j'y suis arrivé, il délirait. J'ai été obligé de rester la nuit avec lui - et ce n'était pas mon père dans ce corps.

La nuit suivante j'ai pu le ramener chez lui et il est revenu. La seconde fois il a eu une opération du genou. Il n'était pas capable d'avoir la même anesthésie générale à cause de la réaction qu'il avait eue auparavant, alors on lui a fait une péridurale, mais il a réagi de la même manière. Il ne ressemblait même pas un peu à mon père. Il a dû passer six jours à l'hôpital, alors qu'il aurait dû n'en passer que trois. Ils ne voulaient pas le laisser quitter l'hôpital à cause de son état d'esprit. Y a-t-il quelque chose qu'on puisse faire pour lui maintenant?

Gary: Ton père est revenu de l'hôpital avec un autre être dans son corps. Mais ton père est toujours là. Retire l'entité qui s'est inséré dans son corps au moment de la chirurgie. Dans une situation comme celle-là, il y a soixante- dix pour cent de chance que tu arrives à la faire partir.

Lorsque quelqu'un va sur le billard et meurt sous anesthésie, la personne reste autour de la salle d'opération, en attendant que son corps apparaisse. Aussitôt qu'elle ressent un corps sous anesthésie, elle l'investira parce que c'est la même impression que celle que son corps avait.

Est-ce que je fais simplement le 'déblayage entité' que tu fais généralement dans Access Consciousness? Est-ce que je peux le faire à distance? Est-ce possible? Je suis ici aux États-Unis et lui est au Royaume-Uni..

Gary: Bien sûr tu le peux.

D'accord. Merci.

Gary: Faisons le processus encore une fois, Dain.

Dain: Quelles génération et création d'intentions secrètes, états d'être, fantaisies et réalités futures projetées -qui ne peuvent jamais être comme la perfection du corps calleux du système d'archivage du cortex sensoriel provoquée par la drogue- utilises-tu pour verrouiller en existence les positionnels HEPADs que tu institues pour choisir la drogue et l'inconscience comme étant préférables à une conscience totale? Tout cela fois un dieulliard, vas-tu le détruire et le décréer? Right and wrong, good and bad, POD and POC, all 9, shorts, boys and beyonds.

Gary: Commencez-vous à voir pourquoi les drogues ne sont pas un atout dans votre vie?

Question: J'ai beaucoup bu, durant un bon moment. Lorsque tu as un évanouissement ou es inconscient est-ce que cela a le même effet que les drogues ont en chirurgie?

Gary: Oui, ce que tu expérimentes contourne ta capacité cognitive et va directement dans le cortex sensoriel. Tu sors de l'autre côté de cette expérience dans un état réactif. Tu réagis aux odeurs ou à la musique ou aux sons et tu as des émotions à propos d'événements qui n'ont rien à faire avec n'importe quelle information à laquelle tu peux accéder. Tu ne penses pas à ces choses parce que tu étais diminué par les drogues.

Procure-toi les matériaux de référence d'Access Consciousness et recherche l'information sur le cortex sensoriel. Lis-la et voit ce qui s'applique à toi et utilise ces processus.

D'accord. Merci.

Gary: De rien.

C'était un appel brillant les gars.

Merci. Ouais, Dain et Gary.

Dain: Merci.

Gary: TMerci à vous tous d'avoir été présents à cet appel. J'espère que cela va vous aider à comprendre la clé, " aucune drogue d'aucune sorte ". Nous ne vous demandons pas d'éliminer les médicaments dont votre corps a besoin. Nous vous demandons d'éliminer tout ce qui annihile votre conscience.

Nous voulons vous donner conscience de ce que votre corps désire vraiment. Nous aimerions que vous soyez prêts à être plus en communion avec votre corps, plus en communion avec la Terre, plus en communion avec vous-mêmes et plus en communion avec le Royaume de Nous et les possibilités que cela crée.

~~~

Ne pas Ecouter, ni Raconter ni Croire à l'Histoire

Gary: Bonsoir tout le monde. Ce soir nous allons parler de la neuvième clé: Ne pas écouter, ni raconter ni croire à l'histoire. Malheureusement, Dain ne peut pas être avec nous ce soir.

Alors, c'est quoi une histoire? Qu'est-ce qui constitue une histoire? Quel est le but de l'histoire? Le but d'une histoire est de valider ton point de vue. C'est une façon d'expliquer et de justifier tes choix et de rendre réel le que le choix que tu as fait est juste. La plupart des gens ont le point de vue que, s'ils arrivent à faire quelque chose de juste, alors tout dans leur vie fonctionnera Mais est-ce réellement correct? Est-ce ce qui va réellement fonctionner?

Question:L'"histoire" fait-elle toujours référence au passé ou au futur - et non pas au moment présent? Peut-il y avoir une histoire à partir du moment "maintenant"?

Gary: Pas vraiment. Si tu es réellement présent dans la vie, il n'y a pas d'histoire. Une des choses que nous faisons avec les processus d'Access Consciousness est que: au lieu de croire à l'histoire et d'écouter l'histoire, nous demandons, "D'accord, alors qu'est-ce qui se passe réellement là? Qu'il y a-t-il en-dessous?"

La seule raison pour laquelle les gens ont une histoire est qu'il veulent justifier leur choix. Ils ont besoin de justifier la raison pour laquelle ils choisissent ce qu'ils choisissent. Ils ont besoin de valider qu'ils ont raison de choisir d'avoir cette contrariété ou ce problème, quel qu'il puisse être. Ils ont besoin que quelqu'un évalue et trouve qu'ils ont raison. Alors, leur histoire concerne la validation, la justification et la justesse de leur point de vue. Aucune de ces choses n'a à voir avec ce qui se passe réellement. Les histoires sont habituellement créées basées sur des conclusions qui n'ont rien à voir avec ce qui se passe réellement.

Question: Comment puis-je aider ma fille de trente- cinq ans, qui préfére-rait être morte que de continuer à gérer des émotions intenses et des douleurs psychologiques? Elle croit, avec gratitude, en tous les mensonges que cette réalité détient

Gary: Elle ne croit pas aux mensonges avec gratitude - mais elle croit les mensonges. Tout ce que tu as besoin de faire est de demander, "Que voudrais-tu réellement créer, ma chérie? Si la mort est vraiment plus impor-tante pour toi que de vivre, je comprends". C'est tout ce que tu peux dire à quelqu'un.

Question: Doit-on éliminer le mot pourquoi de notre vocabulaire - parce que la seule réponse à la question " pourquoi ? " est une histoire?

Gary: Ce n'est pas seulement ça. Pourquoi est comme une croisée de chemins: si tu prends à droite tout le temps, tu tourneras en rond et finale-ment, tu finiras là où tu avais commencé. C'est ce qui permet à l'histoire de continuer. Au lieu que tu aies conscience de ce qui se passe vraiment, tu es coincé dans l'histoire. As-tu jamais remarqué comment quelqu'un qui a une histoire la répétera, encore et encore, comme si cela allait le mener quelque part — sauf que tu n'arrives jamais nulle part avec la même histoire.

As-tu jamais entendu quelqu'un dire, "J'ai fait ça-et-ca et c'est parce que ceci ou cela? Lorsque tu vas à 'parce que', tu rentres en justification.

Question: L'histoire est-elle une réponse?

Gary: Oui. Une histoire est la réponse à la justesse de ton point de vue. C'est la réponse qui valide chaque choix que tu as fait, c'est la réponse à l'explication, c'est la réponse à la relation que tu aimerais avoir avec quelqu'un et c'est la réponse à quelque chose qui n'arrive pas.

Pourquoi nous croyons-nous obligés de justifier les choix que nous fai-sons au lieu de reconnaître que nous avons simplement choisi? Mon point de vue est que, lorsque tu choisis toutes les dix secondes, tu peux éliminer l'histoire, être présent dans le moment de chaque jour et faire ce que tu veux faire.

90% des gens qui racontent une histoire ne peuvent la voir pour ce qu'elle est. Alors, c'est vraiment simple: si tu veux être clair, n'écoute pas, ne raconte pas ou ne crois pas à l'histoire.

Question: Est-ce qu'un point de vue est une histoire? Est-ce que tu dis que tout est simplement une histoire?

Gary: Non. Un point de vue est quelque chose que tu utilises pour verrouiller en existence quelque chose que tu as décidé qu'elle existait. Les points de vue sont essentiellement des conclusions bétonnées auxquelles tu es arrivé afin d'avoir le sentiment que, quelque part, tu existes. La plupart des gens pensent qu'ils sont la somme totale de leurs points de vue.

Le but d'une histoire est de valider ton point de vue. Elle explique et justifie tes choix et démontre que le choix que tu as fait est juste.

Gary: Les gens croient que derrière chaque histoire et chaque point de vue se trouve la réelle "raison et justification" de pourquoi la personne a fait quelque chose, mais, la raison et la justification n'ont rien à voir avec ce que la personne a réellement choisi. Une histoire est la justification de leur choix; ce n'est pas la réalité de ce qu'ils ont choisi ou pourquoi ils l'ont choisi.

Question: Quelle est la différence entre une histoire et un exemple? Est-ce qu'un exemple devient une histoire lorsque tu y ajoutes des mots comme 'pourquoi', 'mais' ou 'sentiments'? Pourrais-tu parler à propos de 'croire en l'histoire'?

Gary: Un exemple est ce que tu donnes pour montrer quelque chose aux gens ou leur donner une idée de la façon dont quelque chose s'applique. Une histoire est quelque chose qui prouve ton point de vue. La façon dont quelque chose s'applique est différente de l'histoire.

Les mots que tu utilises ne sont pas si importants; ce qui l'est plus, c'est si ton intention est d'expliquer quelque chose ou de justifier ton point de vue. Lorsque tu utilises l'histoire comme exemple, il ne s'agit pas de justesse ou d'erreur de ton point de vue. Il s'agit de montrer à quelqu'un la façon dont cela s'applique. C'est une histoire en exemple. Ne raconte pas l'histoire, sauf si tu l'utilises comme un exemple. Ne crois pas à l'histoire en écoutant les points de vue des autres sur la façon dont ils pensent que cela devrait être ou de comment tu es censé être avec cela.

Croire l'histoire, c'est lorsque quelqu'un te dit le point de vue que tu es censé croire - et tu le fais. Lorsque les gens te disent ce que tu es supposé vivre, ce que tu as vécu, la façon dont quelque chose est supposé être ou ce que tu es supposé faire - et que tu le fais-, alors tu crois à l'histoire.

Question: : Que dis-tu aux personnes qui aiment une histoire? Il y a des gens qui construisent leur vie sur une histoire: écrivains, adeptes du New Age, conteurs, pasteurs, enseignants, et praticiens d'Access Consciousness. Il y a des gens qui font des séminaires en racontant leur histoire.

Gary: Il y a beaucoup de gens qui racontent des histoires. C'est bon de raconter une histoire si c'est ce que tu veux faire. J'essaie de te donner des outils pour te sortir de la difficulté de vivre ta vie. Croire l'histoire élimine ta capacité à choisir ; croire l'histoire élimine le choix. Lorsque les gens créent l'histoire, ils ont fait un choix. Ils ont décidé ce qu'est le choix et ils ne changeront pas leur histoire parce qu'ils ne veulent pas changer leur choix. Les gens racontent des histoires pour justifier les points de vue qu'ils prennent.

Les gens peuvent raconter des histoires tant qu'ils veulent, mais tu n'es pas obligé de les écouter, si tu ne veux pas.

As-tu jamais observé quelqu'un qui essayait de justifier son point de vue? Il utilise une histoire pour justifier et prouver son point de vue.

Je le fais lorsque je facilite des classes. J'utilise des histoires pour donner aux gens une conscience de ce dont je parle. La plupart des gens sont plus disposés à écouter l'histoire qu'à regarder ce qui est réel.

Question: Une histoire est-elle, comme le langage, une façon d'apprendre et de nous souvenir des choses?

Gary: Non.

Une histoire est-elle la façon dont on se fait tous bourrer le crâne en réalité contextuelle?

Gary: Oui.

Choisir de dire certains mots et non d'autres n'est-ce pas une histoire?

Gary: Non, lorsque tu crées une communication, cela requiert que tu sois conscient des mots que tu utilises, car les mots que tu utilises déterminent les énergies qui se créent entre toi et l'autre.

Alors, comment arrête-t-on de croire à l'histoire?

Gary: Tu arrêtes tout simplement.

Dans Access Consciousness, tu parles de la puissance des mots et d'utiliser les termes corrects. Un énoncé incorrect n'est-il pas simplement une autre histoire?

Gary: Non. L'histoire est toujours une justification. L'histoire est la raison et justification du choix que tu fais. C'est pourquoi tu crées une histoire.

Question: Lorsque tu dis, "N'écoute pas l'histoire" que veux-tu dire par le mot écouter? Au fil des ans, on m'a appris, en tant que travailleur social et enseignant, à écouter les gens. Mais quelquefois, les écouter me semble en revenir à leur permettre de les laisser entrer dans une démarche de prise de pouvoir sur moi. Ils paraissent me manipuler; ils dominent la conversation avec du bla-bla plutôt que de communiquer.

Gary: Oui, c'est un des endroits où tu ne veux pas écouter l'histoire. Lorsque cela arrive, tu devrais dire, "Attends une minute veux-tu? J'ai besoin de clarté ici. Je ne comprends pas le but de ce que tu me dis." Ils doivent revoir la façon dont ils justifient ce qu'ils font, et ce faisant, habituellement, l'histoire s'arrête ou change. Les deux étant bons pour toi, parce que cela te sort du fait d'être obligé d'écouter des conneries.

Question: J'ai toujours estimé l'écoute sans questionnement. "Oh, elle a une tellement bonne écoute" a semblé une chose positive à dire. Maintenant je le questionne. Vérité, est-ce que les gens écoutent réellement de toute façon? La plupart des gens utilisent l'écoute comme moyen de décider ce qu'ils vont dire ou de les conduire à la conversation qu'ils veulent avoir.

Gary: Comprenez-vous bien, tous, cela? Ma belle- mère était parfaite à cela. Elle te parlait de n'importe quoi et attendait jusqu'à ce que tu dises le mot juste qui lui permettait d'entrer dans la conversation, de se l'approprier et de mener la conversation là où elle voulait qu'elle aille. Elle se considère une personne incroyablement intéressante. Mais les gens qui sont incroyablement intéressés par leur propre point de vue, n'écoutent pas nécessairement du tout. En fait, ils se focalisent, dans leur écoute, sur des mots-clés qui peuvent correspondre à ce qui leur permettrait de s'accaparer la conversation et de faire que tout fonctionne comme ils le veulent.

Question: Il semble que les gens soient plus intéressés à raconter leur point de vue que d'écouter. Pourquoi a-t-on appris, dans cette réalité, à écouter - comme si c'était quelque chose de bon et de noble?

Gary: Eh bien, il est bon et noble d'écouter parce que, de cette façon, les gens peuvent prendre avantage sur toi, et nous savons tous que c'est le but de la vie, n'est-ce pas? De faire que les gens prennent avantage de toi.

Question: Que veulent dire les gens lorsqu'ils disent écouter? Écouter pourrait être un entraînement à percevoir l'énergie.

Gary: Si tu écoutes l'histoire, tu remarqueras que, souvent, elle ne correspond pas à l'énergie de ce qui se passe. Pourquoi? Parce que la personne qui raconte l'histoire est en train de la valider, justifier, expliquer, rationaliser et la régurgiter comme si cela allait créer quelque chose de différent.

Beaucoup de gens que je connais, y compris les gens qui font Access Consciousness, racontent une histoire. Comment peux-tu ne pas écouter l'histoire? Est-ce que tu t'en vas ou tu t'enfermes dans ta bulle? Est-ce que tu les arrêtes, les interromps, poses une question, écoutes l'énergie de ce qu'ils racontent plutôt que les mots ou tu leur balances un wedgie?

Gary: Tu écoutes certainement l'énergie de ce qu'ils sont en train de raconter, et alors, oui, tu leur lances une torpille et tu t'en vas.

Question: Est-ce qu'un wedgie est une façon de leur donner une possibilité différente sans le dire?

Gary: Non, c'est une façon de poser une question, qui requiert qu'ils regardent à partir d'un espace différent là où ça les démange – selon ce qui arrive en premier.

Question: Quelle contribution puis-je être à moi-même et à mes amis lorsque ceux-ci me semblent pris dans leur histoire d'une manière obsessionnelle?

Gary: Ma chose favorite est de dire, "Oh mon Dieu, j'ai oublié! J'ai un rendez-vous. Je dois partir, je te vois plus tard."

Question: Comment se fait-il que six des Dix Clés soient écrites à la forme négative? Simple curiosité.

Gary: Parce que c'est de cette façon que les gens les entendent. Beaucoup de gens n'entendent pas les mots " *veux-tu* " ou " *fais cela* ". Ils n'entendent que " *ne fais pas cela* ". C'était simplement plus facile, à ce moment-là, de les énoncer dans la forme négative. Et ça marche. C'est ça la vraie raison. Ça marche.

Question: Lorsque je suis dans le rôle d'un facilitateur d'Access Consciousness et que quelqu'un parle et continue de parler, et j'ai déjà l'essentiel de l'énergie de ce qu'ils racontent, quelles sont les choses que je peux dire qui les arrêteraient d'une façon gracieuse?

Gary: Tu peux dire, "Tais-toi," ou "Arrête, arrête, arrête" ou "Écoute. Est-ce que tu as entendu ce que tu as dit?"

Ils diront, "Quoi? Qu'est-ce que j'ai dit?"

Puis tu seras obligé de répéter ce qu'ils ont dit.

Puis ils diront, "Eh bien ouais, mais ce n'est pas ce que j'ai voulu dire."

Tu diras, "Oui, mais c'est ce que tu as dit, et c'est ce que tu as voulu dire car cela correspond à l'énergie de ce que tu dis beaucoup plus que ce que tu penses dire. Mais analysons cela, veux-tu? Essayons de démanteler tout ça afin d'avoir un peu de liberté ici." C'est de cette façon que tu leur parles gracieusement. Vous m'avez tous entendu dire, "Tais-toi" à des gens, n'est-ce pas? Ou "Waouh, waouh, waouh?" Quelquefois tu as besoin de faire ça.

Question: Une histoire peut être une chose tellement subtile, comme "la pluie". Que sais-tu à propos de la pluie? Il y a une tonne d'histoires dans simplement un mot.

Gary: Ce n'est pas une histoire; c'est une conscience. Conscience et histoire ne sont pas la même chose. Les gens utilisent l'histoire pour éliminer la conscience. Ils utilisent l'histoire pour justifier ce qui n'est pas conscience, comme si c'était vrai.

Question: Je vois des gens se connecter à travers des histoires communes: histoires de divorce, histoires d'avoir des adolescents, histoires d'acheter leur première voiture. Qu'en est-il de tout cela?

Gary: Il s'agit d'insanité, qui est la façon dont la plupart des relations sont créées. Les gens créent le jugement pour créer une connexion. Ce qu'ils recherchent dans une histoire commune est "As-tu le même jugement? Sommes-nous sur la même longueur d'ondes? Jugeons-nous tout de la même façon?" Si c'est le cas, cela signifie qu'ils sont bien du même bord.

Est-il réellement vrai que nous sommes ensemble, ou est-ce un mensonge que nous croyons et perpétuons sur nous- mêmes afin d'être certains que nous avons quelqu'un "là pour nous?"

Question:Toutes les histoires sont-elles essentiellement des états d'être?

Gary: Non, la plupart des histoires sont des réalités futures projetées.

Mais cela concerne le passé. Comment peuvent-elles être des réalités futures projetées?

Gary: Parce qu'ils essaient de faire en sorte que tu t'alignes et acceptes leur point de vue, comme si cela allait changer et créer quelque chose de différent dans le futur

Oh, d'accord. Comment peux-tu raconter une histoire à partir de l'état d'être?

Gary: Tu peux raconter une histoire à partir de l'être si tu le fais pour créer une plus grande clarté. Raconter une histoire pour la conscience veut dire que tu la racontes pour la conscience; tu ne racontes pas l'histoire pour la conclusion. 99% des gens racontent des histoires à partir d'un état d'être; ils le font pour créer une conclusion dans ton monde et le leur et afin de faire que les choses apparaissent d'une certaine façon.

Merci. Merci. C'est génial.

Question: Et plus de clarté veut dire plus de conscience??

Gary: Oui.

Question: Lorsque quelqu'un te donne une information qui semble réelle sur quelqu'un d'autre, de quelle conscience a-t-on besoin pour savoir que c'est de l'information - et non une histoire?

Gary: Les gens te parlent des autres tout le temps; par exemple, untel-ou-untel fait de mauvaises choses. Est-ce une conscience, ou est-ce que c'est un jugement? Habituellement lorsque les gens racontent une histoire sur les autres, c'est un jugement qu'ils essaient de minimiser dans ton monde. Ils le font paraître comme si ce n'était pas important qu'ils te le disent, mais cela te demande d'en venir à une sorte de conclusion.

Lorsque les gens te donnent une information sur une autre personne, tu peux habituellement dire, selon ce que tu ressens énergétiquement, si c'est un jugement ou s'ils communiquent une conscience.

Question: J'ai eu une expérience puissante et contrariante lors d'une séance chez le dentiste cette semaine. J'ai eu un problème violent avec un dentiste, lorsque j'avais cinq ans. Je l'ai frappé très fortement; puis il m'a giflé, a juré et m'a phy-

siquement jeté hors de son cabinet. J'en suis resté traumatisé et les, rendez-vous chez le dentiste sont une vraie torture pour moi. Je me suis fait ôter le mercure de plombages vieux de quarante ans, et je me suis donc, pour cela, efforcé d'aller chez le dentiste avant que des problèmes plus grands n'arrivent. Et, comme on venait d'avoir eu la conférence téléphonique sur 'aucune drogue', j'ai lutté pour ne pas me juger à propos de mon envie irrésistible de ces drogues anesthésiantes qui altèrent la conscience.

Gary: Tout d'abord, si tu as des douleurs et que tu souffres, prendre des drogues est acceptable. Si tu les prends durant un temps court afin d'accomplir un résultat particulier, il n'y a aucun problème. Si tu les utilises à long terme afin de prouver que tu n'as pas besoin d'être conscient au présent, ce n'est pas bon.

Alors que l'anesthésiant commençait à faire effet, je me suis efforcé d'observer et d'inventorier la pièce à travers la terreur irrationnelle que j'expérimentais. Je suis littéralement passé au travers de chaque élément que je percevais, de l'odeur à la couleur à la taille, à la comparaison des mains du dentiste. Comme je ne pouvais pas me rappeler des détails de tout ce qui m'étais arrivé enfant, je prenais les choses les plus grandes: ses mains, l'odeur et les sons, ma taille dans la chaise, ma propre terreur émotionnelle et plus important, il y avait-il quelque chose de ce truc d'enfant qui me revenait maintenant ! Le narcotique semblait réduire le facteur émotionnel et m'a aidé à me concentrer sur les détails. C'était comme s'il amplifiait les choses. Ceci me mit dans la confusion par rapport à la dernière conversation téléphonique, mais j'ai continué à me concentrer à inventorier le présent et faire une demande pour le changement.

Gary: Encore une fois, tu viens de mentionner que tu as demandé un changement et que tu as demandé la conscience. Donc tu as fait cette demande et c'est ce qui arrive pour toi lorsque tu le fais.

J'avais fait cet exercice durant d'autres rendez-vous, mais mon esprit s'éclipsait, comme un crapaud sur une autoroute, sans résultat. Cette fois–ci, je suis arrivé à une conscience immédiate que j'avais vécu la plupart de ma vie à partir de cette expérience. J'avais du mal à dire aux gens que j'avais une douleur ou que j'étais malade et aurais aimé recevoir gentillesse ou assistance. Ma mère avait été très critique quant à mon attitude chez le dentiste lorsque j'avais cinq ans, et, pendant des années, elle a continué à me faire aller chez ce même dentiste. Cela reste encore un grand sujet de compétition personnelle; "Je peux le faire et je ne vais pas demander de l'aide. Maudite sois- tu de ne pas avoir su ce dont j'avais besoin et de ne m'avoir aidé d'aucune manière." De reconnaître ceci et de poursuivre ma route a changé ma vie. Cela m'ôte le fardeau d'avoir à rester debout dans mon espace et de me faire gifler ou de voir mes sombres prévisions récom-

pensées, non pas tant physiquement qu'émotionnellement. Intuitivement je sais ce dont j'ai besoin et je peux me le procurer. Les gens me disent qu'ils ressentent une énergie explosive contrôlée en moi.

Gary: Ce ne serait pas surprenant comme tu as été réprimé depuis toujours. Je suggère que tu fasses des processus sur la suppression de la colère :

Quelles génération et création de la suppression de la colère -comme source primordiale de l'élimination des réalités des autres personnes utilises-tu pour verrouiller en existence les HEPADs* positionnels que tu institues comme la source d'être dans ton tort et de la justesse du point de vue des autres personnes? Tout cela, fois un dieulliard, vas-tu le détruire et le décréer? Right and wrong, good and bad, POD and POC, all 9, shorts, boys and beyonds.

Je reconnais que je me suis totalement engagé dans l'expérience du présent. Presque exactement au même moment, le dentiste actuel a dit, "Tu souffres, n'est-ce pas? Je vais te donner quelque chose pour cela tout de suite. Tu ne devrais jamais souffrir. Dis-le-moi chaque fois que cela arrive et on en prendra soin immédiatement." Nous avons sympathisé, immédiatement. Je suis encore très ému à ce propos. Que se passe-t-il ici? Il me semble que si j'arrivais à une conscience totale, je ne serais pas ému.

Gary: Ce n'est pas qu'une conscience totale élimine les émotions: la conscience totale élimine les émotions négatives. Ce que tu es en train d'expérimenter est une libération positive.

Trois heures dans la chaise du dentiste m'ont semblé être quinze minutes.

Gary: Oui. Lorsque tu arrives à l'endroit où tu as de la gratitude et qu'alors tu fais une demande, la clarté arrive. Tu as demandé de la clarté dans la demande que tu as faite et c'est exactement ce qui est arrivé. Je te complimente d'être aussi intense et tellement merveilleux en cela.

L'attente de blessure ou d'agression est définitivement passée, tout au moins avec le dentiste. Je suis arrivé à une plus grande aisance en ce qui concerne le fait d'être plus confortable et de demander de l'aide. Je me sens plus calme aussi. Comment les drogues fonctionnent-elles dans cette situation?

Gary: Parce que tu as fait une demande, tout ce que tu pouvais faire était de les utiliser à ton bénéfice. Maintenant les gens pourraient dire, "Lorsque je fume de l'herbe, je fais une demande que cela m'amène à la conscience," mais ce n'est pas ce que tu fais. Tu as fait une demande d'aller au-delà de la limitation dans laquelle tu étais. Lorsque tu fumes de l'herbe occasionnellement, tu ne fais pas une demande pour quoi que ce soit; tu fumes occasionnellement.

---

* Voir le glossaire pour une définition

Le narcotique m'a-t-il, en fait, aidé à me séparer suffisamment du trauma et du drame de l'histoire pour mettre la situation dans une plus grande lumière?

Gary: Oui, et c'est la raison pour laquelle tu veux éliminer l'histoire. Tu veux créer une focalisation claire pour que tu puisses voir ce qui est réellement, pas ce que tu as cru exister. Tes pensées et émotions sont ta justification. Tu avais cinq ans et tu devais justifier que ta mère faisait la chose juste ou ne faisait pas la chose juste et tu as dû faire en sorte d'avoir tort durant quarante ans. Tu as fait de l'histoire une justification de beaucoup de tes peurs. L'idée de ne pas raconter l'histoire ni croire à l'histoire, c'est d'arriver au point où tu peux aller derrière l'histoire et libérer ce qui a verrouillé cette histoire, dans ta réalité.

Je réalise maintenant que cette information vient de l'inconscient. Beaucoup de tout cela est resté en moi, en dehors de ma conscience. Me dire que la peur n'était pas rationnelle ou que cet événement du passé lointain n'arrivait pas ou n'était plus réel ne m'a pas apporté de la conscience. S'il te plaît, quel processus peut-on utiliser pour tous ces angles morts de l'enfance, tout spécialement ce qui a trait au trauma et à l'histoire? J'ai des peurs irrationnelles avec des figures autoritaires, et je me révolte, au fur et à mesure que tout se révèle. Je soupçonne que l'expérience avec le dentiste lorsque j'étais enfant n'est pas la seule raison.

Gary: Tu pourrais peut-être faire:

Quelle fantaisie, état d'être, intentions secrètes, réalités futures projetées et réalités présentes projetées de toujours me battre contre l'autorité ai-je rendus si réels que, même face à une prise de conscience et une conscience totales, je ne peux pas changer, choisir ou modifier cela? Tout cela, fois un dieulliard, vas-tu le détruire et le décréer? Right and wrong, good and bad, POD and POC, all 9, shorts, boys and beyonds.

Question: Récemment il y a eu un attentat à la bombe à Oslo, qui a suscité de nombreux points de vue dans le groupe Facebook d'Access Consciousness dans lequel je suis. Il y a aussi des endroits dans le monde où il y a la guerre et où famine et violence sexuelle sont utilisées comme moyens. Quelle question pouvons-nous poser pour ne pas être pris dans le trauma et le drame de tout cela? Quelle est la raison pour laquelle les gens s'attardent sur ce genre d'histoires?

Gary: Les mauvaises nouvelles sont toujours les meilleures nouvelles du point de vue de la réalité humaine. Tu as un choix sur comment tu y réponds. Tu peux regarder ce qui se passe et demander, "Pourquoi est-ce que les gens choisissent cela?" Certaines personnes choisissent leur mort. Pourquoi? Parce que s'ils choisissent leur mort, ils peuvent choisir comment ça se passe, à qui ils vont manquer et tout ce genre de trucs. On a du mal à imaginer que les gens puissent avoir cela dans leur "conscience", mais ils l'ont et ils ne désirent pas forcément le changer.

Question: J'ai été très bien entraînée à justifier mon point de vue, dans ma famille, car il y avait un énorme refus de 'laisser-être' n'importe quel point de vue non concordant. Tu dis que tu peux raconter une histoire pour la clarté.

Pourrais-tu en parler un peu plus, s'il te plaît? Je peux voir cela comme une pente glissante, par exemple, avec ma sœur. Je vois comment je pourrais utiliser l'idée de faciliter de la clarté pour justifier mon point de vue.

Gary: La raison pour laquelle tu racontes une histoire est de justifier ton point de vue. Cela ne conduit pas à la clarté, ni ne conduit à une possibilité. Ce dont tu as besoin, c'est que tout ce que tu fais crée de la clarté pour pouvoir avoir une plus grande possibilité à chaque moment de chaque jour, de toutes les façons que tu es et de toutes les façons que tu pourrais être. Si tu n'as pas cela, qu'es-tu en fait en train de créer?

Limitation.

Gary: Ouais. Alors si tu ne souhaites pas créer de limitation, tu dois créer à partir du pressentiment des possibilités qui sont disponibles.

Dans la dynamique que j'ai décrite, où je ressentais un total non –'laisser-être', quels choix avas-tu?

Gary: Attends une minute. Dès le moment où tu ressens qu'il n'y a aucun 'laisser-être', arrête de parler. Il y a deux raisons pour toi de faire cela. Lorsque tu arrêtes de parler, l'autre personne doit en venir à un questionnement. Quand on va dans la question, qui a le contrôle?

La conscience.

Gary: Oui. Et tu veux avoir la conscience.

Je vois que j'aurais pu choisir de dire, "C'est un point de vue intéressant" qu'ils n'étaient pas en état de 'laisser-être' ou quoi qu'ait été leur point de vue - et ne pas prêter aussi attention, ne pas tellement m'investir dans le fait d'avoir leur accord ou approbation.

Gary: Tout l'objectif de raconter une histoire, croire à une histoire ou écouter une histoire est d'arriver à ce que les gens s'impliquent en quelque chose qui ne peut pas être changé ni résolu. Pourquoi est-ce que les gens voudraient faire cela? Parce que s'ils peuvent t'impliquer dans quelque chose qui ne peut pas se résoudre ou ne peut pas être changé ou quelque chose qui te requiert d'y penser durant un bon bout de temps, alors ils t'enlèvent la possibilité d'être présent dans ta propre vie. C'est une forme de prise de pouvoir. C'est la raison pour laquelle je dis, "Ne raconte pas d'histoire, ne crois pas l'histoire et n'écoute pas l'histoire." Une histoire n'a qu'un seul but - te dérober de ton pouvoir. Est-ce là où tu veux vivre?

Question: J'ai eu une cliente récemment qui m'a dit,"Je recherche la clarté. J'ai besoin d'y voir clair. La clarté m'aidera à choisir," mais elle est restée dans l'histoire, ce qui a empêché la clarté, ce qui a, alors, empêché le choix. Je me demande si ce qu'elle disait à propos de clarté était une sorte d'illusion pour garder ce qui est coincé en place.

.Gary: C'est l'une des plus grandes difficultés – gérer des gens qui ne veulent pas être conscients alors qu'ils disent qu'ils sont intéressés à être conscients. Si quelqu'un te raconte une histoire, tu pourrais dire, "Peux-tu attendre une minute? J'ai besoin de clarté là-dessus. Je ne comprends pas de quoi tu parles." Cela leur demande de regarder d'un endroit différent, de parler d'un endroit différent ou de choisir à partir d'un endroit différent plutôt que de poursuivre le fil de la même histoire.

Si la personne recommence encore et raconte la même histoire, c'est là où je dis, "Attends une minute. Tu viens de dire que tu voulais avoir la conscience."

Elle dira, "Oui, eh bien, laisse-moi simplement te raconter ça. C'est vraiment important." Et elle racontera de nouveau son histoire.

Je dirai, " D'accord, mes prix viennent juste d'augmenter."

Elle dira, "Que veux-tu dire?"

Je dirai, "Si je dois écouter l'histoire, mes prix augmentent. Tu as commencé une histoire qui ne correspond pas à l'énergie dans laquelle tu es venue, de ce que tu as dit être le problème que tu devais résoudre. Alors, on s'occupe de la véritable énergie de ce qui se passe ici - ou on peut s'occuper de ton histoire. Mes prix doublent lorsque je dois écouter l'histoire aussi"

L'histoire est la façon dont les gens justifient leur choix. Aucun choix n'est un choix. Si quelqu'un dit qu'il y a un choix de x, y ou z et rien d'autre, il y a une possibilité qu'il y ait quelque chose d'autre là, qu'ils n'ont pas reconnue ou pas considérée.

Question: Souvent, lorsque je travaille avec des gens qui sont en dépendance ou avec des alcooliques, j'écoute une histoire. Je leur demande, "Parle-moi de ton penchant à boire" ou "Parle-moi de ton attachement à la nourriture" et ils vont dans leur histoire - mais j'obtiens beaucoup d'informations à partir de là.

Gary: Tu fais jaillir une réponse d'eux afin de d'obtenir l'information dont tu as besoin pour savoir où aller, et ça marche. Mais si les gens continuent encore et encore à déballer leur histoire?-Si quelqu'un rentrait et disait, "Ma mère m'a maltraitée et c'est la raison pour laquelle je bois. Je n'arrive pas à croire qu'elle m'ait traitée si mal. Elle était tellement méchante envers moi, elle était tellement mauvaise envers moi et elle disait bla, bla, bla," est-ce que tu traites le problème de boire ou un autre problème?

Exactement. D'accord.

Gary: As-tu remarqué que lorsqu'une personne parle encore et encore d'une histoire, elle ne s'en remet jamais?

Oui. Je ne leur permets pas de rester dans leur histoire, mais j'en obtiens des informations.

Gary: C'est bon, mais il y a beaucoup de gens qui racontent leur histoire, et l'histoire continue durant une longue période de temps. Ils continuent à y retourner. Pourquoi retournent-ils à leur histoire? Parce qu'ils ont cru au mensonge que c'est l'histoire qui doit être changée.

Il y a des gens qui disent que si tu n'es pas heureux avec l'histoire, tu devrais changer l'histoire. Non, si tu n'es pas heureux avec l'histoire, il y a une très grande chance que l'histoire ne soit pas le problème. Le problème est ce qui est arrivé avant l'histoire. Tu dois arriver à ce qui s'est passé avant l'histoire ou tu ne vas pas obtenir de résultat.

Question: Quelque fois je parle à des personnes qui semblent se perdre, dans une boucle inconsciente de l'histoire. Que puis-je faire pour créer plus de conscience pour eux?

Gary: Pour changer quelque chose, tu dois aller à ce qui est arrivé avant l'histoire - pas ce qui est arrivé durant l'histoire. Les gens reviennent en arrière et racontent la même histoire encore et encore parce qu'ils essaient de gérer ce qu'ils pensent être l'histoire, plutôt que de s'occuper de ce qui a créé l'histoire. Ça c'est la chose qui a besoin d'être changée.

Question: Lorsque je suis en présence de quelqu'un, un client, par exemple, qui continuellement, sans cesse, raconte l'histoire, est-ce qu'il y a quelque chose que je peux faire pour lui faire pointer du doigt une possibilité de choix différente? Ou est-ce que je m'assois simplement et les écoute?

Gary: Pourquoi ferais-tu cela?

Exactement, c'est douloureux

Gary: Tu as trois choix. Tu peux t'asseoir et écouter, tu peux te lever et partir, ou tu peux dire, "Tu sais quoi? J'adore le fait que tu répètes tout le temps cette histoire."

Merci.

*Question: Pourrais-tu en dire plus quant à l'utilisation de l'histoire des gens à ton avantage dans le Royaume de Nous, s'il te plaît?**

Gary: Lorsque quelqu'un a une histoire, je relève toujours l'énergie de ce qui est vrai. C'est habituellement la première phrase qui sort de leur bouche, et c'est la plus forte énergétiquement. Les gens disent des choses, "J'ai fait cela parce que…" Ou "J'ai fait cela simplement…" Ou "J'ai fait cela mais…" Le premier élément de ce qu'ils disent est le problème. Le parce que ou le simplement ou le mais conduisent à l'histoire qui rationalise, justifie et explique ce qu'ils ont fait. Cela rend l'histoire réelle pour eux. Est-ce réel? Ou est-ce la première chose qu'ils ont dite, la réalité que personne n'est prêt à voir?

Question: Lorsque je suis pris par mon histoire et que je me coupe donc, moi-même, de mon pouvoir, je peux être pris au piège et rentrer dans le terrier du lapin, si vite et si loin…

Gary: Je sais ; n'est-ce pas amusant?

Non, ça ne l'est pas.

Gary: Ça l'est! Tu dois comprendre que c'est amusant pour toi ou tu ne le choisirais pas. Et lorsque tu arrives à la fin de ton histoire, si tu arrives à dire, "Génial! Ça c'était vraiment amusant!" Tu arrêteras de tomber si souvent dans ce piège.

Veux-tu dire, reconnaître que c'est amusant même si c'est un supplice?

Gary: Cela n'est devenu un supplice qu'après que tu te sois entendu en parler beaucoup trop et que tu as dit, "Waouh, je m'ennuie à mourir!"

Est-ce la façon de s'en sortir?

Gary: Ouais Dis, "Je m'ennuyais à mourir. Tu sais quoi? Cette histoire est merdique. Que suis-je en train de faire?"

Question: Toutes les choses appelées maladies mentales comme l'anxiété, la dépression et la paranoïa, sont- elles basées sur des histoires?

Gary: Oui.

Waouh!

Gary: Croire à une histoire est un mensonge qui requiert de la personne qu'elle s'oriente continuellement vers un manque de conscience et un manque de choix.

J'adore ça. Que peut-on faire pour changer tout cela?

Gary: C'est la raison pour laquelle nous vous demandons de ne pas écouter, croire à ou raconter des histoires. Si tu es clair sur ce qu'est une his-

---

* Voir le glossaire pour une définition

toire et pourquoi les gens restent coincés dans leur histoire, tu seras capable de le reconnaître - et tu sauras qu'il y a un mensonge-là. Lorsque tu vois que quelqu'un essaie de vivre un mensonge, la chose qui est le point foireux dans leur vie apparaît soudainement, de manière évidente. La plupart des gens pensent que la raison pour laquelle ils sont en galère c'est parce que et à cause de l'histoire qu'ils racontent. Ils te racontent l'histoire de pourquoi ils sont en galère, pensant que cela finira par aller mieux. Est-ce que ça marche vraiment?

Non, pas du tout.

Gary: Jamais. Alors quel autre choix as-tu?

Question: Comment peux-tu travailler avec quelqu'un qui a passé sa vie avec un psychothérapeute et qui est complètement accro aux histoires?

Gary: C'est ce qu'est la psychothérapie. Tu racontes ton histoire encore et encore jusqu'à ce qu'elle soit "libérée" suffisamment de la charge que tu y mets - et ensuite tu vas vers une autre histoire légèrement différente. Lorsque quelqu'un avec qui je travaille est accro à l'histoire, je dis,

"Tu as un choix ici."

Il demande, "Qu'est-ce que tu veux dire, j'ai un choix?

Je n'ai pas de choix."

Je dis, "Si tu en as. Tu as toujours un choix. Crois-tu que c'est un univers de libre choix?"

S'ils disent oui, alors tu les as. S'ils disent non, tu te tais et t'en vas.

Question: Je peux parler de cela aussi. En tant que psychothérapeute, lorsque les gens s'embarquent dans une histoire, je dis, "D'accord, si tu ne me racontais pas cette histoire, de quoi serais-tu conscient?"

Gary: Brillant!

Question: Peux-tu parler, avec des exemples, de ce qui vient avant l'histoire et comment le changer?

Gary: Une femme est venue me voir; elle voulait changer sa relation avec sa mère. J'ai demandé, "Que veux-tu changer à propos de ta relation avec ta mère?"

Elle a dit, "Eh bien, ma mère est une garce."

J'ai dit "Il ne semble pas que tu veuilles changer ta relation avec ta mère. Il semble que tu veuilles changer ta mère ou simplement la critiquer."

Elle dit, "Oui, mais tu ne comprends pas."

J'ai dit, "Que veux-tu dire, 'je ne comprends pas'?"

Elle dit, "Eh bien, chaque fois que je lui dis quelque chose elle fait, bla, bla, bla."

J'ai dit, "D'accord, revenons-y encore une fois. Que désires-tu réellement de ta mère?"

Elle avait tout pour justifier qu'il fallait que sa mère change pour que leur relation fonctionne. Lorsque, finalement, après avoir répété la question de nombreuses fois je lui demandais à nouveau, "Que veux-tu de ta mère", elle a soudain réalisé que ce qu'elle voulait vraiment était que sa mère soit bienveillante envers elle, d'une manière précise. Elle avait décidé qu'elle ne recevrait rien de sa mère qui ne corresponde à un choix de celle-ci de lui prodiguer l'attention de cette façon, spécifiquement. Une fois que nous en sommes arrivés là, tout a commencé à changer pour cette dame.

Pourrions-nous regarder quelque chose que je fais? Je crée l'échec. Je m'implique dans un tas de conneries à propos de choses qui ne changent pas. Je dis, "Ceci ne change pas et cela ne change pas."

Gary: Oui, parce que tu essaies de croire que l'histoire est réelle.

J'ai essayé de trouver le point où cela a été créé, mais ce n'était pas seulement un point, il y avait de nombreux, nombreux points.

Gary: Qu'est-ce qui est arrivé avant la création de ton histoire?

Pour moi, rien que d'y regarder et aller…

Gary: Tu dois chercher ce qui est arrivé, avant la création de l'histoire.

Il n'y a pas qu'une seule chose. Il y a beaucoup d'incidents qui constamment…

Gary: Les incidents sont ce que les gens utilisent pour accumuler de l'information pour raconter leur histoire ou rendre l'histoire réelle. C'est la façon dont ils justifient ce qui se passe. Qu'est-ce qui est arrivé avant cela? Qui étais-tu avant que l'incident arrive? Essentiellement, va avant l'incident. Demande, "Qu'est-il arrivé avant cet incident? Et qu'est-il arrivé avant cet incident? Et qu'est-il arrivé avant cet incident?" Tu peux, en fait, remonter dans le temps jusqu'au moment où, pour la première fois, tu as pris la décision ou tu as fait le choix que tu pouvais ou ne pouvais pas faire quelque chose. C'est ce qui va l'ouvrir.

En cet instant, cela me paraît inconcevable. Je reviens au temps où j'ai essayé de me donner, moi, et j'ai été rejeté. Cela remonte à même avant cela, dans le ventre de ma mère. Où puis-je libérer tout cela?

Gary: Parles-tu de ton histoire personnelle ici?

Ouais.

Gary: Ton histoire est-elle réelle pour toi?

Ah ! Oui, sinon je ne serais pas là, à en parler.

Gary: Tu m'as menti.

Je sais que c'est une histoire, cependant j'ai l'impression que c'est encastré dans ma structure moléculaire.

Gary: Je comprends, mais tu l'as rendue réelle. Je t'ai demandé, "Est-ce que ton histoire est réelle?" et tu ne pouvais pas répondre à la question pour commencer.

J'essayai de trouver un moyen de dire non, mais c'est réel pour moi. Je regardais comment je m'y accrochais.

Gary: En fait ce n'est pas réel. Tu la rends réelle. Pourquoi est-ce que tu rends l'histoire réelle?

J'aimerais le savoir Gary, j'aimerais le changer.

Gary: Es-tu investie dans le résultat?

Je ne suis pas certaine de ce que tu veux dire par là.

Gary: Si tu veux rendre ton histoire réelle, alors tu dois t'accrocher à tout ce qui peut arriver quoi qu'il en soit. Tu veux rendre ton histoire réelle si tu veux la faire vérité. Tu dois la justifier et en rajouter, afin de la garder en existence. Alors, combien de ce que tu as défini être ton histoire, de toi et de ta vie, est basé sur un mensonge? Beaucoup, un peu ou des mégatonnes?

Des mégatonnes.

Gary: Tout cela, fois un dieulliard vas-tu le détruire et le décréer? Right and wrong, good and bad, POD and POC, all 9, shorts, boys and beyonds.

Question: : Il ne semble qu'on ne peut avoir une histoire que si tu l'inscris dans une identité, comme: je suis une femme, je suis une mère, je suis ceci, je suis cela. Alors si tu détruis toutes tes identités, tu ne peux pas avoir d'histoires. Est-ce correct?

Gary: Oui. Je n'ai pas d'histoire car les gens disent toujours, "Tes histoires sont barbantes." Je dis, "C'est parce que je n'en n'ai pas de nouvelles. Je n'en crée pas de nouvelles. Cela aurait une valeur basée sur quoi? Aussitôt que je me débarrasse de quelque chose, si je peux me rappeler l'histoire, je l'utilise toujours." La plupart d'entre vous utilisent leur histoire à jamais - parce que tu l'utilises pour la garder en existence.

Les gens racontent des histoires afin de garder leurs identités en existence.

Gary: Oui, et ils maintiennent leurs histoires afin de garder, à propos d'eux ou pour eux, ce qu'ils ont décidé être vrai qui, en fait, ne l'est pas. Ils essaient de garder cela aussi en existence.

Wow.

Question: S'il y a une histoire, n'est-ce pas simplement une histoire tant qu'il n'y a pas d'attachement émotionnel? S'il n'y a pas d'attachement émotionnel, alors, est-ce toujours une histoire? Quand est-ce une histoire? Et quand n'est-ce pas une histoire?

Gary: Une histoire est n'importe quoi qui justifie tes choix ou tes actions. Si tu essaies de justifier quelque chose avec ton histoire ou tes actions, tu racontes une histoire ou tu vis une histoire comme si l'histoire était toi.

Mais alors n'a-t-on pas besoin d'essayer de défendre un faux-sens de vérité dans cette histoire?

Gary: Non, tu fais cela lorsque tu deviens émotionnellement attaché à l'histoire. Cela, c'est un tout un autre univers. L'attachement émotionnel est bien autre chose que d'être conscient "D'accord, c'est une histoire."

D'accord, j'ai compris, merci.

Question: Dans mon cabinet, je travaille avec des nourrissons qui ont vécu un trauma à la naissance. Une partie de mon but est de leur donner un sentiment d'expansion au- delà de leur trauma. Manifestement, je ne peux pas faire ça avec des mots. Aurais-tu une idée de comment faire, afin que l'histoire ne devienne pas la vie?

Gary: As-tu lu le livre, *Talk to the Animals?*

Non.

Gary: Dans ce livre, je décris la zone de conscience que chaque animal a autour de son corps. Lorsqu'ils sont dans une expérience traumatisante ou effrayante, souvent leur zone s'effondre complètement. Les enfants qui viennent au monde avec un trauma de naissance tendent à avoir cette zone totalement effondrée, ce qui fait qu'ils n'ont aucun sens de leur espace personnel.

Dis-tu que leur espace est inversé?

Gary: Oui. Tu dois te tenir n'importe où à une distance entre huit et douze pieds et attraper leur zone et l'étirer à environ vingt pieds derrière toi.

D'accord.

Gary: C'est très simple. Il y a une description sur comment le faire dans *Talk to the Animals*. Ce serait la façon la plus simple d'apprendre comment leur redonner un sens d'expansion, avec aisance. Lorsque qu'un animal est blessé, habituellement sa zone va s'effondrer et ce sera plus difficile pour lui de bien s'en remettre.

Les biches sont les seules créatures pour lesquelles je n'ai pas pu étendre à nouveau leur zone. Une fois qu'elles sont blessées et que leur zone s'est effondrée, celle-ci semble ne jamais revenir. J'ai eu des succès dynamiques avec des chevaux et des vaches. J'ai aussi eu des succès étonnants avec des animaux sauvages lorsqu'ils étaient dans des refuges.

Merci. Je vais essayer. Cela va probablement aider beaucoup d'enfants.

Gary: Si cela marche, génial - et si cela ne marche pas, retourne à ce que tu faisais. Fais toujours ce qui marche. Ne le fais pas de la façon dont tu penses que cela devrait être.

Tu peux aussi faire cela lorsque quelqu'un devient obsessionnel à propos d'une histoire particulière et qu'il y revient encore et encore. Ou encore, tu pourrais faire une séance de bar avec des systèmes de séquençage triplement plié.*

Question: Pour en revenir à l'histoire et les animaux sauvages. L'autre jour j'étais au refuge où je travaille comme volontaire. Je nettoyais une cage de ratons laveurs, mais je ne faisais pas très attention, et alors que je mettais ma main à l'arrière de la cage pour la nettoyer, un des ratons laveurs m'a mordu. J'ai tout de suite enlevé ma main et j'ai remarqué que les ratons laveurs n'en faisaient pas toute une histoire.

Aussitôt que j'ai remarqué cela, tout devint bien. J'ai alors pu avoir une approche différente. C'était une morsure énorme. Il m'a lacéré la peau et j'ai eu un bleu durant cinq minutes et ensuite tout est parti. C'était "Wow! Ça c'est intéressant !"

Gary: Les animaux ne font jamais une histoire de quoi que ce soit. Leur point de vue est, "le Soleil est levé, puis-je chanter? Le soleil est levé, où vas-tu?" Ils n'ont pas de point de vue que quelque chose doit apparaitre d'une certaine façon ou d'être une certaine façon ou fonctionner d'une certaine façon. Ils sont simplement ici. Ils regardent ce qui est disponible et demandent, "Maintenant on va où? On fait quoi?"

Ouais, et les ratons laveurs n'ont pas pris de décision par rapport à moi. C'était, simplement, un bras qui se trouvait à un endroit qui ne leur convenait pas.

Gary: Oui, j'étais dans un refuge d'animaux sauvages en Nouvelle-Zélande où ils nous ont laissé entrer dans une cage avec un tas de léopards. Suzy les caressait et l'un des léopards était assis derrière moi. Je portais une ceinture de crocodile, qui était très raide. La ceinture dépassait de mon dos d'environ trois pouces à cause de la façon dont j'étais assis. Tout d'un coup un léopard s'est penché en avant et l'a attrapée. J'ai dit, "Arrête ça !"

---

* Voir le glossaire pour une définition

L'entraîneur était stupéfait, parce que si un léopard sauvage avait fait ça à une personne normale, la personne aurait crié ou hurlé ou aurait été totalement effrayée et aurait pensé que l'animal voulait les mordre. Je n'ai pas eu cette réaction. Je savais qu'il était seulement intrigué par ma ceinture, alors j'ai dit, "Non, arrête ça." L'animal n'a aucun point de vue sur cela. Il n'y avait pas d'histoire pour l'animal et il n'y avait pas d'histoire pour moi. Et l'entraîneur n'avait pas non plus d'histoire parce qu'il n'avait pas à gérer une difficulté ou un problème.

Tu dois comprendre qu'aucune histoire ne te permet une présence totale. L'histoire élimine la présence car l'histoire est toujours à propos de quelque chose qui est arrivé dans le passé; ce n'est jamais être vraiment dans le présent.

Question: Peux-tu parler de l'idée que l'histoire est enfermée dans notre structure moléculaire?

Gary: Ce que tu renfermes dans ta structure moléculaire, ce sont des mensonges.

Lorsqu'on fait cela, est-ce même à nous? Ou est-ce simplement un modèle qui est venu, tel quel, du terrain?

Gary: La science de cela est que lorsque tu interceptes une pensée, un sentiment ou une émotion avec l'une des structures moléculaires de ton corps, la rends la forme de la structure cellulaire elliptique et c'est le début du "malaise." Tu l'y enfermes et l'y verrouilles, à travers tes pensées, sentiments et émotions, le sexe ou non sexe, le point de vue que tu prends. Il s'agit plus de jugement que n'importe quoi d'autre.

Lorsque tu essaies de justifier ton histoire basée sur ton jugement ou lorsque tu essaies de justifier ton jugement basé sur ton histoire, tu peux l'enfermer dans la structure cellulaire de ton corps. C'est la raison pour laquelle nous essayons de faire en sorte que les gens fassent des classes corporelles. Les processus corporels sont extrêmement dynamiques pour déverrouiller tous ces trucs, pour que tu puisses avoir une plus grande liberté avec ton corps, que tu n'as eue depuis des années.

Je le comprends et je verrouille tous ces trucs en moi, mais cela m'appartient-il, pour commencer?

Gary: Ça n'a pas d'importance.

Mais on le prend comme si c'était à nous.

Gary: Ne raconte pas d'histoire, n'écoute pas l'histoire et ne crois pas à l'histoire. Par exemple, disons que tu es juif et ta famille te nourrit de ce que cela veut dire d'être juif. Le reste du monde impose son point de vue sur ce que cela veut dire que d'être juif. Alors tu verrouilles cela dans la structure cellulaire de ton corps et tu le verrouilles dans ta vie comme si c'était réel. Ce n'est pas réel. Es-tu juif ou es-tu un être infini? Tu dois comprendre la différence. Ça n'a pas d'importance que tu sois sud-africain ou anglais ou américain ou australien ou suédois ou quoi que ce soit. Tu dois comprendre que tout cela ce ne sont que des points de vue culturellement imposés. Cela est aussi vrai pour ce que c'est d'être un homme ou une femme.

Ainsi, nous déverrouillons en réalité des vies entières et des générations de temps et de schémas?

Gary: Oui, exactement. C'est la raison pour laquelle nous disons, "Ne raconte pas d'histoire, ne croit pas à l'histoire, n'écoute pas l'histoire." J'avais un ami qui était juif et je ne savais pas qu'il était juif parce qu'il n'avait pas de point de vue sur ce que cela était. Je n'avais pas de point de vue que ça voulait dire quelque chose. Il allait très mal et j'ai demandé, "Qu'est-ce qui va pas?"

Il a dit, "Tu ne sais pas ce que c'est que d'être juif." J'ai demandé, "Qu'est-ce que tu veux dire?"

Il a dit, "Les gens parlent à propos de ce à quoi tu ressembles et tous ces trucs."

J'ai dit, "Je ne comprends pas. Tu as l'air d'être une personne pour moi."

Il a dit, "Non, non, non. C'est comme si les gens jaugeaient la taille de mon nez.

J'ai dit, "Je ne vois pas un grand nez. À quoi vois-tu cela?" Il était en train de créer tout un univers sur cette base.

Si on choisit, comme tu dis, de venir dans la famille dans laquelle on vient, avons-nous une inclinaison à venir avec ce même modèle ou cette histoire, et, ainsi, répéter simplement l'histoire dont nous essayons de nous défaire?

Gary: Je ne crois pas. Je pense que nous venons avec l'idée que nous allons changer l'histoire. Et lorsqu'on ne réussit pas à la changer, on commence à croire à l'histoire et à la rendre plus réelle pour nous.

Question: Lorsque je rencontre des gens pour la première fois, ils commencent souvent à me poser des questions comme "Qui es-tu?" et "D'où tu viens?" Est-ce que ces questions relèvent d'une histoire? Ces gens cherchent-ils à se référer à quelque chose en particulier?

Gary: Les gens créent des connexions à travers le jugement. Et ils créent la séparation à travers le jugement. Lorsque les gens me demandent, "D'où viens-tu?" Je dis, "De partout" Lorsqu'ils demandent, "Que fais-tu?" Je dis, "Tout"

Ils disent, "Non, non, non, j'ai besoin de savoir ce que tu fais. Qu'est-ce que tu fais?"

Je leur demande simplement ce qu'ils font, et ils diront, "Je fais ceci, ceci et ceci." Ils ne veulent pas réellement savoir ce que je fais. Ils veulent juste choisir s'ils peuvent juger et se séparer de moi ou être proche de moi.

Je suis sorti avec une femme une fois. Elle disait, "Je pense que nous allons très bien nous entendre. Tu aimes les bons stylos et El Caminos, et moi aussi."

Euh… Je pense qu'il y a un peu plus dans la vie que des bons stylos et El Caminos. C'est ma conscience. C'est ce qui est vrai pour moi.

Elle "avait besoin" d'avoir une connexion à quelqu'un qui avait des idées similaires. Elle pensait que si tu aimais les mêmes choses, alors vous vous entendriez très bien. C'est de cette façon que la majorité du monde fonctionne. C'est la raison pour laquelle ils te demandent de raconter ton histoire. Ils veulent savoir s'ils peuvent te rejeter.

Question: Mes étudiants français me posent continuellement des questions à propos de ton histoire. Ils veulent savoir absolument tout de toi, quelles sortes d'affaires tu avais avant d'avoir créé les Bars, et ainsi de suite. Cela me bloque parce que je ne veux pas prendre ce chemin.

Gary: Eh bien, tu pourrais leur dire, "De son point de vue, son passé n'existe pas. Tout ce qu'il a fait avant d'en venir à Access Consciousness était parfaitement juste en ce que cela l'a préparé pour ce qu'il fait maintenant. Ce qu'il a fait n'a vraiment aucune importance. Tout cela s'applique à ce qu'il fait. Et si tout ce que tu avais fait - et ça, c'est la question que tu peux leur poser - était de te préparer pour ce que tu vas faire? Ce n'est pas comme si ton histoire était ta valeur"

Question: Tu as parlé des animaux qui ne créaient pas une histoire. Quelle est la différence entre une décision et une histoire? S'ils traversent l'eau à un certain endroit et se font mordre par un serpent par exemple, ils ne retourneront pas dans l'eau dans cette zone une nouvelle fois. Ils ont des conclusions, calculs et décisions. Quelle est la différence?

Gary: Ils n'ont pas une histoire à ce propos parce qu'ils ne le regardent pas sous l'angle "D'accord, maintenant que j'ai été mordu par un serpent, je dois être un animal fou tout le temps" ou "si je dois faire x, y ou z, je dois bla, bla, bla."

Nous créons des justifications pour tout, aucune d'entre elles n'ayant quelque chose à voir avec le choix. L'histoire est une façon d'éliminer le choix véritable.

Ainsi, si tu choisis de ne pas aller dans cette eau une nouvelle fois pour ne pas être mordu par un serpent, n'est-ce pas une histoire? Ils disent, "Je ne vais dans cette eau une nouvelle fois car il pourrait y avoir un serpent."

Gary: C'est une conclusion, mais ce n'est pas une histoire.

Ainsi, "Aller dans l'eau veut dire se faire mordre par un serpent" n'est pas une histoire. C'est une conclusion.

Gary: C'est une conclusion. Tu peux avoir une conclusion sur n'importe quoi. C'est une histoire lorsque tu l'utilises pour justifier ce que tu as choisi.

D'accord, alors ils enferment cela dans leur corps aussi. Mon cheval a été maltraité. Il a été poussé et on lui a donné des coups de pied, et tout cela est enfermé dans son corps. Et beaucoup de chevaux ne veulent pas te laisser leur mettre une selle. Ils ruent et se cabrent parce c'est la signification qu'ils ont enfermée dans leur corps pour la 'selle'....

Gary: Ce sont des conclusions auxquelles ils arrivent, mais ils n'ont pas une histoire à ce propos.

Mis à part de leur demander de le détruire et le décréer, est-ce qu'un travail corporel serait un bon moyen de...

Gary: Le travail corporel est fabuleux, mais il s'agit aussi de les calmer. Je connaissais une femme qui avait un étalon qui se cabrait. J'étais en mesure de mettre quelqu'un sur son dos dans l'étable et ensuite le conduire à l'extérieur et il ne se cabrait pas. Mais si tu lui mettais une selle lorsqu'il était en plein air, il se cabrait. La selle signifiait "Se bagarrer" alors que les gens signifiaient "C'est Ok" pour lui. C'est une conclusion; pas une histoire.

Le travail corporel serait de mettre les mains sur eux et de leur demander ce que leur corps requiert? Ce serait suffisant pour libérer la maltraitance?

Gary: Exactement

Question: Est-ce que la formule de déblayage les amène au moment avant l'histoire ou la décision?

Gary: Oui. C'est la raison pour laquelle lorsque quelqu'un raconte une histoire, tu peux demander, "Est-ce que tu aimerais POD and POC tout cela?" S'ils disent oui, il n'y a aucun problème; s'ils disent non, il y a un problème.

Beaucoup de gens diront, "Oui, je vais le POD and POC et ensuite ils le remettront à la même place - parce que mon histoire de ce que j'ai comme problème est plus réelle que le problème."

Question: : Est-ce que tu peux m'aider à comprendre comment j'ai mal-compris et mal-appliqué l'importance des détails? Je le vois lorsque je te demande de faciliter ou de m'assister à n'importe quoi. Je reste bloquée dans l'idée que si je te raconte tous les détails, cela va t'aider à m'assister, moi.

Gary: Probablement la meilleure façon que je puisse te donner est de demander : " Lorsque tu es chez toi et que tu fermes tes yeux, est-ce que tu sais où est tout le mobilier?"

Oui.

Gary: Peux-tu marcher à travers l'appartement sans te cogner dans les choses?

À peu près, oui.

Gary: "À peu près" n'est pas la même chose que *oui.*

D'accord, probablement oui; alors, je peux aller vers un oui

Gary: Si tu arrives à ce que ça devienne un oui, alors n'es-tu pas consciente de tout, sauf de l'histoire de tes yeux?

(Rires) Oui.

Gary: C'est parce que tu es consciente de l'énergie de toutes les choses et pas uniquement de ce que tu vois. La chose à propos de l'histoire n'est pas uniquement de regarder ce que tu entends, mais d'être la conscience des énergies qui arrivent avant l'histoire ou qui ont été modifiées à cause de l'histoire.

Et aller au-delà de ça est ce qui me donnerait un choix pour quelque chose de nouveau.

Gary: Eh bien, cela te donnera une plus grande clarté que n'importe quoi d'autre. La famille a toujours voulu que tu justifies pourquoi tu choisis absolument tout. Si tu dois justifier pourquoi tu choisis absolument tout, as-tu réellement un choix?

Non.

Gary: Non, ils ne voulaient pas que tu aies le choix; ils voulaient que tu choisisses ce qu'ils pensaient important pour toi de choisir.

Juste.

Gary: La plupart des familles font cela. Il faut que tu comprennes que cela n'a aucune importance ce qu'ils voulaient que tu choisisses. Ce qui compte c'est ce que tu choisis et ce qui fonctionne pour toi.

D'accord. Et y a-t-il jamais une valeur à raconter une histoire pour célébrer quelque chose ou pour de l'inspiration. J'ai des histoires que je raconte parce qu'elles révèlent la magie que j'ai créée dans ma vie

Gary: C'est très bien.

Je voulais juste m'assurer que ce n'était pas une perte de temps ou qu'il n'y avait pas une identité dans tout cela.

Gary: Tu dois savoir ce que tu essaies de faire et ce que tu désires créer. Si tu désires créer de la clarté ou de l'inspiration, c'est une chose. Ce n'est pas une histoire. Il n'y a aucune justification impliquée lorsque tu espères inspirer des gens. C'est une histoire lorsque tu l'utilises pour justifier quelque chose.

Question: Si quelqu'un me raconte une histoire, quelquefois je demande, "Si tu regardes tous les faits ici, peux-tu me raconter une histoire différente?" Lorsqu'ils font cela, ils peuvent voir que c'est simplement une histoire.

Gary: C'est une façon de changer leur perspective afin qu'ils sortent de la justification. Chacun doit utiliser une technique qui marche pour lui.

À Access Consciousness, nous utilisons la formule de déblayage pour déblayer énergétiquement ce qui est arrivé avant la justification qui a créé l'histoire. Nous allons simplement à l'énergétique de cela et on POD and POC le tout.

Certaines personnes font le truc psychologique. Certains groupes disent que tu as simplement besoin de réécrire l'histoire pour avoir une fin différente. Mais si tu n'avais simplement aucune histoire du tout - et aucune fin? S'il n'y avait rien pour faire une histoire? D'autres personnes veulent simplement s'en tenir à leurs justifications. Ce serait intéressant de demander. "Quelle est ta justification pour garder cette histoire?" Steve Bowman demande simplement aux gens, "Aimerais-tu changer cela?" Quelquefois c'est tout ce qu'il faut pour que les gens laissent tomber leur histoire.

Question: Il semble que lorsque nous allons à l'histoire, nous exprimons une préférence pour la solidité par rapport au fait d'explorer la totalité de l'espace.

Gary: Oui, lorsque tu vas dans l'histoire, il s'agit toujours de diminuer l'espace qui est disponible.

Et c'est ce qui garde l'histoire solide.

Gary: Oui, c'est ce qui la garde solide. Tu as diminué l'espace dans le but de garder quelque chose de réel qui ne l'est pas. Les histoires sont presque toujours un mensonge par rapport à ce qui se passe réellement.

Est-ce aussi nous définir comme intensité? Nous nous identifions à cette densité et l'espace n'est pas pris en compte?

Gary: Au début de cette conversation, j'ai dit que le but de l'histoire était de justifier, rationaliser, expliquer - et quoi d'autre? Prouver la justesse de ton choix. Ce sont les raisons pour lesquelles quelqu'un a une histoire. Tu rends une histoire solide et réelle, et ensuite tu dois justifier, d'après cela, chaque choix que tu as fait. Est-ce réellement là où tu veux vivre? C'est la raison pour laquelle je dis, "Abandonne l'histoire." C'est la pire de toutes les clés..

Question: La pire? Pourquoi?

Gary: C'est la pire parce que tout le monde raconte des histoires. Et tous, vous essayez de voir comment c'est approprié ou non approprié de justifier votre histoire.

Je veux te dire merci. La question que tu nous as proposée, "Crois-tu que c'est un univers de libre choix?" a ouvert tout un univers de possibilités pour moi. Cela m'a permis de me poser plusieurs questions: Quelle histoire est-ce que j'utilise pour justifier les limitations de ma vie? Quelle histoire est-ce que ma vie est en train de justifier?

Gary: Gary: Eh bien voilà. Les histoires sont justification. J'espère que vous avez tous obtenu un peu de clarté de cette conversation.

~~~

Aucune Exclusion

Gary: Bonsoir tout le monde. Voici notre dernière conversation à propos des Dix Clés. Ce soir nous allons parler de la dixième clé: aucune exclusion.

J'aimerais commencer par vous lire un courriel qui est arrivé et que j'ai, personnellement, énormément apprécié:

Gratitude et remerciements. Merci d'avoir fait cette télésérie étonnante. Je ne peux même pas commencer à te dire tous les trucs étonnants qui me sont arrivés durant ces semaines. La puissance en moi s'est accrue et waouh, qui aurait cru que ce n'était, uniquement, qu'un choix et de plus, pas vraiment difficile? Il n'y a pas de mots pour dire combien cela a contribué à ma famille, mon travail, mon quotidien et ma vie. Ayant été en dépression sévère depuis plus d'une décennie, j'ai le sourire aux lèvres, de savoir que je peux choisir et créer tellement plus que ce que je n'aie jamais pu rêver possible. Je ne peux te dire qu'un dieulliard de mercis pour être qui tu es et pour nous avoir permis de savoir qui nous sommes. Je veux aussi adresser de la gratitude aux participants de cette classe - quelle incroyable contribution vous êtes - et à moi, d'avoir choisi de suivre l'énergie et voir ce qu'il y avait d'autre de possible.

Dain: Yeah!

Gary: Je suis rempli de gratitude pour ce courriel.

J'espère que beaucoup d'entre vous ont obtenu des changements incroyables avec ces appels - et si ce n'était pas le cas, j'espère que vous retournerez et écouterez les appels encore quelques milliers de fois. Chaque clé, si tu l'appliques, te mènera à un niveau de liberté qui pourrait enflammer ta vie et créer quelque chose de bien plus grand que tu n'aies jamais su être possible.

Bon, quelqu'un a-t-il une question?

Question: Peux-tu m'éclairer quant à la différence entre la conscience et toute violation des Dix Clés?

Gary: Ce sont les clés vers une présence totale, une conscience totale et une possibilité totale dans chaque choix que tu aimerais faire. Il ne s'agit pas de les enfreindre ou pas. Il s'agit de les prendre en considération et de voir comment les utiliser pour rendre ta vie meilleure.

Comment sait-on qu'on a une expérience de conscience et qu'on n'est pas seulement coincé dans la logique de point de vue non-intéressant, histoire, compétition ou signification?

Gary: C'est la raison pour laquelle nous t'avons donné les Dix Clés, parce que chacune d'elles te sortira de l'endroit de conclusion et t'aidera à entrer dans l'espace de la conscience.

Il semble que je confonde 'fonctionner avec conscience' et 'l'avoir juste'. Quelle est l'expérience de fonctionner à partir de la conscience versus fonctionner d'un point de vue?

Gary: La conscience n'a pas de point de vue.

Dain: Lorsque tu fonctionnes à partir de la conscience, il y a une légèreté. Il n'est pas besoin de prouver que ce que tu dis est juste. Il n'est pas besoin de dire un fichu mot à qui que ce soit à propos de quoi que ce soit.

Gary: Sauf si quelqu'un te posait une question.

Dain: Juste. Lorsque tu as un besoin de dire quelque chose à quelqu'un ou un besoin d'être vindicatif par rapport à ton point de vue, ce n'est pas de la conscience.

La conscience n'a aucun besoin d'être attachée à quoi que ce soit. Elle n'a pas besoin d'être verbalisée. Une légèreté l'accompagne. C'est une liberté qui, pour certaines personnes, ressemble initialement à "Oh, je ne m'en fais plus." C'est, en fait, un état de bienveillance plus grand, mais tu as bien moins de points de vue, et la chose étrange est que, avoir un point de vue est ce que la plupart des gens dans cette réalité définissent comme bienveillance.

Quelle est l'expérience de fonctionner à partir de la conscience versus fonctionner à partir du jugement et appeler quelqu'un un ELF?

Gary: Tout d'abord, appeler quelqu'un un ELF n'est pas un jugement. C'est observer que quelqu'un est en train d'être un ELF, un méchant petit enc--- Ce n'est pas un jugement. C'est une observation.

Tu as le point de vue que si tu dis quelque chose de négatif, c'est un jugement et si tu dis quelque chose de positif, ce n'est pas un jugement. Non. Le positif peut être un aussi grand un jugement que le négatif.

Dain: Et, quelquefois, bien plus grand. La vraie question est "Y a-t-il quelque chose de négatif à propos de reconnaître que quelqu'un est un ELF?" Est-ce négatif - ou observes-tu simplement ce qui est?

Gary: Tu observes simplement ce qui est. Lorsque tu saisis simplement ce qui est, c'est léger.

Comment peut-on s'empêcher de fonctionner à partir de la signification de la conscience?

Gary: Si tu fonctionnes à partir de la conscience, cela ne deviendra pas significatif. Ce sera simplement ce qui est.

Dain: Si c'est significatif, tu ne fonctionnes pas à partir de conscience.

Comment est-ce que je sais que je fonctionne à partir de la conscience plutôt que dans une histoire que j'aime?

Gary: Eh bien tout d'abord, en conscience, habituellement tu n'as pas grand-chose à dire. Tu es juste là et tu l'apprécies. Tu regardes ce qui se passe et tu dis, "C'est sympa, ce n'est pas sympa. C'est bon, ce n'est pas bon. C'est bien, c'est un choix, bon, ben." C'est bien plus c ---- j'allais dire blasé, mais ce n'est pas blasé. C'est essentiellement une sensation de paix. Rien ne semble si important et rien n'est si fondamentalement important.

Dain: L'autre chose qui arrive lorsque tu fonctionnes à partir de la conscience est que si tu obtiens un nouvel élément de conscience ou d'information, tu es prêt à changer ton point de vue instantanément.

Si tu es dans l'histoire, tu essaies de maintenir le rôle qu'il te plaît de jouer. Tu fais cela même lorsque les autres acteurs de l'histoire ne sont pas prêts à y croire - et même lorsque les choses ne vont pas dans la direction que tu imagines. Tu continues à essayer de les faire aller là où tu voudrais qu'elles aillent. C'est la différence entre 'la conscience' et 'être dans une histoire que tu aimes'.

Est-il correct de supposer que toi et Dain fonctionnez à partir de la conscience 100 % et tous les autres dans une moindre mesure?

Gary: Ça c'est drôle. Non, pas vraiment.

Dain: (Qui blague) Et non, la réponse est totalement oui. Absolument.

Gary: Non, ce n'est pas vrai. Tu mens Dain.

Nous ne fonctionnons pas à partir de 100%, mais nous fonctionnons avec beaucoup plus de conscience que d'autres personnes le font parce que si quelque chose semble un peu bizarre dans nos mondes, nous essayons de trouver ce que c'est et de le changer.

Dain: Beaucoup de gens nous posent, à Gary ou à moi, une question uniquement si les choses vont mal ou s'ils se cognent contre un mur qu'ils ne peuvent pas contourner; sinon, ils ne posent jamais, jamais de questions. Une fois que j'ai eu les outils d'Access Consciousness, j'ai dit, "Ces outils vont changer les choses." J'ai commencé à poser des questions sur tout et rien qui soit tant soit peu 'décalé' dans mon monde. Qu'est-ce que c'est? Qu'est-ce que j'en fais? Est-ce que je peux le changer? Comment puis-je le changer? Que faudrait-il pour que ça change?

Il y a de bien plus grandes possibilités de conscience disponibles que quiconque dans cette réalité ne te le dira. La conscience est la clé vers la liberté que tu recherches. Mais parce que la conscience est la clé pour être différent, personne ne veut que tu le saches. Comment cela serait-il si tu arrêtais d'exclure de ta vie les réelles possibilités, infinies, étonnantes, qui peuvent arriver lorsque tu poses des questions sur les choses pour lesquelles, normalement, tu ne poses pas de questions?

Question: Est-ce qu'un ELF est toujours un ELF ou participe-t-il à la vie en incréments de dix secondes?

Gary: Le but que tu reconnaisses un ELF n'est pas de faire un jugement; c'est de reconnaître que cette personne tend à faire des conneries méchantes. Une fois que tu la reconnais, elle a tendance à changer de son propre gré.

Dain: Ils ont le choix en incréments de dix secondes, tout comme toi - et tout comme n'importe qui d'autre. C'est simplement qu'ils ont tendance à continuer à choisir d'être un ELF pour une raison ou une autre.

Gary: Mais si tu le reconnais, ils auront tendance à changer.

Dain: Plus particulièrement, lorsque tu le reconnais sans un sentiment de jugement. Je connaissais une dame qui était un ELF. J'étais très occupé au cours d'un de mes voyages et j'ai pris le temps pour travailler avec son fils parce que j'ai vu que cet enfant avait des possibilités. J'ai annulé trois autres séances pour pouvoir travailler avec lui.

Elle m'a appelé vingt minutes avant le rendez-vous et a dit "Sam a décidé qu'il ne voulait pas faire cette séance."

J'ai dit "Tu sais quoi? Tu es tellement ELF."

Elle m'a appelé un jour plus tard et a dit, "Merci de m'avoir reconnue de cette façon," et elle est réellement devenue une personne gentille.

Tu n'as pas besoin d'exclure leur Elf-ism en les jugeant. Tu peux créer une différente possibilité lorsque tu reconnais quelqu'un comme un être et que tu le fais à partir d'aucun jugement.

Gary: Tu veux t'impliquer avec eux par incréments de dix secondes pour voir quand ils font l'ELF et quand ils ne font pas l'ELF - non pas pour tirer la conclusion qu'ils sont un ELF et le seront toujours.

Gary, parfois tu parles de tes ex-femmes – et Dain parle de sa belle-mère. Est-ce que tes ex et la belle-mère de Dain seront toujours ce qu'elles sont, ou peuvent-elles grandir?

Gary: Elles peuvent changer si elles choisissent de le faire. C'est toujours leur choix; malheureusement, on ne peut pas faire le choix pour elles.

Est-ce que le fait que nous tenions un point de vue sur quelqu'un fait qu'il est plus difficile pour eux de changer?

Gary: Oui, et c'est l'endroit où tu exclus le changement comme possibilité pour eux.

Dain: Veuillez noter que Gary n'a pas, en réalité, un point de vue à propos de ses ex et que je n'ai, réellement, aucun point de vue sur ma belle-mère. Nous ne posons pas ça comme un point de vue; nous l'utilisons comme humour pour essayer de faire voir les choses aux gens...

Gary: Depuis une perspective différente. Je suis toujours surpris que mes ex retournent là d'où elles fonctionnaient avant. Comme je travaille avec tous mes enfants et qu'elles sont connectées à mes enfants, je m'attends, quelque part, à ce qu'elles changent. Il est plus étonnant pour moi de voir qu'elles ne changent pas, plus qu'étonnant que le fait qu'elles fassent la même chose à nouveau.

Question: Si quelqu'un est inconsidéré, méchant ou quoi que ce soit d'autre, peux-tu arriver à un point où rien ne te dérange? Ou est-ce une illusion que je crée ici?

Gary: Eh bien, essayer de faire que rien ne t'ennuie veut dire que cela t'ennuie déjà - et cela exclut cet espace où tu peux avoir de l'humour à leur endroit. Lorsque quelqu'un est un ELF, je le trouve drôle. Je pense qu'ils sont marrants.

Même si cela fiche ta journée en l'air ou gâche ta classe ou a l'effet de gâcher les choses pour toi?

Gary: Je ne suis pas prêt à être coincé dans le point de vue de quelqu'un d'autre. Si tu permets à ta journée d'être gâchée par quelqu'un, c'est que, jusqu'à un certain degré, tu crois quelque chose à leur propos: l'idée est d'arriver au point où rien ne t'affecte et tu es simplement là, à être toi.

Alors, tu laisses tomber, comme Dain l'a fait avec cette dame?

Dain: Oui, je reconnaissais simplement, "Waouh, cette dame est un ELF. Qui ferait cela à quelqu'un?" Elle faisait des choses comme ça tout le temps en utilisant le prétexte de son précieux petit-garçon. Etais-je frustré lorsque j'ai annulé trois personnes et qu'elle n'est pas venue? Oui. Et lorsque je l'ai appelée ELF, j'ai uniquement reconnu ce qui était. Ce n'était pas à partir d'un espace de jugement.

Gary: Ni d'un endroit de colère. La colère n'a rien à voir ici. 'Aucune exclusion' veut dire que tu ne dois pas, pour autant, renoncer à ta colère.

Dain aurait pu dire, "C'était un pu--- de truc à faire. Tu es tellement un ELF." Mais il ne devait pas faire cela parce que lorsque tu arrives au point où tu es prêt à inclure la colère dans l'ordre des choses, tu commences à tout changer, ainsi que tout le monde, autour de toi, rien que par ça.

Dain: Tu n'essaies pas d'exclure cette colère, qui prend beaucoup d'énergie et beaucoup de jugement.

Gary: Et tu n'essaies pas d'exclure la conscience que tu as de ce qu'ils ne sont pas prêts à être ou à avoir.

Lorsque vous vous mettez en colère les mecs, c'est très différent de la façon dont nous nous mettons en colère.

Gary: On n'exclut pas la colère de nos vies. Je n'exclus pas la colère; la colère est une de ces nombreuses choses que je peux être, faire, avoir, créer ou générer. Alors si je me mets en colère, je sais que je suis en colère.

Dain: C'est vrai. C'est très difficile à manquer.

Gary: Je n'essaie pas de supprimer ma colère ou ma contrariété à pro-pos de quelque chose.

Dain: Mais grâce ça, c'est là - et puis ce n'est plus là.

Gary: Oui, instantanément je peux éclater en colère et c'est parti. Comme l'éclair. Je peux porter mon trench-coat et couvrir ma nudité et ma vulnérabilité avec ma colère ou je peux expérimenter ma colère et pour-suivre. Je préférerais l'expérimenter et ensuite aller de l'avant.

J'espérais que tu dises que rien ne te dérangeait.

Gary: 'Aucune exclusion' te donne un endroit où presque rien ne te dérange - parce que tu es prêt à expérimenter absolument tout. Tu es prêt à inclure chaque émotion, chaque point de vue, chaque réalité et chaque conscience. La chose à propos de 'aucune exclusion' est d'arrêter d'essayer d'annihiler ta conscience. C'est ce que tu fais lorsque tu essaies de te rendre bon ou d'avoir raison ou que tu essaies d'arriver à une conclusion ou tout ce genre de trucs. Ces choses concernent le fait d'exclure ta conscience et ta capacité à choisir.

Merci.

Question: Cette clé me donne du fil à retordre avec une personne en particu-
lier. Je me trouve avec tellement de résistance et de réaction à son égard. Je l'évite
à tout prix.

Gary: C'est définitivement une exclusion..

Elle laisse des messages sur mon téléphone, et je n'arrive tout simplement
pas à la rappeler. Je n'arrive pas à appuyer sur le bouton appel. Je n'ai pas vu
cette personne depuis de nombreuses années et lorsqu'elle est apparue à nouveau,
elle avait traversé des traumas majeurs. Dans le passé, j'étais la personne qui
aidait tout le monde à se sortir de son fatras, une habitude que j'ai laissé tomber
depuis que j'ai découvert que j'étais en train de devenir un enfoiré supérieur et
que beaucoup de gens aiment le merdier dans lequel ils sont et ne requièrent pas
que je les aide.

Gary: C'est exact cela.

Mais au lieu d'arriver à un endroit de 'laisser-être' en ce qui concerne cette
femme, je me trouve en train de refuser d'être manipulé par sa victimisation.

Gary: En cela réside le mensonge. Tu dois être dans le 'laisser-être' du
fait qu'elle aime être une victime, ce pourquoi elle continue à revenir comme
une victime, parce que, de son point de vue, être une victime lui donne une
certaine crédibilité dans la vie.

Je vais te donner un processus ici. Nous avons parlé auparavant de comment les éléments de base de la création sont 'être, recevoir, choix, question,
possibilité et contribution'. Etrangement, quelque part, en cours de route,
on a été perturbé et on a commencé à croire que 'Contribution' était le
produit et l'aspect le plus important de ces différents éléments.

Question: Peux-tu expliquer un peu plus la façon dont nous pensons que la
partie 'contribution' est l'élément le plus important? Je ne comprends pas.

Gary: La contribution est recevoir et offrir en même temps. On pense
d'une certaine façon que la plus grande source de création est la contribution que l'on peut apporter aux autres ou ce en quoi les autres peuvent
contribuer à nous-mêmes, tandis que 'question, choix et possibilités', s'ils
sont ajoutés à 'contribution', élargissent absolument tout à un degré qui est
incroyable.

Dain: On abandonne 'question, choix et possibilités' pour 'contribution'. On croit que quelqu'un ou quelque chose ou un certain choix ou une
certaine façon d'être ou de ne pas être va subvenir à nos besoins. C'est là un
très mauvais service car, lorsqu'on fait cela, on se coupe de la majorité des
éléments génératifs et créateurs qu'on a de disponibles.

Tu ne peux rien choisir sauf si tu as le point de vue que c'est une contribution pour toi. Par exemple, être un enfoiré supérieur. Tu ne choisirais

jamais de l'être sauf si tu pensais quelque part que cela allait être une contribution à ta vie, ta façon de vivre et ta réalité.

Gary et moi avons trouvé qu'avec les fantaisies, états d'être et intentions secrètes, ce que tu penses être une contribution est souvent à 180 degrés de la véritable contribution.

Gary: Le processus est:

Quelle contribution est .... à ma vie, ma façon de vivre et ma réalité? Tout cela, fois un dieulliard, vas-tu le détruire et le décréer? Right and wrong, good and bad, POD and POC, all 9, shorts, boys and beyonds.

Dain: Disons qu'il y a une musique espagnole qui joue dans le fond. Si tu voulais l'exclure, tu dirais:

Quelle contribution est la musique espagnole à ma vie, ma façon de vivre et ma réalité? Tout cela, fois un dieulliard, vas-tu le détruire et le décréer? Right and wrong, good and bad, POD and POC, all 9, shorts, boys and beyonds.

Gary: Et tu dirais aussi:

Quelle contribution est aucune musique espagnole à ma vie, ma façon de vivre et ma réalité? Tout cela, fois un dieulliard, vas-tu le détruire et le décréer? Right and wrong, good and bad, POD and POC, all 9, shorts, boys and beyonds.

Dain: Pour la plupart des choses, tu devrais faire les deux côtés de la question. L'un des côtés a habituellement beaucoup plus d'énergie que l'autre.

Tu peux essayer de faire:

Quelles contributions sont des femmes et des hommes grognons, coléreux, enfermés, secrets et autoritaires à vie, ma façon de vivre et ma réalité? Tout cela fois un dieulliard vas-tu le détruire et le décréer? Right and wrong, good and bad, POD and POC, all 9, shorts, boys and beyonds.

Gary: Vous devriez tous le faire non-stop pour environ 365 jours pour que vous puissiez vous remettre de tout problème relationnel vous avez jamais eu.

Dain: Quelles contributions sont des femmes et des hommes grognons, coléreux, enfermés, secrets et autoritaires à ma vie, ma façon de vivre et ma réalité? Tout cela fois un dieulliard vas-tu le détruire et le

décréer? Right and wrong, good and bad, POD and POC, all 9, shorts,
boys and beyonds.

Gary: Aujourd'hui je faisais, "Quelle contribution est élever des chevaux à ma vie, ma façon de vivre et ma réalité?" Ça m'a presque éjecté de
l'avion. Ensuite j'ai fait l'autre côté, "Quelle contribution est ne pas élever
des chevaux à ma vie, ma façon de vivre et ma réalité?" C'était hideux, de la
même intensité, mais inverse. J'avais marché à reculons dans l'élevage des
chevaux sans réaliser ce que je faisais. Faire ce processus était un élément
majeur pour commencer à le voir d'un espace différent.

J'essaie de vous faire comprendre qu'il faut regarder les deux côtés des
choses. Je ne suis pas un enfoiré. Je suis un enfoiré. La réalité est que nous
avons ces deux points de vue en existence, et nous essayons toujours d'en
approuver un et d'en désapprouver l'autre. Mais nous sommes les deux. Je
suis un enfoiré. Et je sais que je suis un enfoiré. Je n'essaie pas de le renier
ou le changer. Je suis un enfoiré. Y a-t-il un problème?

Disons que tu remarques que tu es en train d'être un enfoiré supérieur.
Tu peux faire:

Quelle contribution est 'être un enfoiré supérieur' à ma vie, ma façon de
vivre et ma réalité? Et tout ce qui ne permet pas que cela se révèle, fois un
dieulliard, vais-je le détruire et le décréer? Right and wrong, good and bad,
POD and POC, all 9, shorts, boys and beyonds.

Quelle contribution est 'ne pas être un enfoiré supérieur' à ma vie, ma
façon de vivre et ma réalité? Et tout ce qui ne permet pas que cela se révèle,
fois un dieulliard, vais-je le détruire et le décréer? Right and wrong, good
and bad, POD and POC, all 9, shorts, boys and beyonds.

Ou si tu es méchant avec les gens, fait:

Quelle contribution est 'être méchant' à ma vie, ma façon de vivre
et ma réalité? Et tout ce qui ne permet pas que cela se révèle, fois un
dieulliard, vas-tu le détruire et le décréer? Right and wrong, good and
bad, POD and POC, all 9, shorts, boys and beyonds.

Quelle contribution est 'ne pas être méchant' à ma vie, ma façon de
vivre et ma réalité? Et tout ce qui ne permet pas que cela se révèle, fois
un dieulliard, vas-tu le détruire et le décréer? Right and wrong, good
and bad, POD and POC, all 9, shorts, boys and beyonds.

Ce sont des façons pour commencer à sortir des endroits où tu es coincé
par rapport à ta manière d'agir et de réagir avec les gens.

*Question: Je parlais d'une dame qui jouait la victime et me manipulait.
Être manipulé requiert que je sois conscient et n'érige pas de barrières, correct?*

Cependant j'ai comme un ardent désir d'ériger des barrières et de l'exclure de toute façon.

Gary: Si tu montes des murs dans un domaine de ta vie, tu l'as fais à d'autres endroits de ta vie aussi. Si tu montes des murs, tu te coupes de ta conscience. Tu essaies de monter un mur lorsque ta conscience n'arrive pas à toi. Tu pourrais faire:

Quelle contribution est 'monter des murs' à ma vie, ma façon de vivre et ma réalité? Et tout ce qui ne permet pas que cela se révèle, fois un dieulliard, vas-tu le détruire et le décréer? Right and wrong, good and bad, POD and POC, all 9, shorts, boys and beyonds.

Quelle contribution est 'ne pas monter des murs' à ma vie, ma façon de vivre et ma réalité? Et tout ce qui ne permet pas que cela se révèle, fois un dieulliard, vas-tu le détruire et le décréer? Right and wrong, good and bad, POD and POC, all 9, shorts, boys and beyonds.

Question: Il y a une personne qui, constamment, surgit et je désire simplement ne pas être dans ses parages, elle, ayant prouvé encore et encore qu'elle était un ELF. Je ne veux pas jouer avec elle encore. Comment puis-je ne pas faire d'exclusion?

Gary: Qu'est-ce que tu exclus lorsque tu ne joues pas avec elle encore? Admiration? Gratitude? Quoi? Je t'en donnerai deux - un ou deux ou les deux?

Est-ce que ce sont là mes seuls choix?

Gary: Ouais.

Dain: Il essaie que ce soit facile.

Je suis dans la confusion.

Gary: Non tu ne l'es pas !

(Rires)

Gary: Tu essaies simplement de te défiler de répondre. Est-ce que tu exclus la gratitude? Oui ou non?

Oui.

Gary: Est-ce que tu exclus l'admiration? Oui ou non?

Je dis non.

Gary: Tu n'exclus pas l'admiration?

Pour sa méchanceté et son ELF-ism?

Gary: Ce n'est pas ça que j'ai demandé. Est-ce que tu exclus l'admiration?

Oui.

Gary: Alors maintenant veux-tu savoir comment te débarrasser d'elle? *Oui.*

Gary: Gratitude et admiration.

Oh dis donc!

Gary: (Rires) Tu exclus les deux armes qui vont la faire s'éloigner de toi.

Dain: Cela m'a explosé le cerveau aussi. Je comprends totalement comme cela n'a aucun sens pour toi maintenant, mais si tu le regardes, tu peux réaliser que tu peux avoir gratitude et admiration pour cette personne. C'est important de le comprendre. C'est l'un des domaines où les gens posent le plus de questions. Ils posent des questions sur les gens qu'ils ne veulent plus avoir autour d'eux.

J'ai vu Gary encore et encore avoir gratitude et admiration pour les ELFs. Tout d'abord j'ai pensé, "Comment est-ce tu peux être gentil avec cette personne?" La réponse est que gratitude et admiration sont les deux choses que les gens ne peuvent pas supporter. Cela fera qu'ils s'en iront plus rapidement que tout ce que tu peux imaginer.

Gary: Ils s'en iront à la vitesse du son, permets-moi te le dire. Tu dis simplement, "J'ai tellement de gratitude pour toi. Tu m'as tellement appris."

Ils diront, "Quoi? De quoi tu parles?

Tu diras, "Eh bien, j'ai tellement de gratitude pour toi.

J'admire la façon dont tu vis ta vie."

Ils diront, "Que veux-tu dire par ça?"

Tu diras, "Eh bien, qui est le plus important pour toi dans ta vie? J'admire le fait que tu puisses faire cela."

Elle doit s'en aller, car sinon elle devra entrer en jugement avec elle-même. Ton jugement sur elle et l'exclusion de ton admiration et ta gratitude à son encontre font qu'elle revient. Elle va se cogner à cette barrière de gratitude et admiration car elle sait que si jamais elle réussissait à la franchir, elle devrait partir, mais tant qu'elle n'arrive pas à ses fins, tu restes sa victime.

Tu peux vraiment être en admiration et gratitude envers des gens comme ça? Et tu es réellement reconnaissant envers eux?

Gary: Oui, je suis reconnaissant aux gens qui essaient de m'étriper. C'est "Waouh, merci beaucoup. Je suis reconnaissant pour l'information que j'ai reçue. Je suis reconnaissant pour le fait que je peux voir comment tu fonctionnes. Je suis reconnaissant pour le fait je ne doive pas me rendre victime de ton propre statut de supposée victime. J'admire le fait que tu puisses rendre ta vie si horrible et continuer à marcher et à parler." C'est une véritable admiration - pas de la foutaise. Je ne me fous pas d'elle. Je ne me fous de la gueule de personne.

Dain: Si tu considères ce que Gary dis et que tu perçois maintenant ne serait-ce qu'une particule de l'énergie de la personne dont on parle, et ensuite si tu fais ce processus, des choses intéressantes pourraient arriver.

Quelle contribution est 'cette personne' à ma vie, ma façon de vivre et ma réalité? Et tout ce qui ne permet pas que cela se révèle, fois un dieulliard vas-tu le détruire et le décréer? Right and wrong, good and bad, POD and POC, all 9, shorts, boys and beyonds.

Quelle contribution est 'exclure cette personne' à ma vie, ma façon de vivre et ma réalité? Et tout ce qui ne permet pas que cela se révèle, fois un dieulliard, vas-tu le détruire et le décréer? Right and wrong, good and bad, POD and POC, all 9, shorts, boys and beyonds.

Gary: Lorsque tu résistes à quelqu'un, lorsque tu l'exclus, tu te contractes. Tu t'empêches de recevoir.

Dain: C'est ce qui arrive lorsque tu essaies d'exclure quelqu'un de ta vie, de ta façon de vivre et de ta réalité. Tu te contractes et tu élimines tout recevoir.

Merci. Ça m'a beaucoup aidé.

Gary: Je t'en prie.

Question: Quelle est la différence entre contribution et valeur?

Gary: *Contribution* est offrir et recevoir simultanément. *Valeur* est ce qu'on pense qui rend quelqu'un ou quelque chose significatif.

Et si tu rendais significatif le fait d'être une contribution?

Gary: 'Être une contribution' n'est pas à propos du fait d'avoir 'la conscience de'. Ainsi, lorsque tu rends le fait d'être une contribution' significatif, tu exclus ce qui te donne la liberté de choisir quelque chose de différent.

Lorsque quelqu'un dit, "Je suis en résistance par rapport à cette personne" ou "J'évite cette personne à tout prix," où est la question? Est-ce que tu entends une question quelque part?

Non.

Gary: Quel choix as-tu dans de telles circonstances?

Aucun. Je vois comment " donner une valeur au fait d'être une contribution " m'enlève quelque chose du même coup, c'est un choix. Je pense que c'est comme ça que j'ai vécu ma vie entière.

Gary: Oui, la plupart d'entre nous l'ont fait. Tout le monde donne plus de valeur à la contribution qu'à la question, choix et possibilité. Au lieu d'aller à la question, choix ou possibilité, qui pourrait te donner une meilleure perception, tu vas à la conclusion: "Je dois leur apporter une contribution" ou "Je ne peux pas être une contribution pour eux" Ce sont les deux choix que nous avons tendance à faire pour nous-mêmes. Aucun d'eux n'est une question, qui serait, "Bon, alors que faudrait-il pour que cette personne décide de me laisser tranquille? Quelles sont les possibilités?"

Dain: Lorsque tu essaies d'exclure quelqu'un, tu essaies de trouver quelle partie de toi tu dois annihiler afin de les exclure. Cela semble lourd.

Gary: Tu dois t'exclure, toi, afin de les exclure, eux.

Dain: Cette partie est, en réalité, le facteur crucial. 'Aucune exclusion' ne serait, probablement, même pas une des clés si l'exclusion ne t'amenait pas à t'exclure, toi. Afin d'exclure n'importe quoi ou quiconque, il te faut t'exclure, toi. C'est ainsi que cela fonctionne. Reconnais que c'est un cadeau pour toi d'arrêter d'exclure. Il ne s'agit pas d'eux. Tu ne le fais pas pour eux. Tu le fais comme une offrande pour toi. Cela te donne la possibilité d'avoir un point de vue différent. Tant que tu fais de l'exclusion, tu entres dans: " vont-ils contribuer ou ne vont-ils pas contribuer ? " ou " ce à quoi tu dois contribuer ou ce à quoi tu ne veux pas contribuer ? ". Tu ne vas pas vers la question, la possibilité ou le choix. Et en fin de compte, tu devrais avoir un choix total, une question totale et une possibilité totale.

Si tu ne regardes que la contribution que tu peux ou que tu ne peux pas recevoir de ces personnes ou la contribution que tu dois donner ou que tu ne dois pas donner à ces personnes, tu exclus les autres éléments qui concernent la création.

Question: Il me semble aller, dans mon sommeil, en un lieu qui paraît être une véritable conscience ou ma réalité. Je le sens réellement beau et plein de lumière. C'est comme un état de rêve demi- éveillé et qui ne requiert aucune action dans cette réalité; cependant, en même temps, cela semble être exclusivement de cette réalité.

Gary: Tu ne peux pas exclure cette réalité. Tu dois inclure cette réalité - mais en incluant cette réalité, tu dois aussi faire " choix, question et possibilité ". Encore une fois, tu essaies de voir si cette réalité contribue à ta réalité. Cette réalité ne va peut-être pas contribuer à ta réalité, mais si tu l'exclus, tu exclus ta conscience - car cette réalité est incluse dans ta conscience.

Je fais le choix de ne pas participer à cette réalité, à partir de cet endroit.

Gary: Ne pas participer est une exclusion de toi-même dans la participation de ta vie, parce que tu vis dans cette réalité, tout en ayant la tienne propre.

Tu t'exclus toi-même lorsque tu n'es pas prêt à complètement contrôler cette réalité avec ta question, ton choix et ta possibilité.

Je perçois deux réalités - ma réalité et cette réalité contextuelle de la planète Terre. Ces réalités semblent être exclusives l'une de l'autre.

Gary: C'est, là, l'erreur. Il te faut poser la question et arriver aux choix et possibilités qui pourraient la créer en incluant et non en excluant.

Quelles formules de déblayage pourrais-je utiliser pour avoir la réalité contextuelle comme partie de ma réalité avec une aisance totale?

Gary: Quelle contribution est 'la réalité contextuelle' à ma vie, ma façon de vivre et ma réalité? Et tout ce qui ne permet pas que cela se révèle, fois un dieulliard, vas-tu le détruire et le décréer? Right and wrong, good and bad, POD and POC, all 9, shorts, boys and beyonds.

Quelle contribution est 'ne pas avoir de réalité contextuelle' à ma vie, ma façon de vivre et ma réalité? Et tout ce qui ne permet pas que cela se révèle, fois un dieulliard, vas-tu le détruire et le décréer? Right and wrong, good and bad, POD and POC, all 9, shorts, boys and beyonds.

Peux-tu parler de l'inclusion de cette réalité contextuelle' avec le 'percevoir, savoir, être et recevoir'?

Gary: Oui, tu ne peux pas avoir de totale perception, savoir, être et recevoir si tu n'inclus pas cette réalité.

Question: J'ai une question concernant l'inclusion and l'exclusion. Je trouve que les 'événements Access Consciousness' que je propose attirent certaines personnes que la société appellerait des marginaux. Ces personnes recherchent manifestement l'inclusion mais lorsqu'elles viennent aux ateliers, la raison pour laquelle elles sont devenues des marginaux est plutôt évidente. À certains moments, cela a comme résultat de rendre les ateliers moins joyeux pour les autres personnes qui y participent.

Gary: Hé, l'inclusion c'est "Il y a des gens fous et il y a des gens qui ne sont pas fous." La plupart des gens que tu penses ne pas être fous sont en fait beaucoup plus fous que les gens que tu penses être fous.

Il ne s'agit pas de rendre tes ateliers d'Access Consciousness joyeux, parce que la joie n'est pas le but des ateliers que tu proposes. La joie est un à côté qui arrive, si tu fais du bon boulot. Il devrait s'agir, lors de ces ateliers, de créer une ouverture de conscience. Si tu crées une ouverture de conscience, à la fin, tout le monde sera joyeux parce qu'ils ont eu plus de conscience. Ne base pas tes ateliers sur la création d'expériences joyeuses car pas-si-joyeux sont souvent les plus grandes questions, possibilités et choix que quelqu'un peut avoir.

Question: La première expérience d'exclusion, dans notre psyché, a été nos parents.

Gary: En voilà, un point de vue intéressant. Quelle partie de cela est une question? Ce n'est pas une question; c'est une conclusion - et quand tu conclus, tu exclus. Tu ne penses pas que tes parents font partie de ta réalité.

C'était rempli de jugement et de punition.

Gary: Qu'est ce qui était rempli de jugement et de punition? Ton expérience avec tes parents? D'accord, c'est un point de vue intéressant. Quelle partie de cela as-tu créée ou générée?

La seule personne que tu exclus à chaque fois que tu fais exclusion – c'est toi. Tout ce que tu as dit concerne l'exclusion – l'exclusion de ta conscience par rapport à ce qui est possible d'autre là. Quels choix as-tu? Quelle question peux-tu demander qui ferait que tout cela disparaisse?

Question: Pourquoi choisissons-nous de venir dans cette réalité limitée? Il doit y avoir une autre possibilité.

Gary: La raison pour laquelle tu choisis de venir dans cette réalité limitée c'est parce que tu en es arrivé à tellement de conclusions qu'il te faudra revenir et t'y mettre, à nouveau, jusqu'à ce que tu trouves comment cela se joue.

Dain: Et voici une autre chose à comprendre: c'est un choix. Le truc de faire 'conclusion' et 'inclusion ou exclusion' est un choix. Pourquoi viens-tu dans cette réalité limitée? Parce que tu n'es pas encore arrivé à l'endroit où cette réalité est 'un point de vue intéressant'. Même ce qui se passe avec tes parents est un point de vue intéressant. Tant que tu ne comprendras pas "Point de vue intéressant," la polarité de cette réalité continuera à t'y ramener comme si tu n'avais aucun choix.

La première chose à comprendre est que tout est choix. Avec cette conversation téléphonique et tout Access Consciousness, nous espérons vous exposer à la conscience que vous avez différents choix possibles que vous n'avez jamais su être disponibles. Nous espérons que vous aurez l'ouverture d'esprit et l'invitation de vous mettre à les choisir.

Question: J'ai un client qui a quelqu'un qui essaie de le blesser, de l'empoisonner. Est-ce que je peux utiliser ce déblayage avec lui? Est-ce que cela fonctionnerait?

Gary: Oui cela aiderait beaucoup. Dans tous les cas, au moins, il deviendrait conscient de quand et où cela arrive.

Comment puis-je l'énoncer?

Gary: Quelle contribution est (<u>le nom de la personne qui est en train de le blesser</u>) à ma vie, ma façon de vivre et ma réalité? Et tout cela, fois un dieulliard, vas-tu le détruire et le décréer? Right and wrong, good and bad, POD and POC, all 9, shorts, boys and beyonds.

Gary: Si tu penses qu'il y a plus d'une personne, alors mets "ces personnes" dans la parenthèse. Tu peux aussi faire le processus que Dain a donné plus tôt à propos des gens méchants, grognons et coléreux et ajouter "les gens vénéneux" à cette liste.

Dain: Alors ce serait:

Quelles contributions sont 'des femmes et des hommes grognons, coléreux, renfermés, secrets, autoritaires et vénéneux' à ma vie, ma façon de vivre et ma réalité? Et tout ce qui ne permet pas que cela se révèle, fois un dieulliard, vas-tu le détruire et le décréer? Right and wrong, good and bad, POD and POC, all 9, shorts, boys and beyonds.

Gary: Tu peux utiliser ce processus avec n'importe quoi. Nous choisissons des choses qui ne fonctionnent pas parce que nous croyons qu'elles apportent une certaine contribution à la création de notre vie.

Question: Que puis-je faire si quelqu'un d'autre m'exclut?

Gary: Demande: Quels questions, choix et possibilités ai-je ici? Et fais le processus:

Quelle contribution cette personne qui m'exclut peut-elle être à ma vie, ma façon de vivre et ma réalité? Et tout ce qui ne permet pas que cela se révèle, fois un dieulliard, vas-tu le détruire et le décréer? Right and wrong, good and bad, POD and POC, all 9, shorts, boys and beyonds.

Cela semble génial. C'est tellement léger. Je continue à chercher toutes les façons dont j'ai exclu cette personne, mais en fait c'est l'opposé. Elle m'a exclu.

Dain: Il y a une fille qui m'a contacté après une classe que nous avons faite à Majorque. Elle était avec un mec qui, sans cesse, la rabaissait avec toutes sortes de jugements. Elle a dit, "Tout ce temps, j'ai pensé que je l'excluais. Je pensais que tout cela était de mon fait, mais j'ai réalisé que c'est exactement l'opposé. Il m'excluait. Il était en total jugement de ma personne et je ne pouvais pas le voir."

Bien souvent c'est ainsi que cela fonctionne lorsque vous pensez que vous excluez quelqu'un d'autre. La plupart du temps c'est eux qui vous excluent ; ils sont en jugement de vous-même.

C'est super. Merci beaucoup.

Question: Lorsque je lis l'invitation à cette télé-série, la question qui me vient à l'esprit est: Combien de fois est-ce que je m'inclus moi-même? J'ai une famille et j'ai endossé différents rôles dans cette vie. Je vois que, la plupart du temps, j'ignore ce que j'aimerais. Je ne pense même pas à demander ce qui marcherait pour moi dans des situations différentes. Je pense aux autres, tout le temps. En fait, lorsque j'étais enfant, mes parents m'ont constamment répété qu'ils n'aimaient pas les enfants égoïstes et gâtés et qu'ils ne voulaient pas qu'on le soit. Je me rappelle de combien de fois, je me suis sentie coupable lorsque j'obtenais quelque chose de la façon dont je le voulais. A un jeune âge, on m'a enseigné à m'occuper des autres et je suis devenue celle qui prenait soin de la famille. S'il y avait une dispute, je devais m'en occuper. Peux-tu parler de s'exclure soi-même?

Gary: Si tu ne t'inclus pas toi-même, tu t'exclus de tout l'enjeu de ce que tu choisis, en fait tu te dénigres. Tu ne te rends pas partie de ta propre vie et de ta façon de vivre. Tu pourrais faire un processus, comme ceci:

Quelle contribution 'ne pas faire partie de ma vie' est à ma vie, ma façon de vivre et ma réalité? Et tout ce qui ne permet pas que cela se révèle, fois un dieulliard, vas-tu le détruire et le décréer? Right and wrong, good and bad, POD and POC, all 9, shorts, boys and beyonds.

Question: J'ai récemment pris conscience que lorsque j'avais une réponse forte et immédiate à l'exclusion de quelqu'un ou de quelque chose, c'est parce que cela touche trop précisément un endroit fragile ou difficile à regarder en moi. Ne serait-ce pas un bénéfice d'inclure, dans mon propre processus, une acceptation de quelque chose en moi que je désire exclure?

Gary: Oui, mais si tu te sens en train de faire cela, ce que tu n'es pas prêt à être, c'est d'être vulnérable. Tu dois être suffisamment vulnérable pour percevoir, savoir, être et recevoir tout.

Question: À quoi ressemblerait le fait de dire "non" sans exclusion?

Gary: Lorsque je vais à une réunion familiale, je demande toujours à Dain s'il désire venir déjeuner ou dîner ou quoi que ce soit avec ma famille. Je suis toujours prêt à ce qu'il dise non parce qu'il n'a pas besoin d'y aller.

Est-ce qu'il m'invite pour aller voir sa famille? Non. Pourquoi est-ce qu'il ne m'invite pas? Il est conscient que m'inviter à aller voir sa famille ne serait utile ni à lui ni à personne d'autre, y compris moi. Ça ne rendrait ni sa vie ni la vie de sa famille plus facile. Voilà où tu dis non. Ce n'est pas une exclusion - car tu réalises que d'autres personnes sont impliquées qui ne seraient pas capables de recevoir ce qu'une autre personne va donner ou recevoir de sa contribution.

Dain: C'est la conscience qu'inclure quelqu'un dans une situation particulière ne marchera peut-être pas bien pour tout le monde. As-tu jamais eu un ami que tu aimais et que personne d'autre n'aimait? Cette personne se sentait bizarre lorsqu'elle était avec tes autres amis. Ou n'as-tu jamais fréquenté quelqu'un que personne autour de toi n'aimait? Cette personne se sentait bizarre au milieu de tes amis. Dans une situation comme celle-là, lorsque tu es conscient de la difficulté que cela créerait dans le monde de tous les autres, cela peut être la gentillesse de ne pas inviter la personne à un évènement. Est-ce une exclusion ou est-ce une conscience?

Gary: C'est une conscience. Exclusion est lorsque tu dis, "Je n'aime pas cette personne, alors je ne la laisse pas venir."

Y a-t-il des gens que j'exclus de choses dans lesquelles je suis impliqué? Oui. Pourquoi? Parce que je sais qu'ils ne vont pas cadrer. L'année dernière, à Noël, j'avais quelqu'un ici qui travaillait pour Access Consciousness. Elle était sortie avec mon plus jeune fils. La mère du second bébé de mon fils est venue à la maison, a rencontré cette femme, puis est devenue dingue et est partie en piquant une crise. Elle faisait exclusion.

Je ne pouvais pas exclure cette femme alors qu'elle travaillait avec nous. Je ne pouvais pas l'exclure de notre fête de Noël alors qu'elle était loin de chez elle et n'avait aucune famille ici. Je n'allais pas l'exclure. Mais je n'allais pas exclure la femme avec laquelle mon fils a eu un bébé parce que je ne pouvais pas considérer que ce soit gentil non plus. Elle, cependant avait tranché. Alors, à l'avenir je lui dirai,

"D'accord, je t'invite, mais tu ne peux pas piquer une crise si quelqu'un est là,". Je vais fixer les règles. Est-ce exclusion? Oui, mais c'est choisir. Je suis prêt à choisir à partir des possibilités, choix et questions.

Dain: Gary et moi avons remarqué que certaines personnes à Access Consciousness pensent, "Je ne dois jamais faire quelque chose qui me semble inconfortable?" ou "Je ne suis pas obligé d'aller quelque part où c'est pesant" ou "Je ne dois pas m'impliquer dans quoi que ce soit s'il n'y a pas une totale légèreté et joie." Pas nécessairement. Tu as pris des engagements dans ta vie. Il te faut les honorer - pour toi. C'est une façon de ne pas t'exclure. Par exemple, tu envisages de ne pas aller en vacances en famille. Tu regardes l'énergie que cela va créer si tu n'y vas pas, et tu sauras, "Si je n'y vais pas, ça va être l'enfer. Ma famille ne va pas m'aimer, elle va me retirer du testament." Ou quoi que ce soit. Purée, vas-y à ces vacances. Gère-le pour une semaine si tu dois le faire et réalise qu'il y a des choses que tu as besoin de faire pour que tu ne t'exclues pas de ta propre vie. Tu as pris des engagements par rapport à d'autres personnes, par exemple, en vertu du fait de venir dans une famille particulière.

Lorsque tu décides, de ton propre gré, que tu vas exclure des personnes et des situations de ta vie, les gens pourraient finir par avoir l'impression que tu es leur ennemi ou que tu n'es pas inclus dans la famille. C'est parce que tu as fait des décisions unilatérales de les exclure de ta vie.

Gary: Tu exclus la conscience de ce que tu vas créer par le choix que tu fais. Tu dois être prêt à regarder le choix que tu vas créer. Exclusion de toute possibilité, toute question et tout choix est l'endroit où tu exclus la conscience de ce qui va rendre ta vie plus facile et plus merveilleuse à chaque moment.

Il y a quelques années, Simone voulait venir passer Noël avec nous, à Santa Barbara parce qu'on est beaucoup plus amusant que sa famille, mais il n'y avait aucune vraie raison ou excuse pour qu'elle vienne ici, à part le fait qu'elle le voulait.

Elle m'a demandé, "Est-ce que je dois réellement passer ce temps avec ma famille?"

J'ai dit, "Eh bien, moi j'ai un oui"

Elle a dit, "Zut, j'ai aussi un oui, mais je ne voulais pas l'entendre. Je voulais penser que je pouvais m'en sortir sans être obligée d'être avec eux pour Noël."

J'ai dit: "Eh bien tu sais quoi? Tu as besoin d'y être." Alors elle est restée chez elle – et elle a eu le meilleur Noël depuis des années. Pourquoi? Parce qu'elle est venue d'un espace de ne pas exclure ce qu'elle voulait (qui était de venir à Santa Barbara) comme ne pas exclure sa famille ni la conscience de ce que son choix allait créer dans le monde. Le résultat final était que tout a mieux fonctionné pour elle et tous les gens concernés. C'est à partir de là que tu dois fonctionner.

Dain: Un des éléments majeurs est la conscience de ce que ton choix va créer dans le monde et dans le monde des autres. Nous parlions de la différence d'énergie entre exclure quelqu'un et être totalement présent en tant que toi. C'est une énergie très différente.

Lorsque tu dis, "Je choisis d'être avec ma famille" basé sur la conscience de ce que cela va créer et ce qui, en réalité, va arriver, c'est une énergie totalement différente que lorsque tu dis, "Je déteste ça. Je ne veux pas y être, mais je dois y être."

C'est une chose totalement différente lorsque tu reconnais que tu as un choix. Ça fait partie de ce à quoi on espère te donner accès - que tu perçoives que tu as le choix dans un rayon beaucoup plus vaste de circonstances que si tu t'excluais, toi-même.

Les gens ont tendance à s'exclure eux-mêmes de choses qu'ils pensaient auparavant devoir faire. Ils décident,

"Eh bien, maintenant que je suis à Access Consciousness et que j'ai le choix, je n'ai pas besoin d'y aller" ou "Je n'ai plus besoin de le faire" Tu fais quelque chose qui n'est pas gentil pour toi, pour essayer de prouver que tu fais quelque chose de gentil pour toi.

Gary: Si tu n'exclus pas la conscience de ce que ton choix va créer dans le monde, alors tu commences à inclure les possibilités qui peuvent arriver comme résultat du choix que tu as dans le monde. 'Aucune exclusion' veut dire que tu ne renonces à aucune des questions, aucun des choix, aucune des possibilités et tu n'as pas besoin de renoncer aux contributions qu'on pourrait t'apporter ou à apporter ta contribution aux autres.

La plupart d'entre vous pensent que choisir pour vous- même est exclure les autres. Tu penses qu'afin de choisir pour toi, tu dois exclure les autres. Non, tu peux choisir pour toi, sur la base d'inclure les autres aussi. Est-ce que cela veut dire que tu doives aller contre ce que tu veux faire? Non. Est-ce que cela veut dire que tu doives suivre l'obligation? Non. Cela veut dire que tu dois choisir à partir d'une conscience totale.

Chacune de ces Dix Clés peut être appliquée individuellement. J'ai reçu un courriel de quelqu'un qui disait qu'elle adorait les Dix Clés. Elle disait, "J'ai réalisé que si je prenais simplement une de ces clés, et l'utilisais dans chaque situation qui m'arrivait, ma vie entière changerait."

C'est l'idée générale. Tu peux utiliser chacune de ces clés, à tout moment. Nous faisons ces téléconférences des Dix Clés parce que nous espérons qu'elles permettront aux gens de voir les choix qui sont disponibles. C'est pour ça que nous vous avons houspillés et aussi un peu, nous l'espérons, amusés.

Essayons ces processus:

Quelle contribution est 'Access Consciousness' à ta vie, ta façon de vivre et ta réalité? Tout cela, fois un dieulliard, vas-tu le détruire et le décréer? Right and wrong, good and bad, POD and POC, all 9, shorts, boys and beyonds.

Quelle contribution est 'ne pas avoir Access Consciousness' à ta vie, ta façon de vivre et ta réalité? Tout cela, fois un dieulliard, vas-tu le détruire et le décréer? Right and wrong, good and bad, POD and POC, all 9, shorts, boys and beyonds.

Quelle contribution est 'ne pas totalement inclure et utiliser les Dix Clés' à ta vie, ta façon de vivre et ta réalité? Tout cela, fois un dieulliard, vas-tu le détruire et le décréer? Right and wrong, good and bad, POD and POC, all 9, shorts, boys and beyonds.

Quelle contribution est 'totalement inclure et utiliser les Dix Clés' à ta vie, ta façon de vivre et ta réalité? Tout cela, fois un dieulliard, vas-tu le détruire et le décréer? Right and wrong, good and bad, POD and POC, all 9, shorts, boys and beyonds.

Question: La ligne maitresse des dix derniers appels semblent être : " ce qui détermine si l'énergie circule ou pas ".

Gary: Oui. Pour moi, il s'agit toujours d'un sens de légèreté en tout. Rien n'est solide, dur, coincé ou difficile. Lorsque tu arrives à quelque chose qui crée un sens d'espace, il y a une légèreté et c'est l'endroit où tu veux aller. Chacune de ces clés a été conçue pour te donner l'espace afin que tu puisses être l'espace et avoir l'espace afin que tu puisses choisir plus d'espace et choisir une possibilité différente.

J'ai le sentiment que je regarde toutes les allées en cul- de-sac - et, tout d'un coup, il n'y a plus de cul-de-sac.

Dain: C'est parfait.

Oui, il n'y a qu'une super autoroute. Zoom.

Dain: Gary et moi fonctionnons de cet endroit pratiquement tout le temps. C'est de là que je ne fonctionnais pas il y a onze ans. En utilisant ces Dix Clés, j'ai créé une réalité différente.

Lorsque tu as devant toi la super autoroute et quelque chose d'autre surgit, c'est "Oh! J'ai plein d'espace pour gérer ! " cela sur la super autoroute.

Cool. Quels choix ai-je de disponible? Quelles possibilités sont disponibles? Quelle question puis-je poser ici pour changer ceci?"

La contribution permet à cette super autoroute d'être plus souvent là dans chaque situation que tu traites. C'est une façon d'être, dans le monde, différente de ce que la plupart d'entre nous ont appris, alors on doit se l'enseigner à soi- même.

Ainsi, de cette perspective, même si le choix n'est pas confortable, comme lorsque tu parlais à propos de la famille, il n'est pas impossible d'avoir un choix qui ne paraît pas bon, mais que l'on sent juste.

Dain: Oui.

Gary: Tu pourrais ressentir que c'est mal, mais ce qui en ressort est habituellement beaucoup plus grand que ce que tu pensais que cela pouvait être car tu es sur la super autoroute. La meilleure façon de le décrire est: il n'y a plus de murs en briques qui s'écroulent devant toi pour que tu t'y fracasses.

Question: J'ai une question. Je vais essayer de t'en offrir l'énergie sans aller dans l'histoire entière. C'est à propos d'une expérience que j'ai eue en recevant de l'aide ce week-end. C'était très inconfortable et j'avais l'impression que je permettais une invasion ou un détournement de ma vie. Je ne savais pas si je faisais 'laisser-être' ou 'aucune exclusion' ou n'importe quoi d'autre que j'aurais pu choisir.

Gary: Tu vas devoir me donner un tout petit peu plus de détails.

J'étais dans un hôtel, et mon disque dur est tombé en panne. Je ne connais rien à propos de tous ces trucs. Un autre client de l'hôtel, un total inconnu, m'a offert de l'assistance.

Nous devions nous rencontrer dans le hall d'entrée, mais au lieu de ça, il est venu à ma porte et a insisté pour entrer dans ma chambre. Je ne voulais pas qu'il soit dans ma chambre. Et tout à coup, il était allongé sur mon lit et j'ai remarqué une terrible odeur corporelle. Puis j'ai réalisé qu'il ne savait absolument pas ce qu'il faisait parce que j'avais un Mac et il avait Windows. Ceci a duré et je n'arrivais pas à faire en sorte qu'il sorte de la chambre

Gary: Attends, attends, attends. Tout d'abord, tu as explosé l'accord. Ce que tu aurais dû dire (avec la porte fermée) est "Je suis désolée, j'ai été élevée comme une gentille fille du Sud et les filles du Sud ne permettent pas aux Messieurs de rentrer dans leur chambre. Alors on doit descendre en bas parce que je ne suis pas à l'aise avec tout ça." Ça s'appelle ne pas être un paillasson. Laisser-être n'est pas être un paillasson. Laisser-être est "Ceci ne va pas fonctionner. Merci beaucoup d'être venu, mais cela ne va pas fonctionner."

Dain: Et ce n'est pas exclusion.

Gary: Non c'est de la conscience. Cela ne va pas fonctionner. Tu savais lorsqu'il s'est montré à ta porte que ça n'allait pas marcher. Pourquoi es-tu allée à l'encontre de ta propre conscience?

Ce qui me revenait, c'était ma famille. J'avais l'habitude de supporter toutes sortes de conneries, uniquement pour obtenir une petite fiole pleine de bonté.

Gary: Ouais, c'est une gentille histoire. Est-ce que tu vas rendre cela réel pour toi?

Non!

Gary: Bien. Tu dois choisir ce que tu sais être juste pour toi. Chacune de ces Dix Clés concerne le fait que tu sois plus consciente de ce qui fonctionne pour toi, de ce qui est juste pour toi et de ce qui va te rendre la vie plus facile. Il s'agit donc de savoir où tu vas avoir la super autoroute d'aisance. Lorsque quelqu'un vient à ta porte et ce n'est pas ce que tu as demandé, tu dis, "Je suis désolée, je ne suis pas disponible maintenant, je te rencontrai dans le hall d'entrée dans une demi-heure."

D'accord.

Gary: C'est prendre le contrôle, chérie. L'idée globale des Dix Clés est de te donner un espace où tu es prête à prendre le contrôle au lieu de permettre qu'on t'utilise ou qu'on te malmène.

Oui, et cela revient à me rappeler de m'inclure moi-même.

Gary: : Exactement, tu dois t'inclure toi-même dans toute cette affaire. Tu exclus tes besoins, demandes, exigences et désirs en faveur de ceux de tout le monde. Ça ne marche pas. Tu ne peux pas te faire ça. D'accord?

Oui, merci.

Question: Tandis que tu parles de 'aucune exclusion', je vois que j'ai un sentiment de supériorité dans la relation avec mon corps qui fait que je le punis et le maltraite de différentes manières. J'ai exclu mon corps de sa participation à ce qu'il veut et ce qu'il désire. As-tu un processus qui intègre le corps et l'entité en unité?

Gary: Tout d'abord, parlons de la relation entre l'être et le corps. Ferme les yeux et repère par le toucher les bords extérieurs de toi, l'être. Pas les bords extérieurs de ton corps - les bords extérieurs de ton être, l'être infini. Va aussi loin que toi, existant en tant qu'être. Maintenant va plus loin. Y es-tu?

Un être aussi grand pourrait-il rentrer dans un corps de taille humaine? Non, Ton corps est à l'intérieur de toi, l'être.

Il s'agit d'intégrer le corps dans l'être infini que tu es, car le corps doit avoir un sentiment infini d'espace aussi.

Comme mon ami, Dr. Dain, le dit, "C'est ton point de vue qui crée ta réalité. Ce n'est pas ta réalité qui crée ton point de vue." Si tu vois ton corps à l'intérieur de toi, l'être, au lieu de quelque chose en dehors de toi - ou quelque chose que tu as exclue de ton espace -tu pourrais avoir une façon différente d'être avec lui.

Tu dois inclure ce que ton corps désire et requiert. Si tu ne comprends pas que ton corps a besoin de repos, par exemple, alors tu deviens de plus en plus épuisée et ton corps commence à avoir mal et tu commences à créer la maladie - parce que ton corps doit essayer de t'outrepasser là où tu l'ignores.

Question: Je veux prendre la super autoroute du retour à la forme physique et te demande de me donner l'essentiel sur comment la super autoroute s'ouvre à la forme physique.

Gary: Tu auras besoin de la Classe Corporelle Avancée.

Je comprends cela et je vais y aller. Je te promets que je vais le faire, mais maintenant je suis ici.

Gary: Alors ce que tu dois faire est:

Quelle contribution est 'mon corps' à ma vie, ma façon de vivre et ma réalité? Et tout ce qui ne permet pas que cela se révèle, fois un dieulliard, vas-tu le détruire et le décréer? Right and wrong, good and bad, POD and POC, all 9, shorts, boys and beyonds.

Quelle contribution est 'ne pas avoir un corps' à ma vie, ma façon de vivre et ma réalité? Et tout ce qui ne permet pas que cela se révèle, fois un dieulliard, vas-tu le détruire et le décréer? Right and wrong, good and bad, POD and POC, all 9, shorts, boys and beyonds.

Peux-tu aussi prendre ces questions à travers chaque aspect de ta forme physique?

Gary: Oui. Si tu as des douleurs dans ton corps tu peux demander, "Quelle contribution est cette douleur à ma vie, ma façon de vivre et ma réalité?"

Récemment je marchais et j'avais toutes sortes de douleurs dans mon corps. J'ai demandé, "Waouh, quelles contributions sont ces douleurs à ma vie, ma façon de vivre et ma réalité?" Cinquante pour cent se sont dissipées après la première fois que je l'ai dit!

Je me questionne encore quant à comment retourner les choses qui ne m'appartiennent pas à l'envoyeur. C'est comme si je ne pouvais pas le définir suffisamment clairement ou si mon corps ne choisissait pas de le définir suffisamment clairement pour que je puisse le retourner, même si je sais que ce n'est pas à moi.

Gary: Alors as-tu reconnu le fait que tu es un guérisseur?

Oh oui.

Gary: D'accord tu pourrais peut-être faire:

Quelle contribution est 'être un guérisseur' à ma vie, ma façon de vivre et ma réalité? Et tout ce qui ne permet pas que cela se révèle, fois un dieulliard, vas-tu le détruire et le décréer? Right and wrong, good and bad, POD and POC, all 9, shorts, boys and beyonds.

Quelle contribution est 'ne pas être un guérisseur' à ma vie, ma façon de vivre et ma réalité? Et tout ce qui ne permet pas que cela se révèle, fois un dieulliard, vas-tu le détruire et le décréer? Right and wrong, good and bad, POD and POC, all 9, shorts, boys and beyonds.

Question: Au début de cet appel, Dain a dit que lorsque nous fonctionnons à partir de la conscience, on n'a pas besoin de dire un mot. Lorsque qu'on fait un travail corporel, est-ce que l'on fonctionne principalement à partir de la conscience?

Dain: Oui madame, c'est vrai.

Et si nous fonctionnons à partir de la conscience, on peut agir plus rapidement?

Dain: Exactement! Tu deviens en fait une vibration qui permet à quelque chose de totalement différent d'arriver, ce qui est plutôt sympa.

Question: Trouves-tu que la plupart des gens font exclusion par l'extérieur, comme "Je ne serai pas avec cette personne" ou "Je ne vais pas faire cela" plutôt que de faire exclusion d'eux-mêmes, comme "Je ne serai pas une garce ou méchante?" Faisons-nous exclusion plus à l'extérieur qu'à l'intérieur- ou les deux?

Gary: Les deux. Cela fluctue dans un sens et dans l'autre en fonction de la journée et des gens qui sont autour de toi.

Dain: Et à chaque fois que tu essaies d'exclure quelqu'un, tu dois t'exclure aussi.

Gary: Oui, et ça c'est le mauvais côté.

Il n'y a probablement aucune exclusion de quelque chose de l'extérieur sans que ça soit une exclusion interne?

Gary: Eh bien si tu essaies d'exclure quelqu'un ou quelque chose de ta vie, tu t'exclus aussi dans le processus.

Voici un exemple - une histoire. Je détestais les crottes de chien, et partout où j'allais, je marchais dedans. Lorsque j'ai finalement commencé à POD and POC tout ce qui me faisait penser que je ne pouvais pas inclure les crottes de chien dans ma réalité, elles ont commencé à me dire où elles étaient, et je n'ai plus jamais marché dedans!

C'est drôle.

Gary: J'ai dit, "Non-exclusion inclut les crottes de chien. Tout ce que je fais lorsque j'exclus les crottes de chien est de marcher dedans." C'est à peu près comme ça que ça marche dans tous les aspects de ta vie. Tout ce que tu essaies d'exclure, tu dois marcher dedans, encore et encore et encore.

Lorsque les enfants sont jeunes, ils sont habituellement dans un état de non-exclusion. Il semble qu'ils s'incluent eux- mêmes et tout le reste.

Gary: Cela peut être vrai, mais pas nécessairement vrai. Ça dépend de l'enfant. C'est une chose individuelle.

Mais les jeunes enfants ne s'excluent pas eux-mêmes.

Gary: Eh bien, habituellement, ils ne le font pas, mais certains le font. Ça dépend de l'âge auquel ils ont appris à le faire. Ils peuvent l'apprendre lorsqu'ils ont trois mois - ou plus tôt quelquefois. Tu ne peux pas avoir le point de vue que les enfants sont naturellement merveilleux parce que certains d'entre eux ne le sont pas.

J'étais au restaurant avec ma fille Grace et son bébé l'autre jour. Chaque fois que le serveur venait à la table, l'enfant le regardait, s'attendant à ce qu'on lui parle, parce que lorsque nous étions en Nouvelle-Zélande, tout le monde parlait au bébé lorsqu'ils passaient à côté de lui. Ils savaient que ce n'était pas simplement un bébé; c'est un être. Ils parlaient au bébé, et le bébé leur souriait et jouait son manège.

Lorsque le serveur en Californie s'est approché du bébé, le bébé attendait et regardait, et s'attendait à ce qu'on lui parle. C'était étonnant de voir ce petit bonhomme, à attendre que le serveur lui adresse la parole et commence une conversation. Lorsque le serveur ne lui a pas parlé, il a regardé le serveur comme s'il lui demandait, "Qu'est-ce qui arrive?" Il a trois mois et demi.

Il déteste déjà lorsque tu ne l'inclus pas dans la conversation.

Lorsque tu as une conversation avec quelqu'un avec un bébé, tout ce que tu dois faire est de te tourner vers le bébé et demander,

"Eh bien, qu'est-ce que tu penses de ça?" ou dire, "Je ne peux pas attendre que tu parles pour qu'on puisse entendre ce que tu as à dire à propos de ça." Le bébé restera assis et fera de petits bruits roucoulants, essayant de faire partie de la conversation.

Chaque être veut faire partie de la conversation; chaque être veut être impliqué. Lorsque tu empêches les enfants d'être impliqués et les exclus, tu les exclus de ta vie, ce qui veut dire qu'ils doivent faire en sorte de compter en faisant en sorte d'être dans la vie de quelqu'un d'autre.

Question: Lorsque nous dormons, est-ce que nous nous excluons ou est-ce que nous nous incluons?

Gary: Cela dépend de ce que tu penses être important pour cette nuit. Certaines personnes sortent de leur corps et s'en vont pour la nuit.

Tu veux dire qu'ils s'excluent d'eux-mêmes?

Gary: Ils s'en vont et font autre chose durant la nuit au lieu d'être simplement conscients.

Tu appelles cela rêve, mais ce n'est pas nécessairement le cas. N'as-tu jamais eu l'expérience de te réveiller en sursaut? Ou que tu te réveilles en ayant le sentiment que quelque chose allait de travers? C'est un endroit où tu t'es exclu de ton corps durant la nuit. Tu restes coincé avec l'impact du point de vue de tous les autres pendant que tu revenais dans ton corps.

Tu laisses ton corps tranquille et tu pars faire ton truc. Certaines personnes s'en vont et travaillent toute la nuit, mais lorsqu'elles reviennent dans leur corps, elles se réveillent surprises ou peut-être déprimées et malheureuses. Qu'est-ce qui de tout cela, en réalité, leur appartient? Rien du tout.

Quelquefois ils reviennent et ils sont tellement fatigués. Ils disent, "Je me sens comme si j'avais travaillé toute la nuit" ou

"J'ai ressenti ce truc horrible toute la nuit."

Tu dois demander à ton corps, "Corps es-tu fatigué?" 99% du temps, le corps n'est pas fatigué parce qu'il a eu huit heures de repos. Tu étais celui qui livrait les batailles et faisait des trucs.

Toi et ton corps êtes légèrement séparés de cette façon, et tu t'exclus, toi, de ton corps lorsque tu n'es pas totalement conscient de ton corps.

Est-ce la même chose lorsque tu as des cauchemars et que les points de vue des autres te torturent?

Gary: Ce sont des choses différentes. Quelquefois, ce sont des mémoires de vies passées où tu étais soit heureux soit malheureux. Il n'y a pas de réponse tout faite au rêve. Et il n'y a pas de réponse à la plupart des choses dans la vie. Il s'agit d'être dans la question, voir le choix et les possibilités et être capable de savoir lorsque quelque chose est réellement une contribution pour toi. Lorsque quelque chose est une véritable contribution, cela élargit ta vie; ça n'en contracte aucune partie.

La même chose s'applique aux gens. Les gens qui élargissent ta vie sont des cadeaux exceptionnels. Ce sont les gens qui contribuent et te donnent. Ils font partie de ce qui crée l'expansion de la super autoroute, une plus grande conscience. Ce sont des gens que tu veux garder dans ton environnement. Ce sont des gens que tu voudras soutenir aussi longtemps que possible.

Dain: Ce sont ceux qui continuent à élargir l'espace. Ils rendent ta vie plus facile. Ils contribuent aux choix, possibilités et questions auxquelles tu n'as jamais pensé.

Gary: J'aimerais conclure notre conversation maintenant. Je veux tous vous remercier d'avoir été présents à ces appels, et j'espère qu'ils ont créé un plus grand sens d'espace et des changements spectaculaires pour vous. Chaque clé, si vous l'appliquez, vous amènera à un niveau de liberté qui donnera le feu à votre vie et créera quelque chose de beaucoup plus grand -que ce que vous n'ayez jamais cru possible.

Nous vous adorons!

Dain: Merci à vous, nous vous adorons tous!

~~~

Le Processus de Déblayage

Dans Access Consciousness, il y a un processus de déblayage que nous utilisons pour détruire et décréer blocages et limitations.

Voici une brève explication de la manière dont cela fonctionne: Le fondement de l'univers est énergie. Chaque particule de l'univers possède de l'énergie et de la conscience. Il n'existe ni bonne énergie ni mauvaise énergie; il y a seulement de l'énergie. C'est uniquement ton jugement qui fait que quelque chose soit bonne ou mauvaise. L'énergie est présente, mutable et variable selon la demande. C'est la substance par laquelle la transformation arrive. Tout ce que tu dis, tout ce que tu penses et tout ce que tu fais génère ce qui arrive dans ta vie. Ce que tu choisis met l'énergie de l'univers, l'énergie de conscience, en action – et cela se révèle dans ta vie. Voici à quoi ressemble ta vie à ce moment particulier.

Point de Création, Point de Destruction

Chaque limitation que nous avons a été créée par nous quelque part au travers de tous temps, espace, dimensions et réalités. Il s'agissait de faire un jugement ou une décision ou de prendre un point de vue. Comment et pourquoi la limitation a été créée n'a pas d'importance, tout comme n'importe quelle partie de son histoire. Nous avons seulement besoin de savoir que cela a été créé. Nous appelons cela le point de création (POC). Le point de création inclut énergétiquement les pensées, sentiments et émotions qui précèdent immédiatement la décision, jugement ou point de vue que nous avons pris.

Il y a aussi un point de destruction. Le point de destruction (POD) est le point où l'on a détruit notre être en prenant une décision ou une position qui était basée sur un point de vue limité. Nous nous mettons littéralement dans un univers détruit. Le point destruction, comme le point de création, comprend énergétiquement les pensées, sentiments et émotions qui précèdent immédiatement la décision de destruction.

Lorsque tu poses une question sur un blocage ou une limitation, tu fais appel à l'énergie qui t'a verrouillé en elle. En utilisant la formule de déblayage, tu peux ainsi détruire et décréer le blocage ou la limitation (comme les pensées, sentiments et émotions qui y sont attachés). La formule de déblayage te permet de défaire énergétiquement ces choses afin que tu aies un choix différent.

La Formule de Déblayage

Voici les mots qui constituent la formule de déblayage:

Tout cela, fois un dieulliard, détruis et décrée-le. Right and wrong, good and bad, POD and POC, all 9, shorts, boys and beyonds.

Tu n'as pas besoin de comprendre la formule de déblayage pour qu'elle fonctionne, mais si tu souhaites en savoir plus, il y a plus d'information dans le glossaire.

Avec la formule de déblayage, nous ne te donnons pas des réponses et n'essayons pas de te faire changer d'idées. Nous savons que cela ne marche pas. Tu es le seul qui puisse déverrouiller les points de vue qui t'ont piégé. Ce que nous offrons ici est un outil que tu peux utiliser pour changer l'énergie des points de vue qui t'ont verrouillé dans des situations inchangeables.

Pour utiliser la formule de déblayage, tu poses simplement une question pour faire ressortir l'énergie de ce qui te garde piégé, y compris toute la saleté qui s'y est accumulée ou qui se cache derrière, puis tu dis ou lis la formule de déblayage pour effacer la limitation et la changer. Plus tu utilises la formule de déblayage, plus profondément cela ira et plus de couches et de niveaux tu pourras déverrouiller pour toi. Tu voudras peut-être répéter les processus de nombreuses fois jusqu'à ce que le sujet qui est adressé ne soit plus un problème pour toi.

Comment fonctionne le processus de déblayage?

Poser une question fait ressortir une énergie, dont tu seras conscient. Il n'est pas nécessaire de chercher une réponse à cette question. En fait, la réponse ne te viendra peut-être pas en mots. Ça pourrait te venir comme une énergie. Tu ne sauras peut-être même pas cognitivement ce qu'est la réponse à la question. Ça n'a pas d'importance la façon dont la conscience vient à toi. Pose simplement la question et ensuite élimine l'énergie avec la formule de déblayage:

> Tout cela, fois un dieulliard, vas-tu le détruire et le décréer? (Dis "oui" ici, mais uniquement si tu le veux vraiment.) Right and wrong, good and bad, POD and POC, all 9, shorts, boys and beyonds.

La formule de déblayage te semblera peut-être incroyablement verbeuse. Elle est conçue pour court-circuiter ton esprit afin que tu puisses voir quels choix sont disponibles. Si tu pouvais tout calculer avec ton esprit logique, tu aurais déjà tout ce que tu désires. Ce qui t'empêche d'avoir ce que tu désires n'est pas logique. Ce sont des points de vue insensés que tu veux détruire. La formule de déblayage est conçue pour faire sauter chaque point de vue que tu as afin que tu puisses commencer à fonctionner à partir de ta conscience et de ton savoir. Tu es un être infini, et toi, en tant qu'être infini, tu peux absolument tout percevoir, tout savoir, être tout et tout recevoir. Seuls tes points de vue créent les limitations qui arrêtent cela.

Ne la rend pas significative. Tu ne fais que déblayer de l'énergie et tous les points de vue, limitations ou jugements que tu as créés. Tu peux utiliser la formule de déblayage complète telle qu'on te l'a donnée ici, ou tu peux simplement dire: POD and POC et tout ce truc que j'ai lu dans le livre.

Souviens-toi: il s'agit d'énergie. Vas avec l'énergie. Tu ne peux pas " mal faire ". Tu peux constater que tu as une façon différente de fonctionner comme résultat d'avoir utilisé la formule de déblayage. Essaie-la. Il se pourrait que cela change tout dans ta vie.

Glossaire

Laisser-être (Allowance)

Lorsque tu es en état de laisser-être, tout n'est simplement qu'un point de vue intéressant. Il n'y a aucun jugement, que quelque chose soit juste ou fausse ou bien ou mal. Tu n'as aucune résistance ou réaction à qui que ce soit ou à quoi que ce soit, et il n'est pas nécessaire de t'aligner et d'accepter un jugement ou un point de vue. Dans l'espace du laisser-être, tu es conscient de tout et tu as un choix et une possibilité totale.

Bars

Les Bars d'Access Consciousness est un processus corporel de toucher. Un facilitateur d'Access Consciousness utilise un toucher léger sur la tête pour se connecter aux points qui correspondent à différents aspects de la vie et invite toute énergie bloquée dans cette zone à commencer à circuler à nouveau. Faire une séance de Bars permet de commencer à détruire le disque dur de ton ordinateur qui a tout dicté dans ta vie.

Beingness (État d'Être)

On essaie de prouver que nous sommes quelque chose plutôt que d'être ce que nous sommes; on adopte beingness (état d'être) pour prouver que nous sommes. Par exemple, si tu adoptes le beingness (état d'être) d'un homme d'affaires intelligent, tu ressentiras que tu ne peux être toi que lorsque tu es un homme d'affaires intelligent. Et si tu n'avais pas à prouver que tu étais quelque chose? Et si tu étais simplement toi?

Formule de Déblayage (POD/POC)

Dans Access Consciousness, il y a un processus de déblayage que nous utilisons pour détruire et décréer blocages et limitations, qui ne sont réellement que de l'énergie bloquée. Une fois que nous devenons conscients d'une énergie que nous voulons éliminer, nous utilisons la formule de déblayage. Il pourrait sembler que la formule de déblayage concerne des mots (qui sont exprimées en jargon) mais vraiment, c'est l'énergie de la formule de déblayage qui change les choses, non les mots. Les mots de la formule de déblayage sont: Right and wrong, good and bad, POD and POC, all 9, shorts, boys and beyonds (Raison et tort, bien et mal, POD et POC, tous les neufs, raccourcis, les gars et au-delàs).

Right and wrong, good and bad (Raison et Tort, Bon et Mauvais) signifie:" Qu'est ce qui est bien, bon, parfait et correct à ce sujet? Qu'est ce qui est mauvais, méchant, vicieux, terrible, mal et horrible à ce propos. " La version courte de ces questions est: Qu'est-ce qui est juste et faux, bien et mal?

POD et POC

POC signifie le Point de Création des pensées, sentiments et émotions qui précèdent immédiatement la décision de verrouiller l'énergie en place. POD veut dire Point de Destruction des pensées, sentiments et émotions précédant immédiatement toute décision de verrouiller cet objet en place et toutes les façons dont tu t'es toi- même détruit afin de le garder en existence. Lorsque tu fais " POD and POC" pour quelque chose, c'est comme si tu retirais la carte du bas d'un château de cartes. Tout s'écroule.

All 9 (tous les neufs) signifie les neuf différentes façons dont tu as créé cet élément comme limitation dans ta vie. Ce sont les couches de pensées, de sentiments, d'émotions et de points de vue qui créent cette limitation comme solide et réelle.

Shorts (raccourcis) est une version courte d'une série beaucoup plus longue de questions qui incluent: Qu'est-ce qui est significatif à ce propos? Qu'est-ce qui est sans signification à ce propos? Quelle est la punition pour cela? Quelle en est la récompense?

Boys (les gars) signifie les structures énergétiques appelées sphères nucléées. Il y a 32 différentes sortes de ces sphères, qui sont collectivement appelées "the boys" (les gars). Une sphère nucléée ressemble aux bulles créées lorsque tu souffles dans une pipe à bulles d'enfant qui a plusieurs compartiments. Cela crée une masse énorme de bulles, et lorsque tu en éclates une, d'autres viennent remplir l'espace. As-tu jamais essayé d'éplucher les couches d'un oignon lorsque tu essayais d'arriver au centre d'un problème, mais n'y arrivais jamais? C'était parce que ce n'était pas un oignon; c'était une sphère nucléée.

Beyonds (Au-delàs) sont des sentiments ou sensations que tu as qui arrêtent ton cœur, coupent ton souffle ou arrêtent ta volonté

de regarder d'autres possibilités. Beyonds est ce qui arrive lorsque tu es dans un état de choc. Beyonds inclut tout ce qui est au-delà d'une croyance, réalité, imagination, conception, perception, rationalisation, pardon ainsi que tous les autres au-delàs. Ce sont habituellement des sentiments et sensations, rarement des émotions, et jamais des pensées.

Implants Distracteurs

Les implants distracteurs sont conçus pour te verrouiller dans cette réalité et t'empêcher d'être toi. Ils n'ont rien à voir avec ce qui se passe réellement, cependant nous essayons de les adresser comme s'ils étaient réels. Nous utilisons des distracteurs pour nous distraire de ce qui est réellement vrai afin qu'on n'ait pas à regarder ce qui est en dessous d'eux. Les vingt-quatre implants distracteurs sont: Blâme, Honte, Regret, Culpabilité, Colère, Rage, Furie, Haine, Amour, Sexe, Jalousie, Paix, Vie, Vivre, Mort, Réalité, Entreprise, Doute, Relation, Peur et les points de vue Addictifs, Compulsifs, Obsessionnels et Pervers.

Elémentaires

Les Élémentaires décrivent la pure essence ou la forme fondamentale des choses; ce sont des structures moléculaires qui existent dans toutes les réalités. Les éléments fondamentaux pour la construction de réalité sont énergie, espace et conscience (ESC) et nous pouvons demander à ces éléments de se solidifier pour ce que l'on désire en fonction des intrications quantiques. (Voir la définition d'intrications quantiques pour plus d'information).

La Synthèse Énergétique d'Être ®

Energetic Synthesis of Being est une façon de travailler simultanément avec l'énergie des individus, des groupes de personnes et des corps. ESB nous montre comment accéder, être et recevoir les énergies que tu as toujours ressenties être disponibles mais que tu ne semblais pas pouvoir accéder.

Humanoïde

Humanoïde est le nom utilisé pour décrire les personnes qui sont prêtes à avoir plus, à être plus et à faire plus. Ce sont habituellement des créateurs de grand art, de littérature et d'idées. Ils aiment vivre l'élégance et l'esthétique de la vie, apprécier l'aventure de la vie ou faire des choses qui rendent le monde un meilleur endroit. Les humanoïdes ont souvent l'impression qu'ils ne cadrent pas n'importe où. Ils ont tendance à se juger eux-mêmes et à se demander " Qu'est-ce qui ne va avec moi qui fait que je ne n'arrive pas à m'adapter?"

Implants

Les implants sont des pensées, sentiments et émotions tout comme d'autre choses qui sont mises dans notre forme physique par électricité, drogue, vibrations, lumières et sons, comme une façon de nous contrôler, nous aider ou ne pas nous aider. Les implants sont un moyen de nous dominer, manipuler et contrôler ainsi que nos corps. On ne peut être implanté que si l'on s'aligne et accepte ou résiste et réagi à quelque chose. Par exemple, si tu t'alignes à un chef religieux, tu peux être implanté de toutes sortes de peurs et de superstitions. Lorsque tu n'as aucun point de vue sur la religion, aucun sermon n'aura un impact sur toi; ce sera simplement un point de vue intéressant.

Kingdom of We (Royaume de Nous)

Lorsque tu fonctionnes à partir du royaume de nous - le royaume de conscience et d'unité - tu demandes à ce que tout soit plus facile pour toi. Mais " tu" inclus tout le monde autour de toi. Le royaume de nous est un endroit où tu choisis à partir de tout et de comment ça fonctionne pour toi et tout le monde autour de toi, pas à partir du royaume de moi. Lorsque tu continues à essayer de " choisir pour moi", cela signifie que tu vas choisir contre tous les autres pour choisir pour toi.

Dé-manifestation Moléculaire

La science nous dit que si nous regardons une molécule, nous changerons sa forme et sa structure en la regardant. Alors, lorsque nous mettons notre attention sur quelque chose ou décidons que ce doit être fait d'une certaine façon, nous créons un effet sur elle. Dé- manifestation moléculaire est un processus corporel de toucher d'Access Consciousness qui décrée la structure moléculaire de quelque chose afin qu'elle cesse d'exister. C'est une façon de faire disparaître quelque chose.

Manifestation Démoléculaire consiste à créer quelque chose là où ça n'existait pas avant. Tu demandes aux molécules de quelque chose de changer leur structure et de devenir ce que tu aimerais qu'elles soient. Manifestation veut dire la façon dont quelque chose se révèle, et non pas qu'elle se révèle. Tu ne manifestes pas de nouvelles molécules; tu demandes aux molécules de changer pour que les possibilités de ce qui peut se manifester soient différentes.

MTVSS (Molecular Terminal Valence Sloughing System)

est un processus corporel dynamique de toucher d'Access Consciousness. MTVSS annule diminution, vieillissement et désintégration causés par les systèmes de déplacement de valence de la structure moléculaire et chimique du corps.

HEPADS Positionnels

Pour chaque point de vue fixe que tu as, tu dois te couper de la conscience. Les HEPADs positionnels (handicap, entropie, paralysie, atrophie, destruction) sont une position que tu as prise à propos d'un sujet quelconque, et ensuite tu commences à t'handicaper à propos de ce qui peut arriver. Tu crées de l'entropie, ce qui créé le chaos à partir de ce qui était de l'ordre auparavant. Tu crées de la paralysie où tu es incapable de fonctionner. Tu crées une atrophie dans laquelle tu commences à briser la structure de sorte qu'elle ne puisse être générative. Ensuite tu crées de la destruction. Ce sont cinq éléments de ce qui arrive chaque fois que tu prends position sur quoique ce soit.

HEPADS Positionnels sont ce que tu crées avec chaque point de vue fixe que tu prends. Cette réalité dit que tu as seulement raison et pas tort lorsque tu as le point de vue juste et un point c'est tout. Alors tu passes ta vie entière à essayer d'avoir le point de vue fixe juste et la position juste. Comme ça tu peux cadrer, tu peux bénéficier, tu peux gagner et tu ne peux pas perdre. Et alors tout sera simplement bien. Sauf que, cela fait partie de la construction de tout ce que tu sais qui ne fonctionne pas dans ta vie et qui ne fonctionne pas ici pour toi.

Handicaper - Comme humanoïde tu vas t'handicaper pour la course car tu sais que tu es beaucoup plus rapide que tous les humains, plus rapide que tout le monde autour de toi, plus conscient, et plus amusant. Quelqu'un de normal va s'handicaper en attachant une jambe et un bras derrière eux. Pas toi, tu attaches deux bras et deux jambes derrière toi, bâillonnes ta bouche et fais la course quand même. C'est le handicap que tu fais en prenant positions et points de vue. C'est à ce point que tu dois t'handicaper pour faire partie de la course humaine.

Entropie - Lorsque tu prends ce qui est ordonné dans ta vie (être toi) et tu le rends chaotique, essayant de devenir ce que les autres veulent que tu sois, pensant que finalement quelqu'un va t'accepter, te voir, t'aimer, et prendre totalement soin de toi. Ils ne le font pas. Entropie est aussi lorsque les choses tombent en morceaux et s'abîment avec le temps. C'est pourquoi ton corps s'abîme avec le temps, c'est pourquoi tes relations s'effondrent avec le temps (si tu n'y mets pas d'énormes quantités d'énergie).

Paralysie - Lorsque tu penses que tu n'as pas d'autre choix disponible. Tu élimines toutes les autres mises à part la position que tu as prise, seule.

Atrophie - Lorsque tu abandonnes toutes les choses où tu excelles car personne d'autre ne pense que c'est une bonne chose. Tu laisses la capacité naturelle en toi diminuer et disparaître. Atrophie c'est aussi les muscles qui rétrécissent et deviennent inutiles. As-tu vu des gens dans le monde qui prennent beaucoup de points de vue fixes? Leurs capacités mentales diminuent et deviennent inutiles. Leur capacité de joie diminue et devient inutile et non existante. Leur capacité de création et génération diminue et devient non existante.

Destruction - Lorsque tu te regardes comme si tu avais tort. Nous savons tout ce qu'est la destruction. Lorsque tu utilises ton énergie contre toi, afin que tu puisses détruire.

En fait tu limites et définis et évites le choix et la question à travers tout cela. Tu prends des positions et des points de vue et tu finis par créer une constriction, une destruction et un handicap de toi-même dans tout ce que tu es en tant qu'être.

S'il y a quelque chose dans ta vie qui ne te satisfait pas et que cela ne change pas, alors tu veux demander: Combien d'HEPADs positionnels ai-je qui tiennent ceci en existence?

Hors Contrôle

Être hors contrôle n'est pas être incontrôlable. Être incontrôlable est résister et réagir pour contrôler, surtout le contrôle qui est fait à partir du jugement, où tu utilises la force et la supériorité pour arrêter les autres et toi-même. Lorsque tu es hors contrôle tu es hors du contrôle de contrôle. Être hors contrôle c'est être totalement conscient. Tu n'essaies pas de contrôler la façon dont les choses sont générées; rien ni personne ne t'arrête, et tu n'as pas besoin d'arrêter ou de limiter qui que ce soit d'autre.

Intrications Quantiques

Intrications quantiques est un terme scientifique qui décrit une molécule dans le temps présent, lieu, dimension ou réalité qui a une résonance avec une molécule d'un autre temps, lieu, dimension ou réalité. Intrications quantiques sont les façons étranges que les énergies s'interconnectent les unes aux autres pour matérialiser les choses comme solides et réelles dans cette réalité. Ce sont les façons en apparence aléatoires et chaotiques dont l'univers délivre ce que tu demandes et sont, en essence, ta connexion avec les éléments créatifs et génératifs de l'univers. Si tu n'avais pas intrications quantiques, tu n'aurais pas conscience psychique, intuition ou la capacité d'entendre les pensées de quelqu'un d'autre.

Agendas Secrets

Un agenda est un format que tu es supposé suivre. Les agendas secrets sont des décisions que nous faisons ou des conclusions auxquelles nous arrivons à propos du format de notre vie dont nous ne sommes plus conscients car nous avons décidé de les garder secrets. Tout ce que tu as décidé dont tu ne peux ne pas maintenant te rappeler est un agenda secret. Cela crée réaction au lieu d'action, réaction au lieu de choix, réponse au lieu de question, et conclusion au lieu de possibilité.

Sexe et Non Sexe

L'harmonique inférieure de recevoir est sexe ou non sexe. Cela ne veut pas dire copulation ou pas de copulation. Sexe c'est marcher fièrement, se pavaner, être beau, et se sentir bien dans sa peau. Non sexe est un univers d'exclusion où tu te sens " Je n'existe pas", "Je ne veux pas que quelqu'un me regarde" ou " Je ne veux personne autour de moi, jamais." Les gens utilisent leur point de vue sur sexe ou non sexe comme une manière de limiter leur recevoir.

Systèmes Séquentiels Triplement Pliés (Trifold Sequencing Systems)

Systèmes séquentiels triplement pliés est un processus d'Access Consciousness qui soulage les traumas présents ou passés qu'une personne continue à avoir encore et encore, sans être jamais capable de s'en sortir. Les systèmes séquentiels triplement pliés défont la boucle perpétuelle afin qu'elles puisent aller au-delà de ça.

Wedgie

Un wedgie est lorsque tu tiens le sous-vêtement de quelqu'un et que tu le tires si haut que cela crée de l'inconfort. Un wedgie énergétique est une question que tu demandes qui crée de l'inconfort dans l'univers de quelqu'un. Flanquer un wedgie est attendre une ouverture, lâcher une question comme une bombe et s'en aller. Il faudra de six à huit semaines pour que cela suppure et fasse des cloques, et lorsque ça arrive, la personne posera une question qui est réellement une question. Le changement est alors possible - mais pas avant cela.

Somme Zéro de Trauma (Zero Sum of Trauma)

Somme Zéro de Trauma est un processus corporel de toucher d'Access Consciousness qui défait l'effet cumulatif de trauma dans le corps. Lorsque les gens ont vécu des traumas à répétition, ils s'habituent à la douleur qu'ils ont. Le corps s'adapte à ce nouveau niveau de douleur et cette fonction diminuée comme si c'était normal. La Somme Zéro de Trauma défait ce qui verrouille le trauma en place.

À propos des Auteurs

Gary M. Douglas

Conférencier international et auteur de best-sellers, Gary Douglas a commencé à découvrir un certain nombre d'outils et de processus il y a 20 ans maintenant et qui sont connus sous le nom d'Access Consciousness. Ces outils de pointe ont transformé la vie de milliers de gens à travers le monde. A l'heure actuelle, son travail est présent dans 47 pays grâce à plus de 2000 facilitateurs certifiés répartis dans le monde. Simples mais tellement efficaces, ces outils sont là pour faciliter des personnes de tous âges et horizons, pour leur permettre de faire sauter les limitations qui les empêchent de vivre pleinement leur vie.

Gary est né dans le Midwest aux USA et a grandi à San Diego en Californie. Bien qu'il soit né dans une famille de classe moyenne "normale", il était fasciné depuis son plus jeune âge par la psyché des gens et son intérêt s'est mué en désir de permettre aux personnes de "savoir ce qu'ils savent" et d'avoir une plus grande présence consciente, plus de joie et d'abondance. Les outils pragmatiques qu'il a développés ne sont pas seulement utilisés par des célébrités, des hommes d'affaires ou des enseignants, mais aussi par des professionnels des soins (psychologues, chiropracteurs, naturopathes) pour améliorer la santé et le bien-être de leurs clients.

Avant de développer Access Consciousness®, Gary Douglas était un agent immobilier prospère à Santa Barbara, Californie et il bénéficie également d'un bachelor en psychologie. Bien qu'il ait atteint une richesse matérielle et qu'il était qualifié de "prospère", sa vie n'avait plus de sens et il a commencé à chercher une nouvelle façon d'avancer qui pourrait changer le monde et la vie des gens.

Gary est l'auteur de 8 livres, y compris la nouvelle "The Place", best-seller. Il décrit l'inspiration qui l'a poussé à écrire ce livre, "Je voulais explorer les possibilités de comment pourrait être la vie. Pour permettre aux gens de savoir qu'il n'y a aucune nécessité de vivre en vieillissant et avec la démence, la stupidité, les intrigues, la violence, la folie, les traumas et les drames dans lesquels nous vivons, comme si nous n'avions pas d'autre choix."

"The Place" parle avant tout de gens qui savent que tout est possible. Que le choix est source de création. Et si nos choix pouvaient changer en un instant? Et si nous pouvions rendre plus réels nos choix que nos décisions et nos points de blocage que nous considérons comme réels?"

Gary a une conscience et une bienveillance incroyables pour tous les êtres vivants

"J'aimerais que les gens soient plus présents et conscients et qu'ils réalisent que nous sommes les intendants de la terre, non pas les utilisateurs et maltraiteurs de celle-ci. Si

nous commençons à voire les possibilités de ce qui nous est disponible au lieu d'essayer de nous raccrocher à notre part du gâteau, nous pourrions créer un monde différent."

Un fringant grand-père de 70 ans (qui est presque" sans âge") avec une façon de voir la vie très différente, Gary croit que nous sommes là pour exprimer ce qui fait de chacun d'entre nous quelqu'un d'unique ainsi que faire l'expérience de l'aisance et la joie de vivre. Il continue à inspirer les autres, en enseignant à travers le monde et en étant une contribution massive pour notre planète. Il proclame publiquement que pour lui "la vie ne fait que commencer."

Gary a également une vaste palette d'intérêts personnels et d'affaires. Parmi ceux-ci: les antiquités (Gary à fondé la Guilde des Antiquités à Brisbane, Australie en 2012), monter et élever les chevaux fougueux de la race De Paso du Costa Rica et fondateur d'un éco-village de retraite au Costa Rica qui ouvrira ses portes en 2014.

Pour plus d'information, voir les sites ci-dessous:

www.GaryMDouglas.com
www.AccessConsciousness.com
www.Costarricense-Paso.com

Dr. Dain Heer

Dr. Dain Heer est un conférencier international, un auteur et un facilitateur des classes avancées d'Access Consciousness ® dans le monde entier. Ses points de vue uniques et transformateurs concernant le corps, l'argent, le futur, le sexe et les relations transcendent tout ce qui est couramment enseigné à l'heure actuelle.

Le Dr Heer invite et inspire les gens à prendre plus conscience à partir d'un espace de laisser-être14 total, de gentillesse, d'humour et un savoir phénoménal.

Le Dr. Dain Heer a commencé à travailler comme un Network Chiropracteur en 2000 en Californie. Il a découvert Access Consciousness à un point de sa vie où il était profondément malheureux et pensait même au suicide.

Access Consciousness a tout changé. Alors qu'aucune des autres modalités ou techniques qu'avait étudié Dr Dain Heer ne donnaient des résultats ou des changements durables, avec Access Consciousness, sa vie a commencé à s'étendre et se développer avec plus d'aisance et de rapidité qu'il ne l'aurait jamais imaginé possible.

Maintenant, le Dr. Dain Heer voyage à travers le monde pour faciliter des classes et il a développé un processus énergétique de changement unique pour les individus ou les groupes appelé La Synthèse Energétique d'Être. Il a une approche complètement différente de la guérison en enseignant aux gens à reconnaître leurs propres capacités et leur savoir. La transformation énergétique est rapidement possible – et vraiment dynamique.

Pour plus d'information, voir les sites ci-dessous:

www.DrDainHeer.com
www.BeingYouChangingTheWorld.com
www.BeingYouClass.com

Livres Access

Conscious Parents, Conscious Kids (Parents Conscients, Enfants Conscients)

De Gary M. Douglas & Dr. Dain Heer

Ce livre est un recueil de récits d'enfants immergés dans une vie de perception consciente. Ne serait-ce pas merveilleux si tu pouvais créer l'espace qui permettrait aux enfants de libérer leur potentiel et faire éclater les limitations qui les retiennent? Pour créer aisance, joie et gloire dans tout ce qu'ils font en prenant consciemment en main leurs vies?

Money Isn't The Problem, You Are (L'Argent n'est pas le Problème, c'est toi)

De Gary M. Douglas & Dr. Dain Heer

Offrant des concepts hors des sentiers battus sur l'argent. Ce n'est pas une question d'argent. Ça ne l'est jamais. Il s'agit de ce que tu es prêt à recevoir.

Talk to the Animals (Parle aux Animaux)

De Gary M. Douglas & Dr. Dain Heer

Sais-tu que chaque animal, chaque plante et chaque structure sur cette planète possède une conscience et un désir d'être une offrande pour toi? Les animaux ont des quantités impressionnantes d'information et des dons étonnants à nous offrir si nous sommes prêts à les recevoir.

Being you, Changing the World (Sois toi, Change le Monde)
De Dr. Dain Heer

As-tu toujours su qu'il existait quelque chose de COMPLETEMENT DIFFÉRENT? Et si tu possédais un manuel avec des possibilités infinies et des changements dynamiques pour te guider. Avec des outils et des processus qui en fait fonctionnent et t'invitent à une façon complètement différente de vivre? Et toi? Et le monde? (en cours de traduction)

Divorceless Relationships (Relations Sans Divorce)
De Gary Douglas

Et si tu n'avais pas à divorcer des parts de toi-même pour créer une relation intime? Ce livre contient des outils, exercices et processus que tu peux utiliser pour que tu n'aies plus à abandonner des parts de toi dans tes relations.

Magic. You are it. Be it. (Magique, tu l'es. Sois-le)
De Gary M. Douglas & Dr. Dain Heer

Lorsque tu as du plaisir à obtenir les choses que tu désires, c'est magique. La véritable magie est la capacité d'avoir la joie que la vie peut apporter. Dans ce livre, tu trouveras des outils et points de vue que tu peux utiliser pour créer de la conscience et de la magie – changer ta vie d'une façon que tu ne peux pas imaginer.

Right Riches for You! (Bonnes Richesses pour Toi!)
De Gary M. Douglas & Dr. Dain Heer

Et si générer de l'argent et avoir de l'argent était amusant et joyeux? Et si, le fait d'avoir du plaisir et de la joie avec l'argent te permettait d'en recevoir plus? A quoi est-ce que ça ressemblerait? L'argent suit la joie, la joie ne suit pas l'argent. Vu à la télé au Balancing Act Show.

The Place, un Roman
De Gary Douglas

Alors que Jack Rayne traverse l'Idaho dans sa Thunderbird 57 classique, un accident dévastateur va l'amener à faire un voyage qu'il n'attendait pas. Seul au milieu d'une grande forêt, alors que son corps est mal en point et cassé de partout, Jack appelle à l'aide. L'aide qui le trouve va non seulement le changer mais aussi changer toute sa réalité. Jack s'éveille à la prise de conscience de possibilités; des possibilités qu'il avait toujours su possible sans avoir été capable de les faire apparaître. Titre du meilleur roman de Barnes & Noble 2010.

Embodiment: The Manual You Should Have Been Given When You Were Born

(Incarnation: Le Manuel Qu'on Aurait Dû Te Donner Lorsque Tu Es Né)
De Dr. Dain Heer

L'information qu'on aurait dû te donner à la naissance, sur les corps, sur être soi et ce qui est réellement possible si tu le choisis*** Et si ton corps était une source continuelle de joie et de grandeur? Ce livre t'introduit à la conscience qui est réellement un choix différent pour toi et ton adorable corps.

Sex is Not a Four Letter Word but Relationship Often Times is (Le Sexe n'est pas si compliqué. Alors pourquoi nos relations amoureuses le sont si souvent ?)

De Gary M. Douglas & Dr. Dain Heer

Drôle, direct et délicatement irrévérent, ce livre offre aux lecteurs une vue parfaitement originale sur la façon d'avoir une intimité étonnante et des relations sexuelles exceptionnelles. Et si tu n'avais plus à deviner – pour découvrir ce qui marche vraiment?

Leadership Conscient

De Chutisa and Steve Bowman

Le livre Conscient Leadership est un cadeau pour chaque individu, dirigeant et organisation dédiés à créer une vie qui est meilleure que ce qu'ils ont maintenant et à créer une différence dans le monde. C'est une invitation pour ceux qui choisissent d'être plus conscients dans leur leadership, en accentuant que rien en particulier n'est ni bon ni mauvais.

A propos d'Access Consciousness ®

Access Consciousness® est un programme de transformation énergétique qui unit une sagesse chevronnée, des connaissances ancestrales et des
énergies canalisées avec des outils de motivation hautement contemporains.
Son but est de te libérer en te donnant accès à la véritable essence de ton
être.

L'objectif d'Access est de créer un monde de conscience et d'unité. La
conscience inclut tout et ne juge rien. Notre cible est de t'amener au point
où tu prends conscience de tout sans aucun jugement de quoique ce soit. Si
tu n'as aucun jugement, alors tu peux voir les choses telles qu'elles sont, pas
pour ce que tu voudrais qu'elles soient, pas pour ce que cela devrait être,
mais simplement pour ce que c'est.

La conscience est la capacité d'être présent dans la vie à chaque
moment, sans jugement de toi ou de qui que ce soit. C'est la capacité à tout
recevoir, à ne rien rejeter et à créer tout ce que tu désires dans la vie – plus
merveilleux que ce que tu as maintenant et plus que tu ne peux t'imaginer.

- Et si tu étais disposé à te soutenir et prendre soin de toi?
- Et si tu ouvrais les portes à être tout ce que tu as décidé qu'il n'était
pas possible?
- Que faudrait-il pour que tu réalises à quel point tu joues un rôle
décisif quant aux possibilités du monde?

L'information, les outils et les techniques présentés dans ce livre ne sont
qu'un petit avant-goût de ce qu'Access Consciousness® a à offrir. Il y a tout
un univers de processus et de classes.

S'il y a des endroits dans ta vie où ça ne fonctionne pas de la façon que
tu voudrais, alors tu pourrais être intéressé par une des classes d'Access
Consciousness®, un séminaire ou trouver un facilitateur. Ils peuvent tra-

vailler avec toi pour te donner plus de clarté sur les problèmes que tu n'as pas encore surmontés.

Les processus d'Access Consciousness sont donnés par un facilitateur certifié, et sont basés sur les énergies de toi-même et de la personne avec laquelle tu travailles.

Viens en découvrir plus à: ww.accessconsciousness.com or www.drdain-heer.com

Les Séminaires, Ateliers & Classes d'Access

Si tu as aimé ce que tu as lu dans ce livre et que tu es intéressé par les séminaires, ateliers ou classes d'Access, alors pour un point de vue très différent, continue à lire et ressens un peu ce qui est possible.

Sois-Toi, Change le monde 3.5 jours intensifs

Facilité exclusivement par Dr Dain Heer

Prérequis: Aucun

Dr Dain Heer est un conférencier international, auteur et animateur d'ateliers avancés d'Access Consciousness à travers le monde. Son dernier livre, Sois Toi, Change le monde a été publié en 2011 et les classes ÊTRE TOI sont construites à partir des outils et perspectives dynamiques et pragmatiques de ce livre.

Cette classe peut totalement changer la façon dont tu fonctionnes dans le monde et te donner un point de vue totalement différent sur ÊTRE. Cela est fait en te donnant accès à ton savoir, en augmentant de façon dynamique ta conscience pour inclure tout ce que tu es... et ne rien juger de tout cela. Ça te procure un ensemble d'outils concrets, pratiques et dynamiques qui peuvent changer toute chose qui ne fonctionne pas pour toi, y compris ton argent, ta réalité, tes relations et ta santé.

Essaies ces questions pour commencer à réfléchir différemment sur ton être:

- Et si tu pouvais parler avec ton corps et lui demander de guérir?
- Et si l'argent était réellement une question de recevoir?
- Et si il y avait un paradigme totalement différent pour les relations qui se fonde sur la joie, la gratitude et le laisser-être*?
- Qu'est ce qui serait possible si tu créais ton avenir, sachant ce qui est véritablement vrai pour toi?

Ce cours t'ouvrira à une conscience élargie pour savoir qu'une vie sans jugement t'est disponible et que tu peux créer la vie que tu désires vraiment, si tu le choisis! Tu seras initié aux outils d'Access Consciousness ® ainsi qu'au processus de transformation énergétique unique à Dr Dain Heer appelé La Synthèse Energétique d'Être ®. Dans cette classe, Dain enseignera également les Bars Access Consciousness ® et cette classe peut remplir une des conditions afin de devenir Facilitateur de Bars. Tout au long des jours de ce cours intensif, tu recevras une expérience d'être toi impossible à décrire, que tu ne trouveras nulle part ailleurs et qui restera avec toi pour le reste de ta vie.

Sache que cette classe peut changer radicalement la façon dont tu fonctionnes dans le monde. Es-tu prêt pour cela? Avec le groupe, vous pourrez explorer les énergies mêmes de la vie. La vérité étant que, tu es la seule personne qui crée ta réalité. Et si tu pouvais enfin lâcher le pilote automatique qui gère ta vie? Il y a tellement plus de

disponible à toi - et de toi - cela va au-delà de tes rêves les plus fous.

Bienvenue à une classe TRÈS différente!

Access Bars (une journée)
Enseigné par un facilitateur certifié international d'Access Bars
Prérequis: Aucun

Bars est l'outil fondamental d'Access. Dans cette classe d'une journée, tu apprendras un processus énergétique par le toucher que tu donneras et recevras durant la classe. Les Bars d'Access sont 32 points sur la tête qu'on touche légèrement qui déblayent toutes les limitations que tu as dans différents domaines de ta vie et de ton corps; Ces domaines incluent l'argent, le vieillissement, le corps, la sexualité, la joie, la tristesse, la guérison, la créativité, la conscience et le contrôle en plus de beaucoup d'autres. Ça ressemblerait à quoi d'avoir plus de liberté dans tous ces domaines? Dans cette classe d'une journée tu apprendras les outils de base d'Access Consciousness® et tu recevras et donneras 2 séances d'Access Bars. Au pire, tu auras l'impression d'avoir eu un superbe massage et au mieux ta vie entière sera changée!

Access Fondation
Facilité par un Facilitateur international certifié
Prérequis: *Access Bars*

Après les Access Bars, cette classe de deux jours te donne l'espace pour que tu puisses considérer ta vie avec des possibilités différentes. Comment défaire les limitations de l'incarnation, des finances, du succès, des relations, de la famille, de TOI et de tes capacités, et bien plus ! Fais le saut vers de plus grandes possibilités pour avoir tout ce que tu désires dans la vie pendant que tu apprends les outils et questions pour changer tout ce qui ne marche pas pour toi.

Access Niveau 1

Facilité par un Facilitateur international certifié

Prérequis: *Access Fondation*

C'est une classe de deux jours qui te montre comment être plus conscient dans tous les domaines de ta vie et qui te donne des outils pragmatiques qui te permettront de continuer à les développer dans ton quotidien! Comment créer une vie phénoménale remplie de magie, joie, aisance et comment déblayer les limitations de ce qui est vraiment disponible pour toi. Découverte des 5 Éléments de l'intimité, la création des flux d'énergie, comment commencer à rire et célébrer la vie et comment pratiquer un processus corporel par le toucher qui a créé des résultats miraculeux dans le monde entier!

Access Niveaux 2&3

Facilité uniquement par Gary M. Douglas (Fondateur d'Access Consciousness®) et Dr. Dain Heer

Prérequis: *Access Bars, Fondation et Niveau 1*

Une fois que tu as complété le Niveau 1 et que tu t'es ouvert à une plus grande conscience de toi-même, tu commences à avoir plus de choix dans ta vie et tu prends véritablement conscience de ce qu'est le choix. Cette classe de quatre jours couvre un grand éventail de domaines y compris la joie des affaires, vivre la vie pour le simple plaisir, pas de peur, le courage et le leadership, changer la structure moléculaire des choses, créer ton corps et ta réalité sexuelle, et comment arrêter de t'accrocher à ce dont tu veux te débarrasser! Est-il temps de recevoir le changement que tu demandes?

The Energetic Synthesis of Being (ESB) La Synthèse Energétique d'Être ® (ESB) Facilité par Dr. Dain Heer

Prérequis: *Access Bars, Fondation et Niveaux I, II, & III*

Cette classe de trois jours est une manière unique de travailler simultanément avec l'énergie des individus, des groupes de personnes et des corps, créée par Dr. Dain Heer.

Durant cette classe, ton être, ton corps et la terre sont invités à synthétiser énergétiquement de façon à ce que cela crée une vie plus consciente et une planète plus consciente. Tu commences à accéder et être des énergies que tu n'as jamais su être disponible. En étant énergies, en étant toi, tu changes tout – la planète, ta vie et tous les gens avec lesquels tu rentres en contact. Quoi d'autre est alors possible?

Access Body Class – Classe du Corps d'Access
Facilitée par un Facilitateur Corporel international d'Access certifié
Prérequis: *Access Bars, Fondation, Niveau 1*

Durant ces trois journées de classe tu apprendras des processus verbaux et des processus d'imposition des mains qui défont les tensions, les résistances et les mal- aises du corps. As-tu un talent ou un don pour travailler avec les corps que tu n'as pas encore débloqué? Es-tu quelqu'un qui aime travailler avec les corps (masseur- thérapeute, chiropracteur, docteur en médecine, infirmier/ière) cherchant des moyens pour améliorer le bon rétablissement de tes clients? Viens jouer avec nous et commence à explorer comment communiquer et comprendre les corps, y compris le tien, d'une manière tout à fait nouvelle.

9 781634 930178